U0523399

教育部人文社会科学重点研究基地成果
中国语言文学国家双一流建设学科成果

江汉大学中国语言文学重点学科资助项目
湖北省高校人文社科重点研究基地
江汉大学武汉语言文化研究中心资助项目

汉语方言语法研究丛书

顾问 邢福义 张振兴

主编 汪国胜

汉语方言完成体标记比较研究

王桂亮 ◎ 著

中国社会科学出版社

图书在版编目（CIP）数据

汉语方言完成体标记比较研究 / 王桂亮著 . —北京：中国社会科学出版社，2021.6
（汉语方言语法研究丛书）
ISBN 978 - 7 - 5203 - 8254 - 0

Ⅰ. ①汉⋯　Ⅱ. ①王⋯　Ⅲ. ①汉语方言—方言研究　Ⅳ. ①H17

中国版本图书馆 CIP 数据核字（2021）第 070358 号

出 版 人	赵剑英
责任编辑	张　林
特约编辑	王文琴
责任校对	周晓东
责任印制	戴　宽

出　　版	中国社会科学出版社
社　　址	北京鼓楼西大街甲 158 号
邮　　编	100720
网　　址	http://www.csspw.cn
发 行 部	010 - 84083685
门 市 部	010 - 84029450
经　　销	新华书店及其他书店

印刷装订	北京君升印刷有限公司
版　　次	2021 年 6 月第 1 版
印　　次	2021 年 6 月第 1 次印刷
开　　本	710×1000　1/16
印　　张	15.25
字　　数	243 千字
定　　价	88.00 元

凡购买中国社会科学出版社图书，如有质量问题请与本社营销中心联系调换
电话：010 - 84083683
版权所有　侵权必究

总　　序

　　20 世纪 80 年代以来，随着汉语方言研究的拓展和深化，方言语法的研究越来越受到学界的关注和重视。这一方面是因为方言语法客观上存在着不同程度的不容小视的差异，另一方面，共同语（普通话）语法和历史语法的深入研究需要方言语法研究的支持。

　　过去人们一般认为，跟方言语音和词汇比较而言，方言语法的差异很小。这是一种误解，让人忽略了对方言语法事实的细致观察。实际上，在南方方言，语法上的差异还是不小的，至少不像过去人们想象的那么小。当然，这些差异大多是表现在一些细节上，但就是这样一些细节，从一个侧面鲜明地映射出方言的特点和个性。比如湖北大冶方言的情意变调①，青海西宁方言的左向否定②，南方方言的是非型正反问句③，等等，这些方言语法的特异表现，既显示出汉语方言语法的丰富性和复杂性，也可以提升我们对整体汉语语法的全面认识。

　　共同语语法和方言语法都是对历史语法的继承和发展，它们密切联系，又相互区别。作为整体汉语语法的一个方面，无论是共同语语法还是历史语法，有的问题光从本身来看，可能看不清楚，如果能将视线投向方言，则可从方言中获得启发，找到问题解决的线索和证据。朱德熙和邢福义等先生关于汉语方言语法的许多研究就是明证。④ 可见方言语法对于共同语语法和历史语法研究的重要价值。

---

① 汪国胜：《大冶话的情意变调》，《中国语文》1996 年第 5 期。
② 汪国胜：《从语法角度看〈现代汉语方言大词典〉》，《方言》2003 年第 4 期。
③ 汪国胜、李曌：《汉语方言的是非型正反问句》，《方言》2019 年第 1 期。
④ 朱德熙：《从历史和方言看状态形容词的名词化》，《方言》1993 年第 2 期；邢福义：《"起去"的普方古检视》，《方言》2002 年第 2 期。

本《丛书》由教育部人文社会科学重点研究基地华中师范大学"语言与语言教育研究中心"筹划实施并组织编纂，主要收录两方面的成果：一是单点方言语法的专题研究（甲类），如《武汉方言语法研究》；二是方言语法的专题比较研究（乙类），如《汉语方言疑问范畴比较研究》。其中有的是国家或教育部社科基金项目的结项成果，有的是作者多年潜心研究的学术结晶，有的是博士学位论文。就两类成果而言，应该说，当前更需要的是甲类成果。只有把单点方言语法研究的工作做扎实了，调查的方言点足够多了，考察足够深了，有了更多的甲类成果的积累，才能更好地开展广泛的方言语法的比较研究，才能逐步揭示汉语方言语法及整体汉语语法的基本面貌。

　　出版本《丛书》，一方面是想较为集中地反映汉语方言语法的研究成果，助推方言语法研究，另一方面，也是想为将来汉语方言语法的系统描写做点基础性的工作。《丛书》能够顺利面世，得力于中国社会科学出版社张林编辑的全心支持，在此表示衷心的感谢。《丛书》难免存在这样那样的问题，盼能得到读者朋友的批评指正。

汪国胜
2021 年 5 月 1 日

目 录

第1章 绪论 …………………………………………………… (1)
  1.1 研究背景和论题确立 ………………………………… (1)
    1.1.1 关于汉语方言语法研究 ……………………… (1)
    1.1.2 关于汉语语义范畴研究 ……………………… (2)
    1.1.3 本书论题的确立 ……………………………… (4)
  1.2 本书对完成体的界定 ………………………………… (9)
    1.2.1 当前的认识 …………………………………… (10)
    1.2.2 本书的界定 …………………………………… (13)
  1.3 研究方法 ……………………………………………… (16)
    1.3.1 关于"两个三角" ……………………………… (17)
    1.3.2 关于"句管控" ………………………………… (19)
  1.4 本书框架和相关说明 ………………………………… (20)
    1.4.1 本书框架 ……………………………………… (20)
    1.4.2 相关说明 ……………………………………… (21)

第2章 研究现状述评 ………………………………………… (23)
  2.1 汉语共同语领域的研究状况 ………………………… (23)
    2.1.1 初探阶段 ……………………………………… (23)
    2.1.2 发展与深化阶段 ……………………………… (26)
    2.1.3 总体评价 ……………………………………… (42)
  2.2 汉语历史语法领域的研究状况 ……………………… (44)
    2.2.1 初探阶段 ……………………………………… (44)
    2.2.2 发展与深化阶段 ……………………………… (44)
    2.2.3 总体评价 ……………………………………… (48)

2.3 汉语方言语法领域的研究状况 …………………………（49）
　　2.3.1 初探阶段 ……………………………………………（49）
　　2.3.2 发展与深化阶段 ……………………………………（50）
　　2.3.3 主要问题 ……………………………………………（55）
2.4 其他领域的研究状况 ……………………………………（58）
　　2.4.1 汉外对比领域 ………………………………………（58）
　　2.4.2 国内非汉语领域 ……………………………………（60）
　　2.4.3 对外汉语教学领域 …………………………………（60）
2.5 问题和出路 ………………………………………………（62）
　　2.5.1 研究力量不均衡 ……………………………………（62）
　　2.5.2 观点方法争议多 ……………………………………（62）

第3章　音义概貌和地理分布 ……………………………………（63）
3.1 方言完成体标记的类型 …………………………………（63）
　　3.1.1 已有的认识 …………………………………………（63）
　　3.1.2 本书的分类 …………………………………………（64）
3.2 后标记的语音形式和地理分布 …………………………（71）
　　3.2.1 语音形式概览 ………………………………………（71）
　　3.2.2 地理分布情况 ………………………………………（72）
　　3.2.3 总体说明 ……………………………………………（82）
3.3 后标记的整体表现和演变趋势 …………………………（83）
　　3.3.1 南北方言的总体差别 ………………………………（83）
　　3.3.2 语音演变的趋势拟测 ………………………………（84）
　　3.3.3 优势标记的音义特征 ………………………………（89）
3.4 本章小结 …………………………………………………（92）

第4章　后标记个案辨察 …………………………………………（94）
4.1 问题缘起 …………………………………………………（94）
4.2 "了"类标记 ………………………………………………（95）
　　4.2.1 关于"了"的分合 ……………………………………（95）
　　4.2.2 北方异形类的形义对应 ……………………………（97）
　　4.2.3 形义错配成因和发展趋势 …………………………（113）
4.3 "掉"类标记 ………………………………………………（117）

  4.3.1　方言学者的调研情况 ……………………………（117）
  4.3.2　总体特征 ……………………………………………（146）
  4.3.3　"掉"类标记的完成体地位 …………………………（147）
 4.4　本章小结 …………………………………………………（154）

第5章　变音型标记辨察 ………………………………………（156）
 5.1　儿化类 ……………………………………………………（156）
  5.1.1　基本情况 ……………………………………………（156）
  5.1.2　总体特征 ……………………………………………（159）
 5.2　D变韵类 …………………………………………………（163）
  5.2.1　基本情况 ……………………………………………（163）
  5.2.2　总体特征 ……………………………………………（165）
 5.3　变调类 ……………………………………………………（168）
  5.3.1　基本情况 ……………………………………………（168）
  5.3.2　总体特征 ……………………………………………（172）
 5.4　混合变音类 ………………………………………………（175）
  5.4.1　基本情况 ……………………………………………（175）
  5.4.2　总体特征 ……………………………………………（176）
 5.5　变音型标记性质辨察 ……………………………………（177）
  5.5.1　当前的争议 …………………………………………（177）
  5.5.2　本书的看法 …………………………………………（178）
 5.6　各类标记的整体表现 ……………………………………（179）
  5.6.1　变音类型南北有别 …………………………………（180）
  5.6.2　共时差异与演变趋势 ………………………………（181）
 5.7　本章小结 …………………………………………………（184）

第6章　结语 ……………………………………………………（186）
 6.1　共性表现 …………………………………………………（186）
  6.1.1　类型分布南北有别 …………………………………（186）
  6.1.2　一标多用现象突出 …………………………………（187）
  6.1.3　演变趋势同中有异 …………………………………（188）
 6.2　几点思考 …………………………………………………（189）
  6.2.1　灵活处理间接的方言语料 …………………………（189）

  6.2.2　重视语法特征的深层调查 …………………………（190）
  6.2.3　留意方音变化的语法作用 …………………………（192）
  6.2.4　挖掘语法比较的多重价值 …………………………（193）
 6.3　研究展望 ……………………………………………………（194）
  6.3.1　关注视角待拓展 ……………………………………（194）
  6.3.2　理论解释待深化 ……………………………………（195）
参考文献 ………………………………………………………………（196）
后　记 …………………………………………………………………（233）

第 1 章　绪论

1.1　研究背景和论题确立

本书的选题是汉语方言完成体标记的比较研究，主要是跨方言的共时比较。选题主要基于以下宏观思考和微观检视。

1.1.1　关于汉语方言语法研究

自马建忠《马氏文通》于1898年问世起，汉语语法研究始终指向"汉语语法事实的客观规律性"这一顶层目标，追求"对汉语语法特点的本质面貌的认识"（邢福义1997：5—8）。目前"现代汉语语法研究较为深入，但是许多事实并未描写详尽，对大量语言现象的认识还处于懵懂状态，清楚地认识和揭示汉语特点的工作还十分艰巨"。[1] 面对邢福义先生的论断，我们可以更清醒地正视汉语语法研究的理想目标与现实状况之间的距离。要达到认识和揭示汉语语法特点的目标，首先需要认识其中某类现象或某种事实的具体面貌，各个击破，步步为营，方能最终实现理想目标。汉语包括共同语和方言，汉语方言语法现象是"整体汉语"语法事实的重要组成部分，是构建汉语语法体系最现实、最直接的辅助力量。正因如此，朱德熙、邢福义、陆俭明、詹伯慧、李如龙、张振兴等著名学者持续不断地呼吁要重视汉语方言语法研究。可喜的是，在大批语言学者的共同努力下，汉语方言语法研究已经成为当下研究热点。

---

[1]　邢福义：《理论创新、存在问题与发展趋势——关于三十年来的中国语言学》，《语法问题献疑集》，商务印书馆2009年版，第71页。又见邢福义、汪国胜主编《中国高校哲学社会科学发展报告（1978—2008）·语言学卷》第四章，广西师范大学出版社2008年版。

那么，如何深化汉语方言语法研究？不少学者都认为，汉语方言语法研究既可从具体的特殊语法现象出发，也可以着眼于一些重要的范畴，如体貌、比较、可能、疑问、指代、否定等。拿范畴研究来说，陆俭明（2004），汪国胜（2000、2003a、2004b、2014），邵敬敏、周芍（2005），彭小川、林奕高（2006），刘丹青（2009）等都认为在方言语法调查和研究中把语法或语义范畴的研究重视起来，有利于打破已有研究套路，取得更好成效。

那么，如何深化汉语方言的语义范畴研究？与重视比较的方言研究传统相结合无疑是重要出路。因为"汉语方言学是从比较研究起家并由比较研究向前推进的"（李如龙 2000），"比较是方言语法研究的生命线"，"在初步描写的基础上，不论是个别专题的研究或是语法系统的整体定位，探讨现在的语法特点是如何形成的、体现了什么规律，从而寻求解释方言现状的途径，这就更需要进行多方面的比较考察"（李如龙 2007：229）。就语义范畴研究而言，以跨方言为主体视角进行"多边比较（方言—普通话、方言—古汉语、A方言—B方言、汉语—非汉语）、多角考察（表—里—值）"（汪国胜 2014），尝试内外结合、纵横贯通的立体化、综合性研究是必行之路。通过跨方言比较来全方位考察各种语义范畴在汉语方言中的具体表现形式，有利于细致了解汉语全貌，深化关于汉语特点的认识，为"构建基于整体汉语的汉语语法学"（汪国胜 2014）打好基础。

跨方言比较是建立在具体方言点的调查材料已有较多积累基础上的。当前这种条件已经初步具备，只要先把专题性研究坚持下去，就可以先搞清楚某些范畴在方言中的形式和意义匹配类型，揭示出隐蔽的内在差异和深层规律，从而深化对汉语共同语和方言语法某些特点的认识，逐步达成顶层目标。当然这样也有利于把握当前方言语法调查的总体面貌，纠正方言语法调查中存在的问题。

1.1.2 关于汉语语义范畴研究

汉语语法研究有着重视语义的传统，注重思考意义和形式的关系。如朱德熙（1985：84）就言明"语法形式和语法意义之间的关系是语法研究中的根本问题"，后来储泽祥（2009：4）进一步提出了"语法就是形式和意义的匹配规律"的语法观。新时期以来,"重视形式与语义相结合"成为汉语语法研究的主流做法,越来越显示出中国学者的研究特色。邢福义称为"形义语法",认为这是当前汉语语法研究的三大倾向之一①。"形义语法",也有学者称为"语义语法"或"语义功能语法"(邵敬敏 2009:52—61),体现出不同学者对形义关系的思考有着具体而细微的偏好,特别是对语义的认识和重视程度不同。"形义语法"研究传统的主流做法是重视"从形式到意义"的研究路径,实践中存在"重形式轻意义"的问题,不利于全面揭示汉语语法规律。后来,逐渐认识到语义问题对认识汉语语法规律的极端重要性,不少学者积极探索"从意义到形式"的研究路径,最突出的表现就是尝试构建汉语里的各种语义范畴,并挖掘相对应的形式来验证。较早是胡明扬《句法语义范畴的若干理论问题》(1991)和《语义语法范畴》(1994)等论文提出了"语义语法范畴",后来又有马庆株、邵敬敏、李宇明等领军学者大胆探索,如今汉语语义范畴研究已蔚为大观。据粗略统计,至今已明确构建的范畴就多达 40 余种,相关研究更是数量庞大、内容丰富(王世凯 2010:4;邵敬敏 2009:56—58)。可以看出,汉语语义范畴的研究过程也是汉语语法规律认识深化的过程。

  本书的切入点是挖掘语义范畴在汉语方言里的具体表现,把语义范畴引入跨语言比较研究当中。这方面已经具备较好的理论认识基础。李宇明(2000:26)认为"以语义范畴为对比研究的对象,能够较为便利地发现不同语言间表达手段的异同,进而概括出语言的共性与特殊性"。正是因为基于范畴视角便于跨语言(方言)比较,刘丹青先生结合科姆里和史密斯问卷来编著的《语法调查研究手册》(2008)就特别重视从语义范畴角度入手。实际上,这同样适用于汉语的跨方言语法比较,只是需要在语言观和研究策略上把"方言"提升到"语言"的高度来看待,以便于结合语义范畴进行比较研究。在这个问题上,徐烈炯(1998)就认为方言的区分标准主要基于非语言因素,"从语言研究角

---

  ① 邢福义认为"形义语法"的研究"重视形式与语义的相互验证,注意考察语用对语法的影响,崇尚多角度、多侧面的动态研究思路"。(郭生:《在突破口上——邢福义谈建立中国特色的汉语法学》,《光明日报》2004 年 10 月 21 日;又见邢福义《语法问题献疑集》,商务印书馆 2009 年版,第 94—98 页。)

度看，所谓的语言和所谓的方言并无太大区别"。游汝杰（2000：7）认为"任何一种方言，哪怕是使用人口很少的地点方言，其内部结构都是完整的，语言成分都是丰富的，交际功能都是自足的。研究方言也就是研究语言。不过语言研究范围更广些……"李如龙（2007：2）也说道："方言是自足的体系，在一定的地域，它可以是无往而不利的唯一交际工具。就这一点说，方言也就是语言。"邓思颖（2013）与徐烈炯持相同看法，认为"既然我们可以把方言理解为拥有完整系统的语言，方言比较也就是语言的比较，正可以把比较语言学的基本概念套用到方言语法研究中"。无论如何，正如张振兴（2013）所言"方言放大了看就是语言。方言研究放大了看就是语言研究"。① 可见，把"方言"地位提升起来有现实的合理依据，也便于从方法和视野上为跨方言研究提供广阔的施展空间。

1.1.3 本书论题的确立

1.1.3.1 汉语体貌的范畴归属

体貌（aspect）范畴是语言学研究中一个极富魅力的热点话题。关于汉语共同语的体貌研究状况，万波（1996）、金昌吉、张小荫（1998）、杨成凯（1999）、伍和忠（2005）、胡培安（2005）、帅志嵩（2007）、高霞、曹晓宏（2011）、李明晶（2013）等都有较全面的综述；陈前瑞（2003a）、尚新（2004）、陈振宇（2006）、孙英杰（2006）、梁敢（2010）等的博士论文也从不同角度作过总结。从这些综述和研究成果可以看出，汉语体貌研究在理论体系建构、研究视野扩展、研究方法改进和解释深度上不断前进，取得了令人瞩目的成果。然而，理论蜂出的局面虽能展示体貌理论研究的活力，但也反映出汉语体貌问题争议纷杂的事实，以致当前关于汉语体貌的基本认识尚未达成完全共识。诸如"汉语的体标记性质到底是什么？与时（tense）关系如何？有哪些体标记或者表现方式？怎样认识汉语体标记的来源和发展阶段？怎样合理架构汉语体貌系统？相关体标记在方言中有着怎样的总体

---

① 张振兴：《简简单单说方言》，2013 届方言调查高级研修班讲稿，华中师范大学，2013 年 8 月 13 日。

表现"等，都存在不少争议或空白地带。

  这其中，怎样认识汉语体貌（aspect）的范畴属性一直受到学界关注，这个认识过程深刻地反映了汉语学界对汉语特点的认识深化过程。汉语语法范畴的表示手段主要依靠虚词和语序，印欧语言则主要通过词的形态变化来表示。与形态相比，汉语的体貌标记成分"了、着、过"等虚词的使用受到句法、语义、语用等多个层面因素的共同制约，是一种选用性标记，不具有严格的强制性。汉语学界早期硬套比附印欧语言的语法范畴来分析"了、着、过"等虚词标记，自然难以实现理论解释上的和谐。后来逐渐从汉语实际特点出发，认识到语法形式有显性和隐性之分（胡明扬，1991；邢福义、吴振国，2010［2002］：126），不同语言的语义语法范畴的表示手段是多样化的，并不能局限于形态成分，与之相应也就提出了广义的语法范畴或句法语义范畴，如邵敬敏（2009：56—58）就把20世纪90年代中后期的汉语体貌成果归入句法语义范畴行列①。这为深入认识汉语体貌范畴打开了思路。

  不过，当前对汉语体貌的范畴归属仍未取得完全一致的看法。多数仍归入"语法范畴"（如吴福祥2005；刘丹青2008；王世凯2010；马庆株2012等），有的则归入"语义范畴"（如李宇明2000；陈前瑞2008；邵敬敏2009；邹海清2010等）。从表面上看似乎差别很大，结合具体阐发来看，两者只是出发点和侧重点不同而已②。如吴福祥（2005）引述国外学者看法后认为语法范畴"是特定的语义对立或语义区别的语法化"，结合语言类型学分析认为"语法范畴的强制性往往与语境有关"。陈前瑞（2008：65）明确认为"体貌从本质上看是语义平面的概念，它是说话人对事件时间特征有选择的观察和表述"，"具体的选择常常是语义、语法和语用相互作用的产物"。金立鑫（2007：137—140）也认为时和体是"语法化手段"表示的概念，而非表示语

---

  ① 邵敬敏的论述中没有严格区分"语义范畴"和"句法语义范畴"，实际上在语法研究中使用"语义范畴"，主要关注其与句法的相关性，二者大致可等同理解。
  ② 可参考邵敬敏、赵春利（2006）对语法范畴和语义范畴的综述和区分。我们认为语义范畴是在重视汉语句法语义特色的大背景下提出的，对语义的认识深度和重视程度不同影响到处置的幅度大小，重视到极点就是承认语义的根本性和决定性，就会把语法范畴作狭义处理，从语义范畴角度来作属性认定，如陆俭明、沈阳（2004：294—312）的看法。

法关系意义的"语法范畴"①。当代体貌理论由 Comrie 的经典体系发展到 Smith 的双部理论、Michaelis 等的"三部"理论、Dik 的"五部"理论等（陈前瑞 2008：15—35），越来越清晰地认识到语义因素在体貌表达中所起的重要作用。特别是从事语言类型学研究的学者更倾向于认为"体"在本质上是语义范畴（陆丙甫、金立鑫主编 2015：198—233），因为这样便于发现不同语言在体貌表达上的形式多样性。此外，国内左思民等从事汉语体貌研究的学者也提出要重视从语义或语用角度来重新审视汉语的体貌范畴问题。可以说，从语义范畴视角来讨论体貌问题已成为新的突破点。

结合语义范畴理论来重新认识汉语体貌的标记成分及其非强制性特征，或许更符合"整体汉语"（张振兴 1999）的实际情况，便于跨方言语法比较。"整体汉语"内部极其复杂，共同语和方言里的体貌标记选用情况复杂，同一体貌标记在各方言里的语法化程度极其不一致，导致跨方言比较研究所面临的是既丰富又复杂的语料，如何找到合适的比较方法一直是令人纠结的难题。汉语体貌作为"语法化了的语义范畴"，在跨方言比较时借鉴语言类型学的基本思想，从语义范畴入手，或许便于突破当前面临的可比性难题。如汉语历史语法研究领域同样面临着类似的语料复杂性难题，有些学者（杨永龙 2001a；帅志嵩 2010）从语义范畴角度来重新构建古代汉语的完成体范畴，结合"普—方—古"多边比较，得到了不少值得肯定的新看法，这无疑为跨方言比较提供了很好的经验，值得深入借鉴。

1.1.3.2 汉语体貌的跨方言比较

当代语言学理论表明，扩大语法事实的考察视野对语言研究有着非同一般的意义。就汉语而言，真正站在"整体汉语"（张振兴 1999）的视角通过跨方言比较全面把握相关事实，或者扩展到民族语言等非汉语领域进行对比，对汉语体貌问题的突破无疑具有重要价值。从已有研究来看，汉语方言体貌研究对汉语体貌研究的理论和研究方法一直卓有贡献。如李小凡（1998a、1998b）结合苏州话重新思考了汉语体貌系统的

---

① 金立鑫（2007：137—140）指出需要区分"语法范畴"和"语法化手段"，他认为"语法范畴""表达的是一种语法关系"，"语法化手段""是一种虚化的、不单独自由运用的、操作规律性比较强的语素形式"。

构建问题，郑定欧（2001）结合广州话思考了"体"与"貌"的分离问题，刘祥柏（2000）曾尝试把定量研究方法引入汉语方言体貌研究中，这些做法对深化整体汉语的体貌研究提供了切实帮助。

由于"比较是方言语法研究的生命线"（李如龙 2000），方言语法一直受重视，只是比较的对象范围有所不同。彭小川、林奕高（2006）认为"从所比较的对象的情况分，方言语法的比较大抵可分3类：一是研究者正着重研究的方言（往往是自己的母语方言或比较熟知的重点研究的方言）内部的比较；二是将研究者正着重研究的方言，与民族共同语或其他方言或古近代汉语作比较；三是着眼于某一范畴或某个语法项目，将不同的几个方言（或几个次方言）进行比较。"这些不同角度的比较研究在汉语方言体貌研究中都有运用。如邢向东《陕北晋语语法比较研究》（2006）有章节专门比较晋语内部的体貌标记，王健《苏皖区域方言语法比较研究》（2014）选择了苏皖区域方言接触地带的部分体貌标记来比较。史冠新《普方古视角下的"了$_1$""了$_2$""了$_3$"研究》（2006）、吴继章《河北魏县方言的"了"——与汉语普通话及其他相关方言、近代汉语等的比较研究》（2007）、王琳《安阳方言中表达实现体貌的虚词——"咾"、"啦"及其与"了"的对应关系》（2010）等，都属于运用"普—方—古"方法的多角度比较。史有为《汉语方言"达成"貌的类型学考察》（2003）、罗自群《现代汉语方言持续标记的比较研究》（2003）、左思民《汉语时体标记系统的古今类型变化》（2007）等，属于汉语体貌下位范畴的全面比较，带有语言类型学的印记。这些研究为跨方言语法比较打下了很好的基础，但限于当时的研究条件，比较的范围是不够广的，方言调查材料也是不够充足的，多数只是利用了有限的方言语料。相比规模庞大的汉语方言调查材料来说，这些比较研究显然是不够充分的，这也为从语义范畴和类型比较角度开展综合性比较研究留下了亟待填补的研究空白。

就语义范畴研究来说，已有研究主要侧重现代汉语共同语范围内的语义范畴构建工作，而"整体汉语"意义上的跨方言的范畴比较研究尚不多见。汪国胜（2000）在总结方言语法研究走势时，曾指出范畴研究和类型研究是方言语法研究的重要内容，并举了体貌范畴的实例，但是目前方言体貌比较研究多数是从方言语音入手梳理地理分布类型，服务于汉语史的溯源工作，汪先生提及的体貌成分在不同方言中的句法位置分布类型尚需在更大范围内全面梳理。

鉴于此，我们将在已有成果的基础上思考如何提高跨方言比较的深广度，争取为汉语体貌研究贡献力量。

1.1.3.3　本书的研究目标

基于以上宏观考虑，本书决定选择汉语方言完成体标记为具体研究对象，在跨方言语法比较的主体视角下，通过考察汉语方言完成体标记的总体类型、形义关系、演变趋势和地理分布特征等，获取对汉语完成体的立体认识。就汉语完成体而言，如果从整体汉语审视，依然面临着好些迫切需要解决的突出难题。

首先，汉语方言中完成体标记的具体表现极为多样，怎样定性归置、有何理论价值等问题颇费思量。除了后置或前置的虚词成分外，完成体标记还采用儿化、变韵、变调等音变形式，并且许多南方方言都不止一个标记，那么这些不同的标记成分有什么区别，从当前的调查成果来看，好些调查资料并没有讲清楚不同体标记的使用限制，从为数不多的描写详尽的成果大致可看出，多标记共存的方言中不同的标记之间有着"广泛"和"专用"之分，广泛性标记分布范围广，使用限制小，专用标记使用限制多，在功能分布上与广泛性标记形成互补，许多专用标记多用于否定句、疑问句、表达消极情绪等，比如大冶话中的"伐丝"（汪国胜1994）、扬州方言"消极"性完成体标记"得"（张其昀2005）等，而广泛性标记则多数是中性的，类似方言还有哪些，有什么理论价值，细致梳理一番，可能会有更多的惊喜。

其次，方言完成体标记的总体类型划分可以为当前的方言语法类型划分贡献力量。当前方言体貌的类型分化研究主要是从语音入手的，这种分类方法可以比较清晰地看到方言的地理分布类型情况，如史有为（2003）、罗自群（2003）都结合体标记的语音联系分别对完成体标记和持续标记进行溯源研究。关于方言语法比较的类型划分，李如龙（1996）认为"分类型时必须尽量采取二分法，找到对立的两极，往往才能揭示事物的本质"，实际上，怎样找到一个层层二分的精简体系，是很有难度的。前面史、罗二位先生从语音入手得到的分类结果都是多分型的，是不是二分体系更适合从语法特征入手，这还需要通过完成体标记的类型划分来不断尝试。

再次，方言之间或普通话与方言之间的相互影响同样存在于完成体标记之间，需要弄清事实并解释成因。有些区域方言中使用范围广的强势标记已经对普通话产生了影响，比如南方方言"有"类完成体标记等，这表明方言体标记也可以对普通话产生影响。同时，普通话的体标记进入方言的情况也需要注意，比如"了"的音变情况如何，在语法功能上与方言体标记的竞争态势如何。弄清这种双向互动情况对于认识汉语的现实状况会有启发，如周清海先生（2010）认为"汉语处在大融合时代，区域语言接触频繁"①，整体汉语完成体标记的情况或许正是这一现实状态的反映。

当然，完成体标记的历时研究能够从方言语法事实得到怎样的启发也需要关注。汉语体貌标记的历时研究一直是汉语史研究的重头戏，现已出版有冯力等学者主编的专题论文集《汉语时体的历时研究》（2009），从中可以看出汉语体貌标记的具体形成过程尚无定论，结合方言情况来思考的论文尚不普遍。我们可以在此基础上结合新发现的材料继续研究，还可以结合语言接触理论继续思考少数民族语言的影响。

总之，无论是基于跨方言比较研究的总体发展趋势，还是只从汉语完成体研究所面临的具体问题出发，都有必要将范畴研究和跨方言比较研究结合，以汉语完成体为对象努力探求新路，为解决难题贡献力量。鉴于此，本书在研究过程中，将争取兼顾历时和共时，在总结规律的基础上争取对有关问题加以解释，努力实现"观察充分、描写充分、解释充分"的研究目标（邢福义1991），积极探索汉语方言语法比较的路径，为今后的方言语法调查和汉语体貌理论研究提供借鉴。

1.2 本书对完成体的界定

要对汉语的"完成体"作出清晰的界定并不是一件容易的事情。汉语体貌研究以引入国外理论为主，在术语译介和具体阐发方面不够一

---

① 周清海：《汉语融合时代的汉语语言与语言教学》，华中师范大学演讲，2010年10月20日（另可参见超星学术视频，http：//video.chaoxing.com/play_400004734_51155.shtml）。

致，加之对具体完成体标记的语法意义纠缠不清，许多学者在重新认识体标记语法意义后，往往提取语义核心来重新命名，造成名实对应错乱。在汉语方言体貌调查中，对方言体貌的认定和命名稍显随意，无形中给方言材料处理制造了难题。因此，厘清汉语"完成体"的概念，需要结合国内外体貌理论的研究历史和汉语的实际情况来处理，还需要处理好"完成体"与"完整体（或完全体）"等其他概念之间的关系。

1.2.1 当前的认识

在汉语语法研究中，作为术语使用的"完成"一词本身就有多种含义，译介对应不一致，用途也不一致，不了解有关理论背景很容易误解。如赵元任（1968）解释为"completed action"，陈平（1988）把"telic"译作"完成"①，马庆株（1981）中"完成"是动词小类的语义特征，戴耀晶（1997）把"完成/非完成"作为区分动词类别和句子情状类型的语义特征。"完成"还是完成体标记"了"的语法意义的概括表述，"了"的复杂性深刻影响着"完成体"的面貌，不同学者对"了"的语法意义重新认识后喜欢不断重新命名，至少已有"实现体（态）、达成体（貌）、完结体、结束体"等多种称呼，显得很混乱。因此，最好保留"完成体"这个名称，根据需要重新界定即可。根据现状，下面主要就"完成体"与"完整体"等相近术语的使用情况略作说明。

1.2.1.1 关于"完成体"和"完整体"

当前，"完成体"（perfect）和"完整体（或完全体）"（perfective）是非常容易混淆的两个术语。主要原因有两个：

首先，国内在翻译时不够统一。如早年赵元任（1926：865—917）把"perfect"一词译作"完事"，胡明扬（1996b）译作"结果完成态"，高名凯（1985［1948］：187—199）译作"完全体"，而把"accomplished"译作"完成体"；陈平（1988）把"perfective"译作"完全态"，可见差别之大。有的学者认为"完成体"和"完整体"区别不

---

① 潘悟云《温州方言的体和貌》（1996）译作"有界"，参见张双庆主编《动词的体》第256页，香港中文大学中国文化研究所吴多泰中国语文研究中心，1996年。

大，随意使用，更显混乱。

其次，国外理论本身也处在完善过程中，在 Comrie（1976）等国外学者的理论中，"完整体"（perfect）和"非完整体"（imperfect）对应，完成体与完整体关系密切，本身也很难区分（陈振宇 2006：241—244），但是国外类型学理论（Östen Dahl 1985 等）倾向于严格区分两者，认为完整体是比完成体更高的发展阶段，不能等同，完成体的重要特征是有"现时相关性"（current relevance）[①]（陈前瑞、张华 2007；陈前瑞 2008：173—175、196—200、213—214）。也有学者认为两者体现了观察视点的侧重点不同，如陆丙甫、金立鑫主编《语言类型学教程》（2015：198—233）把体范畴的类型分为"空间视点体（完整体/非完整体，perfective/imperfective）和时间视点体（完成体/非完成体，perfect/imperfect）"，其中汉语完成体属于时间视点体。

刘丹青编著的《语法调查研究手册》（2008：463—465）认为从理论上说两者的主要区别在于"完整体从外部观察行为或事件，不关注事件的过程或阶段性，而完成体从内部观察行为或事件，关注事件的过程或阶段性"，但文中也指出两者关系扭结，所以"在没有严格的完整体和完成体对立的情况下，将完整体称为完成体也算不上大错，至多是描写的精确度问题"。刘丹青（2011）还认为完整体（perfective aspect）也叫"实现体"，"完成体"（perfect aspect）是习称，不够精确。

1.2.1.2 关于"完成体"概念的泛化趋势

"完成体"与"完结体、结果体、已然体、经验体"等概念的意义也很相近，在使用中时常混淆。从语言事实层面来说，不同方言里的这些体有时是由单一标记承担的，有时是由多个标记分别承担的，这就导致意义和标记之间的对应关系十分复杂，既可能存在历时的语义演变关系，也可能有共时的语义对立关系。对此，可以根据实际情况采取不同的处理策略：一是可以划分为不同类型的体，使用不同的概念术语作出细致区分，以便于从语法化角度更加精细地分析；二是可以着眼于完成体意义的内部多样性，把这些相近的意义用法都视作完成体的下位意义

[①] 金立鑫、邵菁（2010）将其定义修改为"在一个特定的参照时间说话人报告某一事件或状态的出现"。

变体，便于综合比较研究。

在完成体的意义变体分类方面，Comrie（1976）的观点对现代汉语完成体的研究体系影响最大。望月圭子《汉语里的"完成体"》（2000）忠实借鉴 Comrie（1976）的观点来分析汉语完成体的类别，其中根据语义解释的不同分为"表结果的完成体（Perfect of Result）、表经验的完成体（Experiential Perfect）、表持续场面的完成体（Perfect of Persistent Situation）、表近过去的完成体（Perfect of Recent Past）"。类似的做法还有李思旭（2015：11）把完结体（completive）、结果体（resultative）、先时体（anterior）、完整体（perfective）视为完成体的下位小类。近来更有陈前瑞（2016）从语言类型学高度概括了跨语言范畴的完成体的5种语用性质的用法，包括"结果性用法、经历性用法、持续性用法、新情况用法、先时性用法"。可见，陈先生的分类又有了改进。陈前瑞（2016）还认为"从意义的层级来说，所有的完成体可以都归为一个抽象的语义域，完成体的5种用法分别构成语用上或直显或隐寓的语用意义；不同用法的切分和组合如果形成了具有形式和意义差别的语法语素，体现了编码上的差异，就属于语义意义"。在绘制语义地图时，可以"不严格区分意义、用法或功能"（陈前瑞2016），"只要不同的语言或同一种语言的不同语法语素在某一种用法上体现出差别，为了精确描述这种差别，就有必要对其进行区分，这样就可以更好地分析共时和历时的多样性与一致性"（陈前瑞2016）。陈先生的看法考虑到了体标记的多功能性，有利于提高跨语言比较的便利性和有效性，很值得跨方言比较时借鉴。据此来说，现代汉语里通常所说的"经验体、结果体、完结体"等在广泛意义上都可认为是完成体的不同意义变体。

实际上，已有不少学者结合汉语的实际情况，从语义范畴角度扩充了对完成体的理解。如杨永龙（2001a）、帅志嵩（2006、2014）等主要结合古汉语领域的实际需要加以扩展，顺应了体貌理论重视语义的发展趋势。杨永龙（2001a）对汉语完成体的界定兼顾研究现状和整体汉语的实际情况，采取从宽处理的办法，"把表示动作或过程完毕、变化完成、状态实现三类语法意义都看作完成体体意义的具体内容"，"凡是表达这三类体貌意义的助词、副词、语气词，以及已经有所虚化但仍是补语性质的完成动词、趋向动词等，都看作完成体的表达形式。"他还从汉语特点、体貌标记的语法意义、历史语法和方言语法等方面综合论证了操作处理的合理性（杨永龙2001a：13—23）。从实践层面来看，梅祖麟（1981b）、吴福祥（2001、2002）等在历史语法研究中已经把许多结果补语成分纳入完成体标记，龚千炎（1995）也把"已经、曾经、来着"等视为完成体或经历体标记，类似的还有李思旭（2015：11、203—205）则把"能够标示事件终点、结束的"都纳入完成体范围。以上做法实际上都是从语义范畴的表达角度着眼的。具体到方言完成体的意义变体方面，李小凡（1998a）早就结合苏州方言把完成体的具体意义分为"动作已经完毕"和"结果已经生成"两种语法意义，前者主要与动词有关，后者主要与形容词、动结式等有关，这也得到了一些学者的认同，大多认为完成体实际上包括狭义的完成体（仅表示动作已经完毕）和实现体（表示状态或结果已经实现）。这些看法对本书很有借鉴意义。

1.2.2 本书的界定

考虑到目前多数方言学者对语言类型学新理论还不够熟悉，方言语法调查研究成果基本都使用"完成体"这个名称，本书采用这个术语方便笼络相关材料，不拟细致区分"完成体"和"完整体"，只在实际研究中必要时加以说明。此外，"完成体"与"完结体、结果体、已然体"等概念在文中需要时再作区分。

本书的基本做法是从语义范畴入手进行汉语方言完成体标记的跨方言比较，结合当前的已有认识，在"完成体"的界定上采取的是相对宽泛的做法，把相关的"结果性用法、经历性用法、持续性用法、新情况用法、先时性用法"（陈前瑞2016）视为完成体的下位意义变体来处理。刘丹青（2008：460—462）认为"每个有完成体的语言其实际的语义和使用范围可以不同，在同一种语言中完成体用于不同的动词或谓语情状也会有种种不同的意义变体"。可以说，采取较为宽松的界定办法，更符合现实状况，便于把握汉语方言、近代汉语或非汉语中完成体的意义变体，有利于从语义表达的系统性角度为解决跨方言或跨语言比较时的可比性和对应性难题提供一套探索方案。

1.2.2.1 关于"完成体"和"经验体"

由于汉语里"完成体"和"经验体"关系最密切也最受关注，这里需要就两者关系作简单申说。从现代汉语普通话的相关标记来看，实际上"了、过"所表示的语法意义之间具有很大的共通性，可以在"完成"这一抽象语法意义上达成一致，陈振宇（2006：275）就曾指出使用"经历（体）"来概括"过₂"主要是为了与"了"区分，并无确切含义，就其本质而言与"完成"的关系可能更大一些；陈前瑞、王继红（2006）直接认为表经验体的"过"比"了₁"更接近完成体，刘丹青（2008：460—461）也认可把经验体作为完成体的意义变体来调查。既然"过"对应于经验体作为完成体的次类标记，"了"自然也要作为次类标记来称呼，鉴于刘勋宁（1988）用"实现"重新概括"了"的语法意义后对方言领域影响很大，也比较符合"了"的实际情况，确实需要时本书就把"了"称为实现体标记，作为完成体的次类，这样"完成体"作为更高层级的概念术语也便于他用。实际上，当前多数学者都已把两者视为并列的完成体次类。这要归功于戴耀晶（1997），他参照Comrie的框架时结合汉语传统首次构建出两大类六小类的现代汉语二层级体系统，其中完整体（后来改称"完成体"）包括现实体（"了"）、经历体（"过"）和短时体（动词重叠），这个系统因为极为简明而影响广泛。只是后来学者多认为完成体只包括实现体和经历体，多数方言语法著作用来描写完成体的基本框架也采用这个方案。

1.2.2.2 关于"了"的完成体意义

方言调查材料对与"了"对应的完成体标记最为关注。由于对"了"的完成体意义的认识多数采纳刘勋宁（1988）提出的"实现说"，本书有必要对其具体理解再做说明。刘勋宁（1988）提出"了"的语法意义不是"表示动作是否完成"而是"表示动作是否成为事实"的"实现说"后，目前较有代表性的具体理解主要有三种：（1）石毓智（1992）认为实现体标记"了"表示"从无到有的实现过程"；（2）龚千炎（1995：72—80）认为"完成、实现时态""是指动作行为变化在此之前已经发生、进行、完成了，或情况状态在此之前已经存在、实现了。就整个事件而言，则指已然的现实事件"，他还认为"一种动作完成之后也往往就是一种状态的实现（存在）"，"新的情况出现了，当然也可看作某个事件的实现"；（3）戴耀晶（1997：35—40）认为"现实体表达的是一个现实的动态完整事件"，他还认为"动态性"语义特征在于"指明了某一个变化点",而且只认同"了₁"为现实体标记。我们认为,从这些认识可以提取两项共同的语义特征:[＋动态性]和[＋已然性]。"动态性"是指完成体与"转变过程"紧密相关,特别是所依附的动词在语义特征上通常具有动态性或在句法搭配时具有动态性,这一点各家是有共识的;"已然性"是指完成体标记指明所述事件或所限定的动作、状态在参照时点之前的转变过程已经实现(完成),或者是说话人心理上倾向于使其成为现实。据此,就从语义特征上为完成体的界定提供了依据,可以认为"完成体"实际上表示"转变过程的实现(完成)"的语法意义,这与石毓智"从无到有的实现过程"的看法接近,石先生的分析和论证极为严密,基本能够涵盖与"了"有关的不同语法事实,他把不同句法位置上的"了"认定为不同句法位置的语法变体,也便于跨方言比较时的整体分析。这样还可以涵盖金奉民(1991)"'变'的完成"、竟成(1993)"实现延续"、金立鑫(1998)"完成延续"、卢福波(2002a)"过程转换"、尚新(2004)"完整持续体"、税昌锡(2012)具有"完结""起始"两面性等试图兼顾两种不同说法的完善做法。这样也可以较好地涵盖完成体可能存在的不同意义变体等,便于深入认识汉语方言完成体的形式多样性与语义一致性。

1.2.2.3 关于"完成体"的标记方式

从语义范畴角度来认识完成体,自然会面临一个问题:是不是所有表达"完成"意义的手段都可以视为完成体标记? 从最广义的理解来说,确实应该站在完成范畴高度来全面梳理汉语里的所有完成义表达手段(包括显性的和隐性的、词汇的和语法的),在此基础上再深入认识完成体标记自然是最可靠的,如帅志嵩(2014)构建中古汉语完成范畴就大致是这个思路。本书采取语义范畴视角,主要是希望采用更广阔的研究视野来认识汉语方言完成体,在研究实践中仍然是采取相对可控的做法,即侧重从语法学意义上来使用"语义范畴"概念,之所以这样做主要是为了便于跨方言比较时的完成体标记认定,提高可比性和有效性。实际上,已有研究虽未明言,但在实践上很早就基于方言完成体的语义复杂性提出了体标记认定研究的不同处理策略。关于汉语体标记(aspect mark）的认定，历来有宽严两种标准①。李如龙在《动词的体·前言》（张双庆主编1996：1—8）里指出"在研究过程中，搜集材料、罗列事实时不妨把标准放宽些，归纳类别，理论分析时则应把标准收紧些"，并用"意义的虚化、结构关系的粘着、功能上的专用、语音的弱化（轻声或合音）"②四条标准来认定狭义的体标记，这代表了当时学者的共识。考虑到不同方言的发展不均衡，刘丹青（张双庆主编1996：9—33）提出确定体貌标记"顾及方言之间的意义对应"有多种便利，对上述四条标准提出了不同的具体化措施，便于处理虚化不够彻底的情况，以确立真正的体貌标记。正因如此，历史语法和方言语法领域的学者似乎更赞同采用从宽标准，除前述杨永龙、帅志嵩外，吴福祥（2001、2002）实际上也把动相补语和体助词都纳入完成体标记范围。刘丹青（张双庆主编1996：9—33）还把句末语气词"了$_2$"也纳入体标记范围以应对方言比较，史有为（2003）也采取同样做法，认为这样做便于反映实际情况。汉语共同语语法研究也有了类似做法，如李思旭（2015：204）把时间副词、时态助词、句末语气词、结果补语都视为完成体的表达手段。从曹志耘主编《汉语方言地图集》（语法卷）（2008）第063、064、065、075、079图所列举实例来看，实际上也是从比较宽泛的语义范畴来收录各地方言完成体标记的。鉴于以上理论思考和研究实践，本书以汉语方言的完成体标记为研究对象，采取史有为（2003）"规则性的语言形式"的看法，参照历史语法领域的做法，在综述和概览时从宽认定，把来自助词、副词、语气词或儿化、变韵、变调等屈折形式的体标记都纳入考察视野，根据需要讨论汉语方言完成体标记的有关问题。

当然，以上只是我们的初步设想，需要结合跨方言的语法事实来检验或修正，这也正是本书的研究目标之一。

1.3 研究方法

邢福义先生创立"小句中枢说"语法思想，提出了一系列操作性

---

① 杨永龙（2001a：23）据此提出"体标记"可作广狭区分，狭义仅指表体的形态；广义包括所有表体形式，包括纯语法形式、词汇形式和句子结构等。

② 有些方言（如粤语等）没有轻音现象，不受此限制。

强的语法研究思路和方法，如重视"句管控"、倡导"两个三角"等，可以说是在汉语研究中具体贯彻科学研究的系统观的一次成功实践。这些对本书汉语完成体范畴的跨方言比较具有很好的借鉴指导意义。方法是手段，运用时受到研究目标制约，要取得良好效果，就需要结合具体的研究对象作适当调适。这里结合需要谈谈个人的具体理解。

1.3.1 关于"两个三角"

"两个三角"是"小句中枢说"的主要思路和方法，倡导多层面、多角度的动态研究，是"活的三角"，具体操作时具有灵活开放性（邢福义 1997：473—474）。

1.3.1.1 关于"表—里—值"小三角

"小三角"是邢福义先生结合汉语语法特点总结提出的处理形式和意义关系的具体操作办法。"小三角"可变通适用于各相关领域的研究实践，分析古代、近代汉语或非汉语语法现象时都可以借鉴。对跨方言比较来说，灵活运用"小三角"，便于"在更细的线索上"和"比较隐蔽的层次上"挖掘出"微妙的语里意义或关系"，发现不同方言间的形义关系配置状况。

本书以汉语方言完成体标记为研究对象，界定完成体标记时凸显的是语义语法范畴视角，对"语里"的理解上升到了更为抽象的层次，对"语表"的理解也相对更为宽泛，可以包括表达语法意义的一切语言形式。储泽祥（1997）认为，单纯的语表或语里的比较都不容易打开思路或者导致偏差。就汉语完成体的跨方言比较而言，"由里究表"就要全面考察汉语方言中表达完成体范畴的各种语表形式，看看各地方言的语表形式选择上与共同语有何异同；"由表察里"就要看看各地方言中完成体的具体语表形式只是单纯表达完成体的语法意义还是兼表其他语法意义；经过"表里相互印证"才能搞清楚"整体汉语"里完成体范畴的形义组配总体面貌。汉语方言，特别是在东南方言里，往往不止一个完成体标记，不同的完成体标记之间是否在语法意义上构成系统性对立，或者运用"语值验察"，看看不同的标记是否附带有不同的语用价值，才能深化对方言完成体标记的认识。

1.3.1.2 关于"普—方—古"大三角

"普—方—古"大三角为普通话语法研究提供了很好的参照框架，

大大推动了普通话语法研究。方言语法学者发现"'普—方—古'三角模式对方言语法研究跟标准语语法研究同样有效,而在实践中对方言语法研究的推动作用甚至超过了标准语法"。"今天这已成为方言语法研究的基本方法",(李小凡2014,参见李小凡、项梦冰主编2014:259—276)只是"大三角"理论实际操作难度更大,运用时要处理好"普—方—古"三个角之间的关系并不容易。李宇明(1994)就指出"方言语法和古代汉语语法都有各自的系统,它们同普通话语法的关系是多维度上的复杂关系,因此,在发掘和使用外证时,要充分考虑到各自的系统性和其间关系的复杂性。比如不可用零星的方言和古代汉语的材料,同普通话做比附式的对比;也不能发现某一语法域在方言或古代汉语中是分离的,就肯定它在普通话中也是分离的。"对此,以往的方言语法调查和研究多数并未意识到,实际上多采用比附式对比做法。本书支持把"方言"提升到"语言"高度来认识,就是考虑到跨方言比较时,能够更多地注意到各方言自身的独立性和系统性。

　　任何语言的语法系统都是渐变的动态系统,"大三角"理论看到了普通话语法现象在来源上的异质性和动态性,尽管"普通话""实际上是一个模糊概念,很难给出明确的界定"(邢福义2002),并不意味着普通话语法本身不具有一定的稳固性和统一性。"大三角"理论以普通话为基角,是看重方言语法、古代汉语语法事实对认识共同语语法现象的参考价值。跨方言比较时,这同样是关注点,在"以方证普"和"以古证今"的基础上,必要时也可以更开放地进行"三角互证"(如"以普证方、以今证古、以方证古"等),相互参照,展现"大三角"理论的活力,如邢福义《从研究成果看方言学者笔下双宾语的描写》(2008)就发现普通话和方言里的典型双宾语可以互译、互补和互证,具有"离析性"特征。当然,跨方言比较时有必要考虑把方言语法作为基角,以便于挖掘方言语法现象自身的特点。

　　"大三角"强调基于"整体汉语"来认识汉语语法现象,通过"句管控"验察,可以看到各地方言具有不同的句法管控格局(邢福义2000、2001)。就汉语完成体而言,从整体上俯瞰普通话、方言和古汉语的情况,既可以看到静态的总体概貌,也可以看到普通话体标记在方言中的音变、分合和在历史上的更替演变,还可以从普方对比中发现体标记之间的有无互补情况、从共时和历时对比角度看到标记成分之间的存废更替情况，从而把握汉语完成体的整体发展规律和演变趋势，绘制出异彩纷呈的动态图景。

当前，海外华语受到重视，相关研究必将进一步丰富"整体汉语"的语法事实，如邢福义《新加坡华语使用中源方言的潜性影响》（2005）、李计伟《"两个三角"理论与海外华语语法特点的发掘》（2012）等。继续放宽眼界，"大三角""并不排斥联系非汉语来研究汉语"，戴庆厦先生经常呼吁要重视非汉语和汉语的结合，在《汉语和非汉语结合研究是深化我国语言研究的必由之路》（2012）举例时就认为景颇语的存在式对认识闽语的"有"字句有启发。

总之，考虑到跨方言比较的复杂性和难度，灵活理解和运用"大三角"的核心思想，有利于发挥语法比较参照框架的多维性、动态性，取得更好的研究效果。

1.3.2 关于"句管控"

邢福义（2004）指出"汉语语法重句法。研究汉语语法，必须注重研究汉语句法机制，着力于揭示汉语句法对各种语法因素起着制约作用的内在规律性"。因此，"小句中枢说"重视"句管控"，关于方言语法差异，邢福义《说"句管控"》（2001）指出"句管控"决定了不同方言的语法差异，"因而也决定了现代汉语语法的整体面貌"。邢福义《从研究成果看方言学者笔下双宾语的描写》（2008）和研究"起去"的系列论文等都是"句管控"理论实践的典范。实际上，已有研究很早就意识到汉语的"体"与句子的关系更为紧密。如龚千炎（1995：4）就提出了汉语的体"同整个句子有关"的观点，戴耀晶（1997：4）明确提出了"体意义的承载单位是句子"的观点，当今的语言类型学也认为"'体'作为一个范畴主要指由句子中的各种相关成分所表达的核心事件（主句中由主要动词所表达的事件）的状态。因此，'体'是句子层面的范畴，只有句子才可能有'体'的概念"（陆丙甫、金立鑫主编 2015：207）。但由于体貌研究的理论认识主要参照国外理论体系，在研究实践上大多从词法层面出发，如何结合句法机制来认识汉语的"体"在研究实践层面实际上是较为缺乏的。如邢福义《小句中枢说的方言续证》（2001b）具体分析了方言中与完成体有关联的"有"字，很有启发，罗昕如《湖南方言中的"在 N"》（2004）证明了"句管控"理念对方言持续体研究的效用。至于如何结合句法机制来全面认识汉语方言的完成体仍然是需要深入探索的问题。如跨方言比较中对完成体标记成分语法性质的判定、语法化阶段的认识、语法意义的概括、语值的辨察等诸多问题，都需要结合"句管控"来解决。

跨方言语法比较属于"鸟瞰式的比较方法"（罗自群 2006：9—12），视野宏阔，结合"两个三角"的动态分析理论，特别是"小三角"，重视"句管控"，有利于在实践中贯彻语言研究的系统观，可以避免造成迂阔无当的局面，提高跨方言语法比较的信度和效度。同时，语言学发展到今天，各种理论方法借鉴互补、综合运用成为大趋势，本书在跨方言的类型总结基础上，适当借鉴语言接触、语法化、认知功能、语言地理类型学等理念和方法，能够为解释汉语方言完成体的共性和差异带来便利。

1.4 本书框架和相关说明

1.4.1 本书框架

全书共六章。

第1章，总体介绍选题背景和方言完成体的研究价值，讨论完成体的范畴属性，确立本书研究对象的内涵和外延，说明所采用的研究方法和语料来源、引用规范等情况。

第2章，尽可能全面地总结当前汉语完成体的研究概况，分为共同语、方言、历史语法和其他领域分别梳理，评述得失，以便为汉语完成体标记的跨方言比较提供问题来源。

第3章，综观汉语方言完成体标记的音义概况和地理分布。首先结合实际情况，把方言完成体标记区分为后附型、前置型和变音型三大类，然后分析汉语方言的主体类型——后附型标记的语音形式类型和总体的语音演变趋势，总结出该类标记的总体音义特征。

第4章，从相对微观的视角选择汉语方言后附型完成体标记的两类个案（"了"类标记和"掉"类标记）进行跨方言考察。在此基础上，思考汉语的完成体体系问题和有关标记的完成体地位问题。

第 5 章，总结梳理汉语方言的变音型完成体标记。在掌握相关事实的基础上，讨论该类标记的完成体地位问题和地理分布特征。

第 6 章结语。总结本书的研究结论和不足之处，思考跨方言比较的方法、材料、研究价值等问题。

1.4.2 相关说明

1.4.2.1 关于术语的使用

鉴于汉语体貌研究的术语分歧，本书采用目前使用更为广泛的称呼：对应"Aspect"的称为"体貌"或简称"体"，对应"Tense"的称为"时制"或简称"时"。引用时遇到不同于此的说法，为方便起见，多数换用本书的术语，容易误解的地方则附注说明。本书中"时体"是"体貌"和"时制"的合称，有些著述中用"时体"称呼"体貌"，注意区分；有些著述称呼"体貌"为"时、态、式、相、貌"等，目前这些术语都另有界定使用，注意区分。汉语方言分区用语主要依据中国社会科学院和澳大利亚人文科学院合制的《中国语言地图集》（1989）的分类体系，采用最新分区成果的地方均附注说明。有时候，也使用其他分区名词"北方方言、南方方言、东南方言、近江方言、远江方言、北部官话、南部官话"等，具体解释可以参考李如龙《汉语方言学》（第二版）（2007）等相关著作。

1.4.2.2 关于引文注释的规范

本书主要是基于已有方言调查材料进行跨方言语法比较研究，属于深度的总结性研究，各地方言例句材料主要取自权威的方言词典、方言志、方言地图和涉及方言完成体的方言语法专著以及大量公开发表的论文，或由热心学者提供的研讨会论文。本书所选例句通常代表不同的语音或句法类型，比如与"了"相关的句型主要有：

(1) "V（O）了"或"V 了（O）"，如"吃（饭）了""吃了（饭）"；

(2) "V 了 O 了"，如"吃了饭了"；

(3) "VC（O）了"或"VC 了（O）"，如"吃完（饭）了""吃完了（饭）"；

（4）"VC 了"或"V 了 C"，如"吃起来了""看了一眼"；

（5）祈使句（命令句），如"把饭吃了！"

本书在选取例句时以陈述句（包括连动句、条件句等）为主，根据情况也举一些相应的否定句或疑问句实例。具体说明时根据材料多寡决定详略情况。

本书重视材料的权威性和可靠性，凡正文引用的材料都经过鉴别筛选，实在拿不准的或有争议的情况通过附注说明，以资借鉴。所举例句通常都代表不同的语音类型或句法分布类型，根据需要，尽可能标明对应的普通话意义（原文未注解的除外）。具体引用方法遵从方言著述的通用规范，尽量标明详细出处，以便于核对。

1.4.2.3 其他说明

需要时，地名按照由大到小的顺序排列，有时候用括号表示所属辖区或具体调查点，如：（青岛）平度、河南郑州荥阳（广武）。

国际音标输入采用中国社会科学院李蓝主持研发的"语言所音标 2.1 版"输入法软件，特此致谢。除发圈法标示传统调类时依从原文外，具体调值统一采用数字上标。

第 2 章 研究现状述评

汉语体貌的研究历史大致以 20 世纪 70 年代末为界分为前后两个时期：前期为初探阶段，后期为发展和深化阶段（金昌吉、张小荫 1998；陈前瑞 2003a；帅志嵩 2007）。本书将在此分期基础上梳理汉语完成体的研究概况，具体分为共同语、方言、历史语法等不同领域来分别综述，评述得失，以尽可能全面把握当前的研究进展，为"整体汉语"视角下的跨方言比较研究寻求突破口。

鉴于汉语完成体备受关注，文献数量庞大（笔者收集的数量有 2000 多篇），相关综述也有不少，本书对已有综述的研究领域采取先介绍后完善的处理办法，根据近年来的进展情况加以修正、补充，有不同看法的地方则详细说明。限于时间，国外的相关研究成果没有专门梳理，仅对少数成果附带说明，具体可参考陈前瑞（2008）绪论的概览述评，以及陈前瑞、孙朝奋《时体语法化研究的历史脉络》（2012）关于国外学者时体语法化研究的综述。海外文献详情可以参考加拿大多伦多大学 Robert I. Binnick 教授制作的时体研究文献目录（截至 2006 年 8 月 21 日，包括 9000 余篇文献）[①]。

2.1 汉语共同语领域的研究状况

2.1.1 初探阶段

初探阶段对应于汉语语法研究的套用期和引发期（邢福义 1997：

[①] 网址为 http://www.utsc.utoronto.ca/~binnick/TENSE/。

5）。如果从具体标记成分的研究算起，汉语完成体从汉语语法体系构建之初即受到关注，汉语语法学代表人物的语法著作都提及过相关标记成分。

2.1.1.1 黎锦熙的研究

万波（1996）指出"汉语语法研究中，最早谈到体的，恐怕要算黎锦熙"。黎锦熙《新著国语文法》（2007［1924］：124—127）的语法体系基于英汉比较而来，他在"后附的助动词（黎氏认为助动词和助词属于国语特有的）"里认为"了"表完成，是动词的"perfect"，并说明使用时"不全属过去时"，这表明黎氏已隐约注意到时和体的分别；还注意到"吃了饭"（表完成）和"吃饭了"中"了"的语法意义不同；句末"了"是表示"语气的完结"的助词，随语气的强弱变化有"嘞、啦、咯、喽"等读音变化（黎锦熙2007［1924］：261），有时候与助动词"了"难以区分。此外，他认为"来着"表示"完成的持续"，把"过"（黎锦熙2007［1924］：144）归入表过去时的时间副词。在这部现代汉语语法开山之作中，尽管有些认识尚不到位，但黎先生对"了"的用法描写已经比较全面、细致。

2.1.1.2 王力、吕叔湘、高名凯的研究

到了20世纪40年代，王力、吕叔湘、高名凯等代表人物都重视比较方法的运用，在论证中普遍采用了古代汉语、部分方言或其他语言的例句来比较说明，取得了重要的成就。

吕叔湘《中国文法要略》（1982［1942］：228—232）在下卷"表达论·范畴"的"时间"一章称体为"动相"（指"一个动作的过程中的各种阶段"），其中"了"表示"既事相"，性质上接近词尾，他在举例时认为"已、既"等限制词也"表示动作已经完成"，"来着"属于"后事相"。

王力《中国现代语法》（1985［1943］：151—156）称体为"情貌"，认为"凡表示事情的完成者，叫做完成貌"，用"了"来标记，在对"了"用法作细致描写时，他特意说明"了"可用于句中动词后和句末的部分限制条件，还提及"了"和"着"可互换的问题，显示出独到而深刻的眼光。他把"来着"归入"近过去貌"。再者，王力把"不用情貌成分者"单列为"普通貌"，与其他情貌类别对立，这类似

今天常说的无标记用法或西方学者提出的"中性体"。后来,王力《中国语法理论》(1984［1944］:201—215)修改了关于"情貌"的定义并加以详细的理论阐发,结合叶斯柏森、房得里耶斯等的看法补充了对"已、过、好"的分析,还提出四项标准来比较区分"了"表完成和决定语气的用法。

高名凯《汉语语法论》(1985［1948］:187—199)在"范畴论"的"体词"一章从理论层面阐释汉语的"体"问题,书中认为"完成体(accomplished)"或"完全体(perfect)""表示动作或历程的完成",甚至也能"表示前因后果的推论的完成","了"字是最常用的,口语中也用"过、好、完"等,他还论及完成体与"结果体"的关系。此外,他简单地分析了这些标记成分的语义来源情况。

2.1.1.3 其他学者的研究

20世纪50年代后期,苏联的龙果夫(1952)、雅洪托夫(1957)和国内的张秀(1957)等认为汉语有时有体,帅志嵩(2007)概括为"时体混合论",不过我们发现他们的具体看法并不完全一致:龙果夫(1952)认为"了、过、的、来(着)"等成分属于"体·时"标记,具有表时和体的双重作用;张秀(1957)对两个"了"的时体表现有明确区分,认为句尾"了[la·]"是"决定时"的形态,而词尾"了[lə]"是完成体的形态。这些看法在当时并未受到普遍重视。

此时期,由吕叔湘翻译引入的赵元任《汉语口语语法》(1968)(吕叔湘译本1979:125—127、354—356)区分充当完成态的词缀"了"(附属于词)和助词"了"(附属于短语或句子,大致相当于"了₂"),认为词缀"了"接近英语的过去式,助词"了"接近英语的完成式,有"表示事情开始、适应新的情况的命令、情节的一个进展、过去的一个孤立的事实、截至现在为止已经完成的动作、用在后果小句里表示一种情况、表示显而易见"七种意义。赵元任(1968)(吕叔湘译本1979:129—130)认为在"吃过了饭了"里边,"过"还是补语,可以带完成态后缀"了";轻声的"过"是纯粹后缀,意思是"过去至少有过一次"。此外,俞敏(1952、1954)、王惠丽(1957)、浚三(1957)、林裕文(1959)等以及陆志韦等著《汉语的构词法(修订本)》(1964)对"了"等也有简单的介绍。

2.1.2 发展与深化阶段

从时间上看，发展与深化阶段对应于汉语语法研究的探求期（邢福义 1997：5），正是国内语言研究在"科学的春天"焕发生机的新时期，也是汉语完成体研究伴随大潮流进入事实发掘和理论探讨全面推进的新时期。从研究成果看，以 20 世纪 80 年代中后期为界，有一个从早期平淡走向后期活跃的渐进过程，陈平、刘勋宁、孔令达、李兴亚、龚千炎、卢英顺、石毓智、左思民、金立鑫、陈前瑞等大批学者扎实又力求创见的研究逐步把汉语的体貌研究推向了热潮。这里从体貌理论的探索和汉语完成体标记的具体研究两个大的角度，择取重要的成果加以梳理。

2.1.2.1 汉语体貌理论的探索

结合汉语体貌理论探索的梳理，可以看到汉语完成体在体貌理论中的认识变迁。这方面，王松茂《汉语时体范畴论》（1981）很早就明确站在语法范畴角度开始系统性构建汉语时体系统，文中有针对性地批驳了黎锦熙、吕叔湘、高名凯等前期学者的部分片面认识，认为"了"是完成体的语法形式，"过"是经验体的语法形式，对完成体和结果体的关系也有简单说明。当然，王先生的有些看法也有简单化之弊。陈平《论现代汉语中时间系统的三元结构》（1988）倡导从系统的观点出发来认识汉语的时间系统，构建了时相（phase）、时制（tense）、时态（aspect）三元时间系统，影响深远。他采用［+静态］［+持续］［+完成］三组区别性特征来分析汉语句子的时相结构，认为"完成与非完成取决于情状有无自然的终结点以及有无向该终结点逐步接近的进展过程"，但他对时态的论述不多，主要借鉴西方理论来区分完全态（perfective）和不完全态（imperfective），认为"有关语法手段在指示特定时态意义的同时，往往也会有一些延伸性的用法"，这对"着、了、过"等体标记的语法意义研究很有启发，遗憾的是未能深入论述。该文后来得到龚千炎（1995）等学者补充完善，其中一些论述还受到张济卿（1998a）的猛烈批评，左思民（1999b）也认为"该文在论述内容上明显地表现出了重意义轻形式的特点"。

此后，影响较大是龚千炎和戴耀晶的具体研究。对体貌及其标记的认识，龚先生的研究周详细致，戴先生则着力于体貌系统的建构。

龚千炎《汉语的时相时制时态》(1995) 延续陈平先生关于时间系统的基本框架，强调三元结构之间的匹配和制约关系，但认为"现代汉语的时态范畴最为发达"（龚千炎 1995：111），将时态结构作为论述重点①，把时态定义为"是表现事件（event）处于某一阶段的特定状态"（龚千炎 1995：44），综合考量各种因素后划分出 8 种时态，其中："完成、实现时态""是指动作行为变化在此之前已经发生、进行、完成了，或情况状态在此之前已经存在、实现了。就整个事件而言，则指已然的现实事件"（龚千炎 1995：72），由时态助词"了$_1$"、时态语气词"了$_2$"和时态副词"已经"来表示；"经历时态""是指动作行为变化在此之前曾经发生、进行过，或情况状态在此之前曾经存在过。就整个事件而言，则指经历上的事件"（龚千炎 1995：80），由时态助词"过"和时态副词"曾经"表示；"近经历时态""是指不久前发生过某一事件或情况"（龚千炎 1995：87），由时态语气词"来着"表示。需要注意的是，他认为"'完成'与'实现'本来就密切相关，一种动作完成之后也往往就是一种状态的实现（存在）"（龚千炎 1995：72），他还认为"了$_1$"主要表示完成时态，有时也表示实现时态，"了$_2$"主要表示实现时态，试图用分工不同来统合"实现"与"完成"两种说法的争论，因此，他与刘勋宁（1988）认为词尾"了$_1$"表实现的观点是不同的，而与王还（1990）提出要注意动作和状态的区分有关。在介绍时，他不仅展示了这些标记成分的匹配和隐现情况，还简单地说明"了$_1$"与"过"、"来着"与"过"、"曾经"与"已经"等的异同之处。在与时制的联系方面，他认为"一定情况下'了'和'过'常同过去时联系着"（龚千炎 1995：41），颇有见地。总的来说，龚千炎（1995）的研究内容周详全面，为以后的研究打下了很好的理论和事实基础。

戴耀晶《现代汉语时体系统研究》(1997) 首次专门系统地论述现代汉语的体系统，书中比较完整地参照 Comrie "Aspect"（1976）的观点，提出"体是观察时间进程中事件构成的方式"（戴耀晶 1997：4）的定义，构建出两大类六小类的体系统，这是第一个关于汉语体的二级分类体系。在这个系统中，完整体包括现实体（"了"）、经历体

---

① 该书正文共 112 页，"现代汉语的时态结构"一章就占 67 页。

("过")和短时体(动词重叠)三种;其中,"现实体表达的是一个现实的动态完整事件"(戴耀晶1997:35),经历体表达的是一个历时的动态完整事件。他还认为,完整体具有完全(completive)和完成(accomplished)的性质,在语用表现上具有较强的表述(declarative)倾向(戴耀晶1997:33—34),不过书中注释似乎表明戴先生对"完整体"这个称呼并不是很坚定(戴耀晶1997:163),对其语用表现也没有深入论述。此外,书中还讨论了与之相关的现实体"了"表示未来意义、"着"与"了"的互换、赣语泰和方言的完成体等问题。总体来看,该书构建的体系是目前最为系统简明的,因此被广为接受(金昌吉、张小荫1998;陈前瑞2008:39—40;陈振宇2006)。具体来说,值得称赞的是,戴著反复强调"体意义的承载单位是句子"(戴耀晶1997:4)的观点。结合当时的语法研究来看,戴先生的看法意味着汉语体研究的一次视点转换和理念更新。他认为体意义是运用句法形态变化来表达的,而不是词法形态变化。长期以来,学者在时体形态的理解上,一直没有很好地区分词法和句法层面,或局限于词法层面,他纠正了这个认识偏差,有利于汉语体的深入研究。他提出应着眼于整个句子所表述的事件来认识体,比较而言,这比龚千炎(1995:4)认为体"同整个句子有关"的观点更明确,可是书中没有对"事件"明确定义。另外他在定义体时,只说明体与时间进程密切相关,不如龚千炎(1995:4)对"观察角度"的解释好理解。再者,由于他认为体作为语法范畴,"所注重的只是形态形式表现出来的事件"(戴耀晶1997:27),形态形式定义为"专门标示句子体意义的语言形式",即特别强调体形式的专职性,龚千炎(1995)所列举的"已经、曾经"等时间副词和"了$_2$、来着"等兼表语气的体标记自然不在讨论之列。

此外,左思民先生的系列研究很有理论高度和创新意义,对认识汉语完成体也很有启发。他认为应该从语义、语法(词法和句法)、语用三个平面来认识体的问题(左思民1997),重新定义"体"为"用语言手段传达的事物某状况的保持或变化以及保持或变化的方式"(左思民1998),指出汉语的体具有使用虚词表示和强制性不足等主要特点,汉语体标记在认定上、语法意义的概括上和使用中表现出的合一、复叠等特征具有重要的类型学价值,可能修正以往对体的认识(左思民1999b),

他最富新意的地方在于从语用角度提出了"实施性体"的概念（左思民1999a），但未能引起较多反响。上海的另一位语言学家金立鑫先生注重从方法论上探索解决汉语体问题的途径，至今不间断，令人钦佩。金先生的系列论文（1998、1999、2002a、2002b、2003、2004、2005、2010、2013）对"了"情有独钟，在此基础上提出了许多值得思考的理论问题，指出了一些汉语体研究中的盲区和误区，令人瞩目。

在理论探索方面，许多学者提出了富有个性的思考，特别是20世纪90年代后期开始呈现出多元化态势。除李铁根（1998）、张济卿（1996、1998a、1998b、1998c）、马庆株（1999）、杨素英（1999）、李小凡（2004b）等大批学者继续在既有思路上寻求突破外，陈国亭、陈莉颖（2005），陈忠（2009），彭利贞（2009），李莹、徐杰（2010），邹海清（2010），王君瑞（2011），袁野（2011），税昌锡（2012），李明晶（2013）等大量极富理论色彩的专论和陈凤霞（2002）、陈前瑞（2003a、2003b）、尚新（2004）、陈振宇（2006）、孙英杰（2006）、梁敢（2010）等一批博士论文纷纷转向认知功能、篇章语法、语法化理论、形式语法、形式语义学、语言类型学、民族语言等不同领域来深入思考体貌问题。由于体貌范畴与时态、情态等语法范畴联系紧密，综合性、交叉性的TAM（tense – aspect – modality/mood）研究日益盛行，各种理论方法交叉综合、相互借鉴的研究倾向越来越凸显，展现出宏富多元、多彩斑斓的风貌气象，这也是体貌研究趋于深入的必然结果。此外，特别值得称道的是2003年2月在上海外国语大学召开了"汉语时体系统国际研讨会"，会议论文集收录了15篇专论，基本汇集了同时期国内有代表性的理论观点，这样的专题讨论特别有利于推动汉语体貌研究的发展，遗憾的是未能定期延续下去。

这些理论中与本书研究关系更为紧密的是当代类型学理论，这方面以陈前瑞先生的研究最为集中。陈前瑞《汉语体貌研究的类型学视野》（2008）在其博士论文（2003a）基础上丰富完善后出版，被誉为"目前国内讨论体貌问题最全面系统的一部著作"[①]，书中建立起由情状体、

[①] 郭锐：《专家评审意见》，参见陈前瑞《汉语体貌研究的类型学视野》，商务印书馆2008年版，第340页。

阶段体、边缘视点体、核心视点体构成的四层级汉语体貌系统①，兼顾历时和共时，探索汉语体标记的主观性和主观化表现，具有类型学视野，能"为汉语方言研究、汉外对比研究、少数民族语言研究以及语言习得研究等领域中的体貌问题研究提供一个比较全面的理论框架"。②此外，陈先生及其合作者发表了《从完成体到最近将来时——类型学的罕见现象与汉语的常见现象》（陈前瑞、王继红 2012）、《汉语经历体的类型学思考》（陈前瑞 2012）、《完成体与经历体的类型学思考》（陈前瑞 2016）、《词尾和句尾"了"的多功能模式》（陈前瑞、胡亚 2016）等十余篇论文，在汉语体貌的类型学研究方面用力颇深，新近提出了多功能模式来处理跨语言或跨方言材料，具有很好的可行性。此外尚新《语法体的内部对立与中立化——英汉语对比研究》（2004）、鲁曼《完成体语义与"事件完成"——长沙话完成体语义的跨语言研究》（2010a）和吴春相、杜丹《领有动词与完成体表达的类型学研究》（2018）等也引入类型学理论。总的来说，结合语言类型学理论深化体貌研究是很重要的发展方向。

2.1.2.2　具体完成体标记研究

在具体研究方面，除了吕叔湘主编《现代汉语八百词》（1980）、朱德熙《语法讲义》（1982）等继续对"了、过、来着"等完成体标记作精细描写外，大量具体描写的论文开始由平稳发展至井喷状态，反映出汉语完成体研究越来越受关注的态势。这些研究集中在具体标记的发掘和用法研究上，特别是"了"的多角度研究，比如"了"的词性和语法意义、"了"的用法分析、"了"的隐现规律、"了"的分化问题、与"过"等体标记的比较等。

（一）"了"的研究状况

关于"了"的研究状况，朱彦《现代汉语"了"研究述评》（2001）对 2001 年以前国内的研究情况有过比较全面细致的述评，对研究趋势的展望也很到位。进入 21 世纪以来，关于"了"的研究文献增

---

① 在陈前瑞（2008：48、68）的四层级体貌系统中，典型完成体标记包括词尾"过"、句尾"了""来着"等，属于边缘视点体；完整体标记包括词尾"了"，属于核心视点体。

② 袁毓林：《专家评审意见》，参见陈前瑞《汉语体貌研究的类型学视野》，商务印书馆 2008 年版，第 336 页。

速惊人，值得重新梳理。

1. 关于"了"的语法意义

"了"的语法意义问题是汉语完成体研究中的焦点问题，至今争论不休。由于这涉及"了"的分合问题，为方便起见，此处暂且把用于动词、形容词后或动宾结构之间的称为"了$_1$"，用于句末的称为"了$_2$"。

（1）首先来看"了$_1$"的语法意义。陈振宇的博士论文《现代汉语时间系统的认知模型与运算》（2006）从"体"和"时体关系"两个方面已经有了非常详尽的梳理，并绘制了一幅"了$_1$"的语法意义研究诸说衍流图示（陈振宇 2006：245 图 94），从中可以详尽地看到"了$_1$"充当体标记的语法意义怎样一步步地由早期朴素的"完成"说发展到后来的"实现"说再到"完成或实现"说、"完整"说、"界变"说、"界限"说、"达成"说、"完成延续"说、"达界"说、"完形"说（陈振宇 2006）等"诸说争鸣"的盛况，以及不同学者对"了$_1$"有无表时制作用的诸多争议。此外，还有金奉民《助词"着"的基本语法意义》（1991）认为表示"变"的完成、石毓智《论现代汉语的"体"范畴》（1992）认为表示动作从无到有的"实现过程"、尚新《语法体的内部对立与中立化——英汉语对比研究》（2004）认为表示"完整持续体"等。这些观点中，以"完成"说、"实现"说和"完整"说影响最大。需要注意，由于依托的理论背景趋于多元化，有的说法内部其实也不统一，在具体阐发上往往有着或大或小的差异，如"完成"说和"完整"说，有人认为是同义的，也有人认为要严格区分。因此，对这些术语意义上的说法，一定要结合作者的具体阐发来理解，避免简单的认同或反对。

（2）再来看"了$_2$"的语法意义。早期黎锦熙认为"了$_2$"（句末"了"）是表示"语气的完结"的助词，吕叔湘、王力等多认为表示决定语气，张秀认为表示"决定时"，赵元任实际上概括出"了$_2$"的七种语法意义，从这几种看法已经表现出在"了$_2$"的语法意义概括问题上从分还是从合的不同取向，这在后来各有发展：

一是采取"单一语法意义"取向，多数认为"了$_2$"有不同于"了$_1$"的语法意义，大都认可吕叔湘主编《现代汉语八百词》（1980）的观点，认为语气助词"了$_2$"的基本语法意义是"主要肯定事态出现变化或即将出现变化"（简称"事态变化说"），如朱德熙《语法讲义》（1982）概括为"表示新情况的出现"，意思差不多，彭小川、周芍《也谈"了₂"的语法意义》（2005）在综合此前各家说法的基础上认为"了₂""表达对当前相关事态的肯定的语气"；但有的观点出入较大，如龚千炎《汉语的时相时制时态》（1995）认为"了₂"主要表示实现时态，李小凡《现代汉语词尾"了"的语法意义再探讨》（2000）认为"表示某种新情况已经出现"，是已然态标记，金昌吉《现代汉语句尾"了"的再认识》（2009）则认为可以简单概括为"提示新信息"；还有的认为"了₂"与"了₁"语法意义大致相同，石毓智《论现代汉语的"体"范畴》（1992）认为都表示"实现过程"，王维贤《"了"字补议》（1991）和竟成《关于动态助词"了"的语法意义问题》（1993）则认为都表示"实现"义，史有为（2003）认为都表"达成"，税昌锡《基于事件过程结构的"了"语法意义新探》（2012）则认为"了"的语法意义具有"完结""起始"两面性①，这已经是理论复杂化后的概括了。

二是采取"多种语法意义"的离析取向，赵元任（1926、1968）先后分为九种和七种之后，萧国政《现代汉语句尾"了"意义的析离》（2000）尽管自行声明是对"了"作统一处理，实际上达到了把"了₂"离析为表已然、表"消失"、表"开始"、表"继续"、表"变化"、表"偏离"、表强调、表委婉八种语法意义的效果。总的来说，这些看法都没有把语用层面的意义剥离开来。此外，郭锐《语义结构和汉语虚词语义分析》（2008）运用"语义结构分析法"② 把"了"的语义分为"实现/变化、计划改变、条件变化、相异、偏离、认识变化"六种且认为这只分析了部分情况，不过文中对"了"的分合态度似有自相矛盾之处。

我们也注意到，一直有学者不把"了₂"看作体标记，如戴耀晶（1997）就没考虑"了₂"的问题，尚新（2004）认为"了₂"只是语气

---

① 税昌锡（2012）认为两个"了"的语法意义具有同一性，传统的区分"仅有区别句法分布的作用，不具区别语法意义的价值"。

② 据郭锐（2008）："语义结构就是虚词所引出的语义要素以及虚词所表达的语义要素间的关系。"

词，但大都没有经过认真论证。实际上，"了₂"很可能兼有完成体用法和语气词功能，但是在不同语境中的表现不同（杨永龙2003），因此"了"出现在句尾是否可以表达"完成"或"实现"的语法意义是问题的核心所在，只有证明这一点，才能把"了₂"认定为完成体标记。

2. 关于"了"的分合问题

与语法意义紧密相关的问题是"了"的分合问题。主张分化的看法主要有二分和多分两大类情况；也有学者从语法意义出发主张不分化，本书称为"合一说"。实际上，二分说和合一说都没有把补语性"了"的情况考虑在内。

（1）二分说。尽管二分为主流意见，但持同样观点的学者在分化的具体标准上不尽一致，自黎锦熙开始，学界基本倾向于以句中和句末的不同句法分布为主要标准，认为这一不同大致表现出相对不同的语法意义；从前文已知，对二分影响最大的是有些处于句末位置的"了"（如"他走了"）到底是"了₁""了₂"还是"了₁₊₂"的判断，近来有的学者倾向于以语法意义为根本标准，如卢英顺《从凸显看"了"的语法意义问题》（2012）据此分为语气助词"了"和体助词"了"，试图解决这个难题；有的学者对句末"了₂"的语法意义继续分化，如前述赵元任（1968）和萧国政（2000），若以形式和意义的单一对应来看，看作多分说也无不可。

（2）多分说。持多分说的学者，意见更不统一。有的主张三分，以马希文的观点最有影响，他在《关于动词"了"的弱化形式/·lou/》（1983）中实际上从"了₁"中分化出了在动词后头做补语的"了₃"，木村英树《关于补语性词尾"着/zhe/"和"了/le/"》（1983）也认为还存在一个结果补语性的"了"，毛敬修《关于"V（C）了"中的"了"》（1985）、徐家祯《谈结果助词"了₃"》（1988）、王维贤《"了"字补议》（1991）、王惠《"把"字句中的"了、着、过"》（1993）、史冠新《普方古视角下的"了₁""了₂""了₃"研究》（2006）等也持类似观点；而郭春贵《关于"了₃"的问题》（1985）则分为句中动态助词"了₁"、句末语气助词"了₂"和句末非语气助词"了₃"。有的主张四分，如金立鑫《试论"了"的时体特征》（1998）认为"了"有4个，即动词后不带有补语性质的"了₁"，动词后带有补语性质的

"了$_2$"、句末带有时体作用的"了$_3$"、句末带有语气功能的"了$_4$"，这可以说是上述两种三分说的综合。此外，有人还注意到做可能补语的"了"，如郭志良《可能补语"了"的使用范围》（1980）分析了"动词/形容词等+得/不+了"结构中的"了"。

（3）合一说。鉴于"了"的分化（特别是通常的二分）带来了无穷无尽的争议，让学者们不胜其烦，有人开始批评这种做法或者从语法意义上探寻"了$_1$"和"了$_2$"的同一性。石毓智《论现代汉语的"体"范畴》（1992）认为两者是同一语法意义在不同句法位置的意义变体；张黎《现代汉语"了"的语法意义的认知类型学解释》（2010）认为区分"了$_1$"和"了$_2$"，使"了"的研究烦琐化，不利于共性研究和教学运用；税昌锡《基于事件过程结构的"了"语法意义新探》（2012）与石毓智看法类似，认为传统的区分"仅有区别句法分布的作用，不具区别语法意义的价值"。

总的来说，多分说注意到了各种补语性的"了"或句末非语气助词"了"，对全面细致地认识"了"很有价值，特别是补语性"了"对认识"了"的演变状态很有帮助。

在分合问题上，我们赞同朱彦（2001）的看法，分合各有利弊，是分是合取决于语法研究追求或实际应用需求。从这些争议还知道，要搞清楚"了"的语法意义和分合问题，有必要从语法意义和语法形式结合的标准出发，细致考察"了"的各种用法，处理好句法、语义和语用的关系，特别是要把语用层面的影响剥离，厘清不同意义变体的相互关系（哪些是核心语法意义，哪些是语境变体或语用意义），才有利于逐步逼近真相。

3. "了"用法的多元思考

"了"的用法需要顾及诸多因素，如"了"本身的性质特点、与之搭配的动词和形容词的性质特点、动词性结构在句子中的地位和作用、其他共现的句法成分的影响等，这些都与句子的整体情状特征有密切关系。

（1）与句中各类成分的搭配。与不同动词类型的选择搭配，是考察"了"的句法分布时的重要方面。国内自邓守信（1985）和陈平（1988）引入西方情状理论开始，对动词类型与句子情状类型的研究就成为传统，如龚千炎（1995）就非常细致地分析过"着、了、过"等体标记与动词类型和句子情状类型的搭配，可谓典范。当然，与动词的搭配研究有赖于动词分类研究和动词特征认识的深入，除了有学者继续借助情状类型研究深入认识动词内部特征（郭锐 1997；杨素英 1999；左思民 2009）外，近年来有学者已经明确把情状纳入体系统的建构中，如陈前瑞（2003a、2008）认为汉语的体貌系统是一个由情状、阶段体、边缘视点体、核心视点体构成的四层级系统，孙英杰（2006、2007）则认为是由动词词汇体（V 层）、述谓体（VP 层）、语法体构成的三分系统，这反映了体貌研究的新动向，无疑有助于顺带推进对"了"与情状类型的选择搭配关系的认识。

需要指出，受制于体主要与动词有关的传统认识，在讨论汉语体的时候，极少有人专门涉及形容词。早期，学者主要关心形容词与动态助词组合后，其词性和语法意义是否发生变化的问题，代表性论文有唐广厚、车竞《形容词接动态助词动词化初探》（1985）和李泉《现代汉语"形＋动态助词"考察》（1997）等。李泉（1997）综述了在此之前的相关研究，并结合相关句式统计考察了性质形容词与动态助词的组合问题，发现其与动态助词组合受限制较多，与"了$_1$"和"过"的组合能力排在前两位，他认为"形＋了"中"了"当属于"了$_{1+2}$"。后期，最为集中也最有成就的当属张国宪的系列研究。张国宪《现代汉语形容词的体及形态化历程》（1998）首次全面系统地考察形容词的体，这打破了偏重动词体的传统，描写了形容词体的典型形态形式及其对形容词次范畴的选择限制，讨论了体标记的形态化历程，堪称汉语体研究的上乘之作；文中认定"了"为实现体形态形式，"过"为经历体形态形式，详细描写了其对形容词次类和不同句式的选择限制。张国宪《现代汉语形容词的典型特征》（2000）则详细指明，由于形容词内部成员的时间性强弱不一致，变化形容词的时间性最强，可后附体标记"了、着、过"，状态形容词一般不能，性质形容词[①]完全不可以。

有的研究追求精细周全，对"了"的句法分布和用法分析考虑到

[①] 张国宪（1995、2006）对形容词的分类基于 [＋静态] [＋时间] 的情状特征，性质形容词的界定不同以往，李泉（1997）参考的是朱德熙（1956、1982）（单纯依据词的外部形式，即"性质形容词＝简单形式"）。

各种因素，如杨惠芬《动态助词"了"的用法》（1984）很早就提出要从"了"本身的功能特点以及与"了"有关联的其他一切因素（动词本身的性质特点、动词前后的相关成分以及动词结构在句子中的地位和作用等）来全面分析"了"的用法；卢英顺《关于"了₁"使用情况的考察》（1994）明确从句法、语义、语用三个平面来分析"了₁"的用法，这对多角度、全面地研究"了"的用法很有引导作用；胡树鲜《"了"与附加成分同现现象探求》（2002）也细致分析了句中特定的补语、定语、状语等附加成分与"了"同现的条件，得出"同现的句子在语义上多表动作后的结果"等结论；王巍《语气助词"了"的一种语义变体及其语法形式》（2004）也分析了句中各种成分的特征对"动词+了"的制约。

（2）"了"在语用和篇章层面的表现。"了"在语用和篇章层面的表现一直备受关注，特别是从篇章角度入手的研究在逐步增多。早期，多数侧重分析"了"的完句功能或深入到语用层面的表现，这有利于加深对"了"的句法功能和语法意义、语用表现的认识。这突出体现在对"了₂"的语义、语用表现或语用学分析上，如吕文华《"了₂"语用功能初探》（1992）认为"了₂"在语境中具有"信息提示"的语用功能，后来，武果、吕文华《"了₂"句句型场试析》（1998）对这个结论进一步细化完善，指出"了₂"句主要用于口语对话中，"有提示信息以表达某个意向或蕴含某种言外之意的功能"；沈开木《"了₂"的探索》（1987）认为使用"了₂"字的语义条件是"它的对象必须有时间和事项两个因素，而且必须有在时间上、事项上相反、差异的相伴情状可言"，与后来学者认为完成体具有"现时相关性"的看法很接近，在今天看来，这实际上是对"了₂"的语用效果分析；左思民（1999a）借鉴语用学理论提出"实施性体"的概念也很有新意。"了"作为体标记的完句功能也备受重视，如吕文华《"了"与句子语气的完整及其它》（1983）、贺阳《汉语完句成分试探》（1994）、竟成《汉语的成句过程和时间概念的表述》（1996）、金立鑫《试论"了"的时体特征》（1998）、史有为《汉语如是观》（1998）第六章"完句和完句标志"、韩国金廷恩《"体"成分的完句作用考察》（1999）等论文都探讨过这个问题。近年来，王光全、柳英绿《同命题"了"字句》（2006）从句式角度入手，结合语用价值辨析"了₁、了₂"的不同，很有启发；刘承峰、陈振宇《现代汉语"体"标记适用受限的数量动因》（2009）创立"语用数"概念来分析"了、过、在"等体标记的使用限制；邓隽《语境制约　顺势而用——从语用学视角管窥"了₂"意义》（2010）结合现代语用学理论分析"了₂"的用法。

　　近年来，结合国外篇章语法理论或语境分析来探讨"了"的用法表现的论文逐步增多。篇章语法的共识是"体的区分其实是篇章的属性，前景推动叙述的进行，倾向于使用完整体；背景则提供一些支撑细节，通常使用非完整体。"（饶宏泉 2012）除屈承熹已经注意到"了"与篇章衔接的关系外，国内主要有黄敏《"了、着、过"的语篇功能》（2002）、李凌燕《新闻叙事中"着、了、过"的使用情况——兼谈新闻话语的主观性》（2009），杨素英、黄月圆《汉语语气词"了"：汉语的语篇构造和语用标记》（2009），饶宏泉《从时间推进的三个层面看体标记"了"的篇章功能》（2012）等具体分析"了"的篇章功能的具体表现。此外，叶南《"了"在单句、复句和语段中的时体意义及其分布》（2006）、吉英的硕士论文《对语境中"完成体"标记形式和表达细则的考察》（2006）和徐晶凝《过去已然事件句对"了₁""了₂"的选择》（2012）等论文侧重在单句、复句等较小的语境里考察"了"的具体表现，这可以说是国内研究传统的延续。总的来说，这些研究对重新深入认识"了"在篇章等更大语境中的语义语用功能表现和主观性特征很有价值。此外，日本学者木村英树（2018［2012］：140—163）认为"了"主要出现在存现句、事态描述句、过程描写句三种句子里。杨素英、黄月圆（2013）结合大规模语料考察口语、小说和报刊新闻语体中"了₁、过、着、在"四个体标记的分布情况，发现"了₁"主要出现在叙述动词或小句中，"过"主要出现在非叙述动词或小句中。

　　近期，结合主观性和主观化等新理论来解释"了"的特征或构建不同意义之间的关系备受关注。国内外的相关论文主要有杉村博文《句尾助词"了"的语义扩张及其使用条件》（2006），武果《语气词"了"的"主观性"用法》（2007），肖治野、沈家煊《"了₂"的行、知、言三域》（2009），王洪君、李榕、乐耀《"了₂"与话主显身的主观近距交互式语体》（2009），张宝胜《也说"了₂"的行、知、言三域》

(2011),彭利贞《论一种对情态敏感的"了₂"》(2009),乐耀《从人称和"了₂"的搭配看汉语传信范畴在话语中的表现》(2011),王文格《试论现代汉语体标记的显著度和主观性》(2012),何文彬《论语气助词"了"的主观性》(2013)等。

(3) "了"的隐现研究。在具体用法研究中,以"了"的隐现研究最有特色。"隐现"一词意味着有些学者已经明确从理论高度来看待"了"充当体标记具有非强制性(或选择性)的特征,不再局限于西方理论把语法形式局限于强制性形态的做法。目前,直接以"隐现"为题的成果不多。李兴亚《试说动态助词"了"的自由隐现》(1989)明确使用"隐现"一词并从句法限制方面详细考察影响"了₁"自由隐现的五个条件,为以后关于"了₁"的隐现研究打下了很好的事实基础;谭傲霜《助词"了"的语义、功能和隐现问题》(1990)侧重从语义和语用角度来分析"了"的隐现条件和功能表现;龚千炎《汉语的时相时制时态》(1995)也有部分对"了"的隐现分析。近年来,有学者开始对隐现成因寻求解释,如陈忠《"了"的隐现规律及其成因考察》(2002)以形式为依据,对"了"在不同结构环境中的隐现规律做了系统的描写,认为"了"的隐现与认知上的"有界—无界"的对立平行对应,这一解释很有深度,论证也能令人信服。此外,麦宇红《动态助词"了"隐现缘由探微》(2003)认为"了₁""在一定程度上带有完成态的语法意义",对其隐现有深层影响;王巍的博士论文《语气词"了"的隐现规律研究》(2010)主要从对外汉语教学的实际需要出发,认为"了₂"的隐现受到语法意义、语用因素、音节和某些特殊句式因素的共同制约;邵洪亮《"了₁"、"了₂"的"实现体"标记功能羡余研究》(2012)结合"了₂"的"现时相关性"思考"了₂"对"了₁"在某些句式中的隐现影响;杨凯荣《从表达功能看"了"的隐现动因》(2013)结合不同句式和句类考察表达功能对"了₁"和"了₂"的隐现规律的影响。

(4) "了"的对比研究。在对"了"的用法研究中,有的论著专门从不同体标记之间的对比入手。张晓铃《试论"过"与"了"的关系》(1986)详细考察了1032个常用动词与"过ₐ"(即"过₁")、"过ᵦ"(即"过₂")与"了₁"的组合能力的异同、相互替换、连用和互补的具体情况；刘月华《动态助词"过₂、过₁、了₁"用法比较》（1988）首次采用六百万字的大规模语料进行统计分析，文中从语法意义、使用场合、句法结构特点（可同现的动词和形容词、可同现的时间状语、可出现的句式）三个方面对比"过₂、过₁、了₁"的异同之处，其中对"过₂"使用场合（即"总是出现在说明解释性的句子中"）的发现最有价值。此外，竟成《谈谈"了"和"过"》（1985）比较后认为"了"表示"完成—延续"的语法意义，"过"表示"完成—非延续"的语法意义；房玉清《动态助词"了""着""过"的语义特征及其用法比较》（1992）也对比了三个体标记之间的语法意义和不同用法；卢英顺《谈谈"了₁"和"了₂"的区别方法》（1991）和李铁根《"了₁""了₂"的区别方法的商榷》（1992）从研究方法角度对比"了₁"和"了₂"的不同表现，很有启发；陈忠《图式结构制约下的"过"和"了"功能异同考察》（2007）结合认知语言学理论中的意象图式来分析"过"和"了"的异同及其成因；刘林《"来着"的语义性质和句法环境探讨——兼与"了₂""过"的对比分析》（2013）对比"来着"与"过、了₂"的异同。当然，研究完成体的著述都或多或少地带有不同体标记比较的内容，限于时间，这方面的成果暂时还无法详细梳理。

（5）与"了"相关句式研究。值得注意的是，有相当多的论文专门关注特定句式结构与"了"的组配关系，这有助于更精细地挖掘"了"的具体特征表现。有的关注与时量结构的关系，由于时量与动词关系密切，这方面受到关注很多，专门探讨的有郑怀德《"住了三年"和"住了三年了"》（1980）、贾红霞《口语结构"NP+时量短语+了"语义分析》（2003）、税昌锡《VP界性特征对时量短语的语义约束限制——兼论"V+了+时量短语+了"歧义格式》（2006）、岳中奇《时量补语句中"了₂"的语法功能考释》（2006）；有的关注与动补（或述补）结构的关系，如张旺熹《汉语特殊句法的语义研究》（1999）的第三章专门分析"了"与动补结构组合的各种制约因素，周刚《现代汉语多方位研究》（2005）的第五章讨论"V了"和"VR"，再如三宅登之《"的"字结构里头的述补结构与"了"》（1991）等；有的关注在存现句中表现，如宋玉柱的系列研究；有的关注在"把"字句中的表现，如王惠《"把"字句中的"了、着、过"》（1993）；有的关注与动趋结构的关系，如张健《关于带"了"的动趋结构》（1991）、杨德峰《"动+趋+了"和"动+了+趋"补议》（2001）；有的关注与连动结构的关系，如赵淑华《连动式中动态助词"了"的位置》（1990）、李铁根《连动式中"了、着、过"的单用和连用》（1998）；有的关注与否定词或否定结构的关系，如陈刚《谈"没（动）了（宾/补）"式》（1981）、陈刚《关于"没 V 了$_1$"式》（1985）、金立鑫《"没"和"了"共现的句法条件》（2005）、王灿龙《关于"没（有）"跟"了"共现的问题》（2006）、潘泰《现代汉语"没"与句中"了"的时体属性研究》（2009）、朱庆祥《论否定副词"没（有）"与"了$_2$"共现问题》（2012）等。此外，关注"了"与其他相关结构关系的研究就更多了，如邢福义《说"NP 了"句式》（1984）、李铁根《关于"V 了的 N"偏正短语中的"了"》（1990）、卢英顺《试论"这本书我看了三天了"的延续性问题》（1993）、刘元满《"太+形/动"与"了"》（1999）、任鹰《静态存在句中"V 了"等于"V 着"现象解析》（2000）、岳中奇《"才"、"就"句中"了"的对立分布与体意义的表述》（2000）、郑远汉《"不在"和"不在了"》（2001）等。

（二）"过"的研究状况

在完成体标记中，"过"的关注度仅次于"了"，尽管数量上远远无法企及。国内专门综述"过"的有卢英顺《动态助词"过"研究综述》（1996）和李妍《汉语完成体"过"研究》（2006）、闫妍《动态助词"过"研究综述》（2011）、李于虎《现代汉语经历体标记"过$_2$"研究》（2012）等硕士论文，此外，伍和忠《汉语表"体"助词研究述要》（2005）和高霞、曹晓宏《现代汉语"了"、"着"、"过"的相关研究综述》（2011）等综述时也比较详细地涉及"过"的情况。可以看出，"过"的分合、语法意义和用法研究同样异常复杂，还有一些角度的研究需要加强，如"过"的语用表现、篇章功能、与其他句法结构的关系（如否定结构）等，现在专门讨论的仅有王惠《"把"字句中的"了、着、过"》（1993）、李铁根《连动式中"了、着、过"的单用和连用》（1998）、黄敏《"了、着、过"的语篇功能》（2002）、于萍《"V 过"结构的原因解释功能》（2007）、李凌燕《新闻叙事中"着、了、过"的使用情况——兼谈新闻话语的主观性》（2009）等少数论文，亟待专门深入的成果出现。

值得欣喜的是，关于"过"的语法意义研究，已有学者提出新的看法，比如尚新《语法体的内部对立与中立化——英汉语对比研究》（2004）把"过"视为"完整间断体"标记，具有可重复性特征；李于虎《现代汉语经历体标记"过$_2$"研究》（2012）和陈振宇、李于虎《经历"过$_2$"与可重复性》（2013）则只认为"过$_2$"具有可重复性特征，并进行了极有深度的论证。此外，美国莱斯大学叶萌早年的博士论文《汉语经历体"过"的时间量化研究》（2014）采用篇章表述理论框架从量化角度提出了"过"是时间性量化词的新观点，初步进行了跨语言比较研究。此外，税昌锡《"过"的时体义与经历事态标示功能》（2015）重新思考了影响"过"的具体用法的制约因素。刘勋宁提出的"实现"说曾经引发了"了"的语法意义研究的大讨论，关于"过"的这些新观点同样值得期待。

（三）其他标记方式的研究状况

此外，有许多学者讨论了"来着（来）、的、一"等各类语法成分的完成体用法。关注"来着"的主要有史有为《也说"来着"》（1994）、熊仲儒《"来着"的词汇特征》（2003）、宋文辉《也论"来着"的表达功能——与熊仲儒同志商榷》（2004）、干红梅《再谈"来着"》（2004）、梁银峰《时间方位词"来"对事态助词"来"形成的影响及相关问题》（2004）、王旭东《关于"来着"词性的思考》（2005）、陈前瑞《"来着"补论》（2006）等。关注"的"的主要有赵斌《动态助词"的"刍议》（1998）、李敏《谈谈动态助词"的"的用法》（2002）、刘公望《现代汉语的时体助词"的"》（1988）、王光全《过去完成体标记"的"在对话语体中的使用条件》（2003）等。关注"一"的主要有陈前瑞和王继红《动词前"一"的体貌地位及其语法化》（2006）、刘街生《动量与体貌：VP前的"一"探讨》（2006）、于立昌《"一"表体功能的形成与发展》（2008）等。此外，有些学者关注了虚化结果补语的完成体用法，如关玲《普通话"V 完"式初探》（2003）认为"V 完"式是单纯表示完成体的，李思旭《汉语完成体的认知功能研究》（2015）主体内容首次系统论证了"完"的完成体地位及相关体貌问题。刘正光、崔刚《非范畴化与 V–V 结构中 V$_2$ 的完成体意义》

(2005)认为"V－V"结构(即动补结构)中"V_2"也能表示完成体意义。目前,对这些语法成分的认识尚存在分歧,能否把它们列入完成体标记行列,主要取决于不同的研究者所依据的理论背景,这也从侧面反映出汉语完成体研究的极端复杂性。

2.1.3 总体评价

2.1.3.1 初探阶段的评价

初探阶段,汉语语法研究以套用和引入国外理论为主,就完成体而言,主要参照印欧语言的形态变化手段来寻找汉语中对应的虚化或半虚化的标记成分。值得肯定的是,普遍注意到"了"表示完成和语气等各种不同用法,其中以王力先生的具体分析尤为全面。此外,由于普遍有着努力摆脱印欧语法理论束缚的主动意识,能够结合汉语形态手段不发达的特征,有意发掘汉语独有的语法手段,注意到了"已、既"等副词和"来着、过、好、完"等虚化或半虚化的补语成分表示完成意义的用法,这些看法突破了西方理论的局限,提供了一些值得继续思考的问题。

当然,由于在宏观理论上尚未厘清汉语时体的相关问题,对有关标记成分的语法意义和性质的认识尚有争议,这自然投射到对完成体标记成分的语法意义的认识上。比如,绝大多数汉语语法学者接受王力、高名凯的观点,认为汉语有"体"无"时",自然也就认为"了"等标记成分只具有表示完成的语法意义;相反,黎锦熙、吕叔湘在具体研究中认同了汉语有体也有时,黎锦熙甚至认为"过"只是过去时标记。尽管国内学者在20世纪五六十年代已经注意到语法形式和语法意义的结合问题,但理论认识不统一且缺乏具体操作实践(邵敬敏2009:85—91),加之"了、过"等不具有印欧语言形态手段的强制性,对如何认识汉语的语法形式带来不少困惑和争议。这在某种程度上也反映在完成体的研究中,不同学者对"了"的性质认识不一,有"助动词、时态助词、动态助词、体词、词尾"等各种不同看法,导致多数语法著作或教材对此只能简略说明或附带提及(万波1996),比如影响很大的《现代汉语语法讲话》(丁声树等1961)就只在语气部分对句尾"了"作简单说明(丁声树等1961:214—215),甚至只把"了"作为附加在动词和动词短语上的附加式构词法的后附成分（丁声树等 1961：225）来略作说明。

2.1.3.2 发展和深化阶段的评价

发展和深化阶段的研究已经突破初探阶段局限于传统描写语法的束缚，逐步走向多元理论并举的时代。必须指出，由于汉语语法研究有着从语言事实出发的传统，大量的理论思考是结合具体的体标记来进行的。尽管如此，我们也看到，这些不同观点之间的真正交锋并不多，许多看法除了学者本人的坚持外，少有支持者或反对者。相反，2000 年以前反而争论更热烈一些，这可能与当时大家基本都从结构主义描写语法框架出发来研究有关，因为在统一理论框架内更容易发现不同研究者的问题所在。

在具体标记的研究方面，"了"自然是不可回避的焦点。目前学界对可能制约"了"使用的各种因素都已有关注，借鉴国外新理论方面非常及时。但是在以上各类研究中，不足之处主要表现在以下几点：①结合篇章语法和与"过"等其他完成体标记的对比研究仍有较大空间；②结合大规模语料库的验证分析还不多见，这与当前语料库技术的快速发展不相称；③多数借鉴国外理论，解释有关现象带有较多硬套痕迹；④对完成体标记的隐现、连用、兼用等情况的研究尚需深化；⑤专门从语音角度关注"了"的极少，只有陈淑静《简论时态助词"了"的音读》（1983）、郭小武《"了、呢、的"变韵说——兼论语气助词、叹词、象声词的强弱两套发音类型》（2000）等少数论文。

因此，关于"了"的研究需要深入推进各种对比研究，重视汉语特点，结合整体汉语的事实，综合考虑各种因素和各种方法，才能最终回答"什么时候必须用'了'，什么时候不能用'了'"的哥德巴赫猜想式难题。

对比之下，"过"等其他标记手段和有关句式的研究相对不足，力量比较薄弱，这些标记手段毕竟都与完成体意义有关系，只有通过研究才能确信它们与汉语完成体系统的关系，因此将来需要加强这些标记手段的研究。

2.2 汉语历史语法领域的研究状况

2.2.1 初探阶段

追溯历史，汉语语法学开山之作马建忠《马氏文通》（1898）列举过文言文中的"决事理已然之口气"和"述往事"的传信助字"矣"、状字"已、既"等，并没有表现出明确的体貌观念。王力《汉语史稿》（1958）在"动词的发展"（修订本，1980：304—312）中较早详细地梳理了"了、过"等的历史演变情况。

著名日本学者太田辰夫在《中国语历史文法》（1958）（修订译本，蒋绍愚、徐昌华 2003［1987］：207—212）中详尽描写了近代汉语表示完了的"了、过、下、得"等完了态后助动词。显然，受译介滞后影响，这些看法可能未在此时期的国内语法研究中产生广泛影响。

2.2.2 发展与深化阶段

在老辈学者的远见卓识指引下，汉语语法史研究一向重视基础工作，重视材料的收集、分析和研究，具体表现就是特别重视专书语法和断代语法史研究，重视具体语法现象的材料收集和分析，在此基础上以求探寻规律。其中，"了、过"等动态助词和"来、去"等事态助词一直是汉语史研究的热点话题。

2.2.2.1 基础材料的爬梳

自赵金铭《敦煌变文中所见的"了"和"着"》（1979）开启了新时期国内汉语时体标记的来源和历史演变研究后（冯力等主编《汉语时体的历时研究》编后记 2009：323），至今已经积累了大量关于"了、过"等动态助词或事态助词的语法材料，大大丰富了我们对古代汉语完成体的具体认识。

这些成果在通论性或综述性的著作中都有反映，如孙锡信《汉语历史语法要略》（1992）、向熹《简明汉语史》（1993［2010］）、蒋绍愚《近代汉语研究概况》（1994）、袁宾等《二十世纪的近代汉语研究》（2001）、蒋绍愚和曹广顺《近代汉语语法史研究综述》（2005）等。更大量的具体研究出现在专书语法研究的专门章节中，以刘坚、江蓝生主编"汉语史专书语法研究丛书"最具规模，丛书中 10 本著作都分动态助词和事态助词两类收集整理相关标记成分，积累了丰富的一手资料。当然，类似的专书语法研究是非常多的，如吴福祥《敦煌变文语法研究》（1996）、张美兰《〈祖堂集〉语法研究》（2003）、郑剑平《〈金瓶梅〉语法研究》（2003）等著作和黄锦君《二程语录语法研究》（2002）、刘春兰《〈训世评话〉语法研究》（2010）等相关博硕论文都有相关内容。

有些是在专书或断代的助词专著中论及，如曹广顺《近代汉语助词》（1995）以宏富翔实的材料初步构建起包括动态助词和时态助词在内的整个近代汉语的助词系统，并讨论了影响近代汉语助词产生和发展的因素，类似的还有刘坚等《近代汉语虚词研究》（1992）、卢烈红《〈古尊宿语要〉代词助词研究》（1998）、龙国富《姚秦汉译佛经助词研究》（2003）、温振兴《〈祖堂集〉助词研究》（2006）、翟燕《明清山东方言助词研究》（2006）、岳立静《〈醒世姻缘传〉助词研究——兼与现代山东中西部方言助词比较》（2006）等。

近年来一些博士论文专门研究专书中的动态助词或完成体，如杨永龙《〈朱子语类〉完成体研究》（2001a）、林新年《〈祖堂集〉动态助词研究》（2004a）、张庆冰《〈祖堂集〉完成体动词辨析》（2011）等，理论色彩逐渐浓厚。至于相关的单篇论文更是数量庞大，除上述专书外，其他目前能够见到的专书语言材料差不多都已有整理分析。

从这些成果可以明显看到历史语法领域对完成体的研究逐步由附属成为专门关注的对象，日益受到重视。

2.2.2.2 演变机制的探讨

在综观概况后，结合本书需要，这里简单梳理"了、过"等完成体标记的具体来源、形成时间和语法化过程、机制及动因等问题。

（一）"了"的演变机制

关于完成体标记"了"的判定框架（或句法环境），早期基本都赞同王力（1958）提出的"紧贴着动词而且放在宾语的前面"（后文简称

"V了O")的看法①。关于"V了O"的来源,一直有"了"字前移说(太田辰夫1958;梅祖麟1981b;曹广顺1986等)和宾语后加说(吴福祥1996、1998;李讷、石毓智1997)的争论。近年来有学者对这两种看法提出质疑,具体研究已经极为精细:董秀芳《信息分布原则、韵律与语序变动、体标记"了"的产生》(2002)从信息传递和韵律调整分析了"VO了"和"V了O"的共存原因,实际上提出了"宾语后移说"②;杨永龙《不同完成体构式与早期的"了"》(冯力等2009:180—211)分析各种语法化路径的利弊后认为"了"先用于"V(+O)+X(X=毕/竟/讫/已/了)"构式,后用于"V+X(+O)(X=却/得/取/将/了)"构式,并利用篇章语法的背景和前景理论重新梳理"了"的源流变化过程。关于其形成时间先后有魏晋南北朝、晚唐五代、宋元时期等不同说法,支持"晚唐五代"说者最多(蒋绍愚2005;伍和忠2005),不过我们也应认识到对形成时间的理解不能固执拘泥,应侧重以此把握"了"的形成过程和语法化路径,故有些学者提出或赞同"发生在晚唐五代,完成于宋代"的说法(刘坚1989;张国宪、卢建2011),此外,李明晶《试论"了"产生的历史时代及其初期语法化》(2011)结合出土文献梳理出"了"的最早出现年代。

关于"了$_2$"的来源和语法化过程也未有定论,有的认为是从动态助词"了"继续虚化形成(太田辰夫1958;王力1980),有的认为是直接从动词"了"虚化或"来"弱化演变而来的(曹广顺1987、1995;陈前瑞2008:177),而刘勋宁(1985)认为是句末"了也"的合音,对演化过程的论证也不尽相同(蒋绍愚、曹广顺2005;蒋绍愚2005)。与上述观点不同,石毓(2000)认为先有"了$_2$"后有"了$_1$",得到了蒋绍愚(2005)的认同。

概言之,影响"了"演变的动因,大部分学者关注汉语语法体系内部演化或语用因素的影响,也不断有学者指出应充分估计在不同历史时期与方言、民族语言接触带来的外部影响,这一点可以参考汉语方言

---

① 吴福祥(1998)认为"V+补+了+O"格式中"了"才是动态助词,石毓(2000)也认为非动作动词和动补结构后的"了"才是动态助词。

② 我们觉得董先生用新旧信息解释"V了O"和"VO了"仍不能很好解释"双了句"的情况。

语法等领域的概述。

（二）"过"的演变机制

汉语史领域的学者也倾向于把"过"分为表示完成、结束的"过$_1$"和表示经历（或曾然）的"过$_2$"，至于具体的形成过程尚存争议，大多数认为"过$_1$"先于"过$_2$"产生，"过$_1$"出现在唐代，"过$_2$"则有唐或宋之争，至于具体的语法化来源则有"过$_2$"源于"过$_1$"说（刘坚、曹广顺、吴福祥1992）、动补结构影响说（李讷、石毓智1997、2001）、趋向动词来源说（杨永龙2001b；俞光中、植田均1999；彭睿2009）等多种不同看法。

近年来，王世群《动态助词"过"的语法化历程》（2011）梳理现状后认为动态助词"过"的语法化经历了"一般动词'过'→趋向动词'过'→动态助词'过$_1$'→动态助词'过$_2$'"的复杂过程，这可以说是学界共识的具体总结；玄玥《经历体"过"语法化过程的生成语法解释》（2011）则借助生成语法"完结短语"假设理论解释"过"的演变过程；严宝刚《说"过"》（2011）则认为"过"在形成中经历了与助词"来"相互竞争、此消彼长的过程。

关于"过"的形成，有两点引起了特别关注：一是"过"在唐宋时期的语法化进程慢于"了、却"等动态助词，曹广顺《近代汉语助词》（1995：43）首先指出这个现象并认为是受到当时的动态助词系统制约造成的，林新年《试析唐宋时期的"过"语法化进程迟缓的原因》（2004b）认为曹文所说只是外部原因，"过"发展迟缓还受到其自身的语义特征、所搭配动词的情况、所出现的句法格式、其他共现句法成分制约等诸多因素的共同作用；二是"VO过"的使用情况，这与"过"的形成过程有关，受"了"的起源可能经历"VO了"到"V了O"的过程启发，许多学者认为"过"也经历了一个前移到动后宾前的过程，但缺少足够的"VO过"用例来证明，于是特别注意搜寻文献中的"VO过"用例，具体情况可以参考杨永龙《明代以前的"VO过"例》（2001b）、崔山佳《近代汉语中的"VO过"、"V得O过"和"V得O着"》（2001）、陆晓华《〈型世言〉"VO过""V得O过"研究》（2008）等论文的梳理分析。近年来，Hsiao-Ching Wu《"过"之语法化研究——运动动词的多义性与语意改变》（2003）、王丽红《"过$_2$"

语法化的语义基础和视点模式考察》（2008）、彭睿《共时关系和历时轨迹的对应——以动态助词"过"的演变为例》（2009）、陈前瑞和张曼《汉语经历体标记"过"的演变路径》（2015）等富有理论深度的思考使"过"的历时演变研究逐步显示出不同于"了"的特色。

2.2.3 总体评价

至于"着、来、却、讫、毕、尝"等诸多其他体貌标记的研究情况暂时从缺处理，古代汉语的整体情况可以参考蒲立本《古汉语体态的各方面》（1995）、冯英《古代汉语动词"体"的表现形式》（1999）、左思民《汉语时体标记系统的古今类型变化》（2007）、帅志嵩《中古汉语"完成"语义范畴的表达体系》（2010）、张庆冰《论中古汉语的完成体结构》（2010）等论文或者相关综述来具体了解，不再详细叙述。

总的来说，从这些成果可以清晰地看到汉语史领域的完成体研究逐步走向精细化、严密化、多元化。可喜的是，冯力等主编《汉语时体的历时研究》（2009）论文集收录了自赵金铭（1979）以来国内外产生较大影响的 20 余篇时体历时研究论文，可以概观总体情况，编者在《编后记》中总结时指出汉语时体的历时研究"在取得这些令人瞩目成果的同时，在相关的理论和方法上也在不断前进。从单个助词分析到整个系统的考察，再进一步引入各种理论思考，形式标志的确定、重新分析和类推、语法化理论、语言接触理论、语言类型学，以及语境和语法演变的关系，许多近三十年来在汉语语法史研究方面出现的新方法理论，都是从对时体标记的研究开始，并进而影响到其他方向"[①]。诚如斯言，汉语完成体历时研究的概貌自然符合这个论断。

当然，刘丹青《汉语史语法类型特点在现代方言中的存废》（2011）提出"历代汉语类型特点在现代方言中的存废是个尚需展开和深化的课题"，列举了"宾语之后的完整体、持续体和经历体助词"和"完整体和持续体共用体助词"的具体情况，这无疑也是汉语史领域完成体研究的重要努力方向。

---

① 冯力、杨永龙、赵长才主编：《汉语时体的历时研究》，语文出版社 2009 年版，第 323 页。

2.3 汉语方言语法领域的研究状况

2.3.1 初探阶段

在汉语方言语法领域，赵元任先生的经典论文《北京、苏州、常州语助词的研究》(1926：865—917) 被誉为"汉语方言语法研究的开山之作"(邵敬敏、周芍 2005)，"是中国第一篇用几个方言的语言材料进行专门语法比较的有相当高科学价值的论文"(邵敬敏 2006：92—93)。赵先生借助多地方言材料令人信服地论证了北京话语助词"勒（了）"（大致相当于"了$_2$"）实际上分为动词词尾和句或读语尾两个，分析了"勒"用于"起事（inchoative）、设想的结果、完事（perfect）、叙事过去、过去动词加数量止词、时间附属逗（dependent clause of time）、假设附属逗（dependent clause of condition）、设想（正句）或命令、胪列（enumeration）" 9 种情况，这些结论应在后来的《汉语口语语法》(1968) 得到修正继承。实际上，赵先生对北京话语助词"勒（了）"语法意义分析已经包含了与完成体直接相关的情况［即"完事（perfect）"］，以此来看，汉语方言语法领域对完成体的研究可谓开始早、起点高；然而，在此之后初探阶段再难有后继者。

由于方言和共同语的密切关系，早期黎锦熙、吕叔湘、王力、高名凯等语法大家在论述中也会列举一些北京话、吴语、闽语等方言的完成体标记实例以资旁证，自然算不上真正带有方法论意义的语法比较研究。

此后直到 20 世纪 50 年代后期，《中国语文》陆续发表的三篇方言语法论文，在方言时体的共时描写和比较上达到了很高的水准：李人鉴《泰兴方言中动词的后附成分》(1957) 尤为详细地描写了江苏泰兴方言的完成体标记成分"ㄚ、ㄫㄚ、ㄍㄚ"[1] 的各种语法表现及其与北方话的异同之处，即使今天看来，这种描写和比较之精细仍令人叹服；张成材《商县方言动词完成体的内部屈折》(1958) 发现陕西商县（即今商州区）方言的完成体除了用"了"外，多用变调和变韵（即内部屈

---

[1] 三个成分的注音符号标音对应的汉语拼音写法分别为"a、nga、ga"，根据袁家骅《汉语方言概要》(2001：52) 实为动词衍音形式 [a、ŋa、ka]。

折)的办法来表达,这一特殊发现得到了广泛关注和不断引用,许多学者借此论证汉语也有形态,并不断去发掘汉语方言中的类似现象;詹伯慧《浠水话动词"体"的表现方式》(1962)全面描写了湖北浠水话的完成体、进行体和持续体,对方言语法研究中如何全面调查体起到了引导和示范作用。

此外,詹伯慧、黄家教《谈汉语方言语法材料的收集和整理》(1965)很早就提出要重视方言语法调查并列举了某些方言完成体的实例[1];汉语方言调查领域的经典著作《昌黎方言志》(1960)在"昌黎语法特点"一节专门描写了相当于普通话"了"的"唡"字和"嚼"字的用法,并提出要注意语音和语法的关系,这影响了一大批后来的方言志和方言调查报告,起到了很好的示范作用。在汉语方言语法研究尚未引起普遍重视的大背景下,能有这样一些研究成果出现,是极为难得的。

2.3.2 发展与深化阶段

新时期以来,汉语方言语法研究经历了"认识上由忽视到重视、内容上由单一到多元、方法上由平面到立体、方式上由分散到合作"等多方面的重大转变(汪国胜2000),汉语方言完成体的研究就是这一转变的生动反映。本书总结为以下两个主要方面。

2.3.2.1 事实调查渐趋全面深入

在朱德熙、邢福义等著名学者的倡导引领下,方言学者积极投身方言语法的调查研究,具体方言完成体的调查成果逐年增长,除了在各地的方言志、方言词典、方言研究和方言语法专著中单列的大量相关内容,以单篇形式出现的论文更是数量惊人。其中,1996年可谓方言体貌研究具有标志性意义的"大丰收年",不仅有黄伯荣主编《汉语方言语法类编》(1996)设专章汇集1991年以前的方言完成体描写成果,而且还有张双庆主编《动词的体》(载1993年夏上海举办的"中国东南部方言语法研讨会"论文集)、胡明扬主编《汉语方言体貌论文集》(载

---

[1] 这些观点后来编录在詹伯慧主编《汉语方言及方言调查》第239—299页,湖北教育出版社2001年版。

1994 年 10 月北京语言学院举办"汉语方言语法比较研究研讨会"论文集)、伍云姬主编《湖南方言的动态助词》三部论文集出版。这几部著作点面兼顾,用方言事实深化体貌理论,不仅丰富了人们对汉语方言完成体的认识,对整个汉语方言语法研究也起到了巨大的引导作用。如李如龙在《动词的体·前言》里总结时提出的界定体标记的标准等许多看法成为以后汉语方言体貌调查的共识①,此次会议集体拟定的《动词的体和貌例句》为方言体貌调查提供了极大便利,同时也在李小凡《苏州方言语法研究》(1998b)对苏州方言体貌系统的成功构建影响下,许多方言语法研究著作或近年来组织编写的方言研究丛书(目前规模较大的有山东、陕西、山西、江苏、湖南、广西、湖北等省份方言或方言语法丛书)基本都把体貌作为必备内容。

近年来最大规模的面上调查当属曹志耘主编《汉语方言地图集》(语法卷)(2008a)。该地图集调查了全国 930 个方言点,第 065 图专门展示与"了"相对应的方言形式,为总体概览各地方言完成体的语音形式表现提供了极大便利。

此外,中央民族大学先后举行了两次体貌专题研讨会:一次是 2001 年 4 月召开的"动词体貌问题研讨会",这是汉语方言学界和民族语言学界第一次就某一专题召开研讨会,会后出版《中国民族语言文学研究论集 2(语言专集)》(戴庆厦主编 2002),收录论文以民族语言为主;一次是 2012 年 11 月召开的"汉语方言时体系统国际学术研讨会",会后出版《汉语方言时体问题新探索》(卢小群、李蓝主编 2014),有 20 余篇直接涉及方言完成体。这样的专题讨论大大推进了方言体貌调查和研究进程,值得延续。

重视方言体貌的调查,使方言学界掌握的一手资料越来越多、越来越全面,特别是发掘了许多以往关注不多、讨论不深的新材料,修正或深化了既有认识。比如变音现象(包括变调或变韵等)原先认为只是个别方言特有的完成体表达形式,现在发现它的分布地域有所扩大,继张成材《商县方言动词完成体的内部屈折》(1958)之后,辛永芬《河

---

① 李如龙:《前言》,张双庆主编《动词的体》,香港中文大学中国文化研究所吴多泰中国语文研究中心,1996 年,第 1—8 页。

南浚县方言的动词变韵》(2006a)、温昌衍《江西石城（高田）方言的完成变调》(2006)、汪国胜《汉语方言的语法变调》(2004a：326—332)、李仕春及艾红娟《山东莒县方言动词的合音变调》(2008)、艾红娟《汉语方言的语法化音变存在屈折词缀阶段》(2012)、甘于恩《粤方言变调完成体问题的探讨》(2012)等一批相关的调查和总结令人耳目一新。还有不少以往未注意到或不够深入的完成体表达特点得到挖掘，如张其昀《扬州方言"消极"性完成体标记"得"》(2005)，这个现象在南方方言的分布地域到底有多大，特别值得调查比较。

在方言语法方面，多数论著都是根本不提及或一笔带过方言形容词的体。可喜的是，近年来开始有学者在方言语法著作中专章讨论方言形容词的体，比如郭校珍《山西晋语语法专题研究》(2008)第六章"山西晋语形容词的体"，参照张国宪的形容词分类系统，描写非常详细，可以为汉语方言形容词体的调查提供参考。

2.3.2.2 理论方法呈现多元态势

在方言调查描写时与共同语进行比较一直是方言研究的传统，从事语法调查的学者在收集和归纳完成体的材料时都有一些简单的对比，这为将来进行"普通话—方言"的大范围共时比较提供了便利。各地方言中相当于"了"的成分多数是二分或三分的，许多调查结合方言中的对应形式来比较普方异同，有的论文则直接用方言事实来讨论"了"的分合问题，如胡明扬结合方言事实认为可以把"了"分为"表完成、等于了$_{1+2}$、作语气助词、作补语"四类①，此外还有洪波《从方言看普通话"了"的功能和意义》(1995)、温端政《忻州方言"了$_1$""了$_2$"和"了$_3$"》(2002)、刘春卉《"了"的分类问题再探讨》(2004)、刘翠香及施其生《山东栖霞方言相当于普通话"了"的虚成分》(2004)等讨论"了"的分化问题。有的直接以普方比较为题，如唐爱华《安徽宿松方言的"了"与普通话的"了"》(2001)、刘利新《耒阳方言的体貌标记词"过$_1$""过$_2$""哒"——兼与普通话的"了""过"比较研究》(2008)、颜敬佩《试论衡山方言中"咕"、"哒"与普通话"了"》

---

① 陈满华：《汉语方言语法比较研究研讨会纪要》，胡明扬主编《汉语方言体貌论文集》，江苏教育出版社1996年版，第271页。

（2011）、焦浩《河北辛集方言中的"哩"——兼论"了₁"及汉语进行态与完成态的关系》（2013）等。

当前，许多研究把共时和历时结合起来，撑起"普—方—古"大三角来讨论，甚至显示出类型学的眼光。如刘勋宁《现代汉语句尾"了"的来源》（1985）很早就比较陕西、山西等北方方言和近代汉语里与"也"字有关的一些句式后提出现代汉语句尾语气词"了"来源于近代汉语的句尾"了也"的说法，史冠新《普方古视角下的"了₁""了₂""了₃"研究》（2006）结合淄博等地方言对"了"的分化提出新见解，刘丹青《东南方言的体貌标记》（张双庆主编 1996：9—33）结合东南方言的材料讨论方言体标记虚化等级判断并提出一些便于把握的特征来界定体标记的范围，邢向东在专著《陕北晋语语法比较研究》（2006：79—154）中结合现代汉语、近代汉语对陕北区域的晋语体貌范畴进行纵横比较。实际上，类型学视野很早久就出现在体貌研究中，桥本万太郎《语言地理类型学》（余志鸿译 1985）第二章有一节就是"时·体标志的南北型"，此后具有宏观视野的当属史有为《汉语方言"达成"貌的类型学考察》（2003）和左思民《汉语时体标记系统的古今类型变化》（2007），属于整体汉语框架内的宏观比较梳理。荣晶、丁崇明《现代汉语方言完成体标记的类型分布》（2019）主要利用曹志耘主编《汉语方言地图集》（语法卷）（2008a）第 063 图"我吃了一碗饭"的调查数据简要统计了与"了₁"相对应成分的地理分布情况及相关问题。

当前，把"普—方—古"大三角和类型比较结合的综合性研究越来越多，只是具体内容上各有侧重而已，如岳立静的博士论文《〈醒世姻缘传〉助词研究——兼与现代山东中西部方言助词比较》（2006）和吴继章《河北魏县方言的"了"——与汉语普通话及其他相关方言、近代汉语等的比较研究》（2007）、岳立静及黄永红《山东中西部方言的事态助词"了"》（2008）、王琳《安阳方言中表达实现体貌的虚词——"咯"、"啦"及其与"了"的对应关系》（2010）、高晓虹《助词"了"在山东方言的对应形式及相关问题》（2010）等都是很好的成果。此外，还有刘纶鑫主编《客赣方言比较研究》（1999）、王健《苏皖区域方言语法比较研究》（2014）等专著，肖萍《鄱阳湖八县方言动词的完成体和已然体》（2004）、胡松柏及程熙荣《赣东北方言中动词完成体标记的形式、功能及其类型》（2008）、曹爽《静态存在句中"着、了"使用的南北方言差异研究》（2011）等单篇论文和唐娟华《山东方言动词的完成体》（2004）、徐奇《江西境内赣方言动词完成体考察》（2010）、李蕾《现代汉语方言完成体比较研究》（2011）等硕士论文侧重从共时角度对区域方言或在整体汉语框架内的完成体情况进行专题比较。

当然，有些研究侧重从历时角度入手讨论方言完成体标记的来源或者演变过程等，论文有梅祖麟《明代宁波话的"来"字和现代汉语的"了"字》（1981a）、梅祖麟《吴语情貌词"仔"的语源》（1980）、施其生《汕头方言的"了"及其语源关系》（1996）、杨敬宇《广州方言动态助词"住"的历史渊源》（1999）、钱乃荣《一个语法层次演变的实例——上海方言160年中现在完成时态的消失过程》（2004）、武斐的硕士论文《近代汉语晚期到现代汉语中北京话词尾"了"与完结体、结果体组合研究》（2007）、郭必之《邵武话动态助词"度"的来源——兼论邵武话和闽语的关系》（2008）、郑伟《现代和早期吴语中"上"的完成体用法》（2010）、张惠强及黄冬丽《天水方言"着"的语法化等级浅析》（2010）、甄珍《〈聊斋俚曲〉与淄博方言中的"着"、"过"考察》（2011）等，专著有伍云姬《湘方言动态助词的系统及其演变》（2006）。

有的结合方言对比和历时音变探求本字，如彭逢澍《湖南方言"咖、嘎"等本字即"过"考》（1999）。

有的从语言或方言接触角度思考相关问题。如李冬香《从湖南、江西、粤北等方言中的"咖"看湘语、赣语的关系》（2003）借助完成体标记思考湘语和赣语的关系；钱乃荣《SOV完成体句和SVO完成体句在吴语中的接触结果》（2011）结合语言演变和接触理论，通过吴语内部两种完成体句型的对比，认为两者实际上处在不同的方言演变层次上。还有李崇兴《论元代蒙古语对汉语语法的影响》（2005）、鲁克伟《论新兴语法标记"有"——语言接触促使的语法化》（2010）、李心释及吕军伟《汉语南方方言中的古越语底层研究》（2010）等。

在重视收集归纳的大传统中，也有的研究力求对体貌研究的理论建构有所突破，极为难得。如李小凡《苏州方言的体貌系统》（1998a）不仅借助苏州方言构建出新的体貌系统（包括动态和事态），并对完成体的语法意义的分化有新见解，很有突破，也得到了大批学者的认可；郑定欧《说"貌"——以广州话为例》（2001）在大量考察广州话语法事实基础上，深入论证了对汉语语法中"体"和"貌"应该分立的观点；鲁曼《长沙方言中的"咖"和"哒"》（2010b）运用新理论来解释长沙方言"咖"和"哒"及其复合形式，为重新认识体标记的复合形式提供了新视角；翁姗姗及李小凡《从语义地图看现代汉语"掉"类词的语义关联和虚化轨迹》（2011）运用语义地图理论讨论南方方言中"掉"类结果补语成分的语义演变路径，对"掉"类的体貌地位有所思考。还有些论著则力求从研究方法上寻求新的突破，如刘祥柏《汉语方言体貌助词研究与定量分析》（2000）以江淮官话六安丁集话作为实例，来探索汉语方言体貌助词研究中的定量描写和分析的新路子，这对提高汉语方言语法研究的科学性很有帮助；李思旭《完成体助词量化功能差异的跨方言考察》（甘于恩主编 2013：196—206）结合跨方言材料从量化功能角度解释了部分方言的完成体标记出现语音形式分化的原因；李小凡《语义地图：破解方言虚词比较中偏侧关系的利器》（2015）提出用语义地图理论解决方言虚词比较难题并以方言结果补语（官话"掉"和吴语"脱"）为例说明了操作程序；陈前瑞及吴继章《从方言语音看"了"的功能演化》（2019）运用多功能模式分析部分北方方言里"了"的形式与意义的平行弱化趋势。

2.3.3 主要问题

总体而言，汉语方言语法领域里有关完成体的研究成果极为丰硕，但也还存在一些显著的问题。

2.3.3.1 理论体系和术语分歧多

郭利霞《九十年代以来汉语方言语法研究述评》（2007）在综述方言语法研究时认为"体系和术语分歧严重是研究中一个突出问题，体貌论文尤为明显"。当前共同语领域涉及完成体的称呼和意义内涵的认识主要有：黎锦熙（1924）"完成"、吕叔湘（1942）"既事相"、王力（1943—1944）"完成貌"、高名凯（1948）"完成体"、张寿康（1957）

"完成态"、赵元任（1968）"完成式"、吕叔湘（1980）"完成态"、任学良（1980）"完成体"、胡裕树（1962、1981）"完成态"、张静（1987）"完成体"、刘勋宁（1988）"实现"说、黄伯荣（1980、1991）"实现态"、房玉清（1992）"完成、实现"、戴耀晶（1997）"实现体"、陈忠（2002）"界限"说、张黎（2003）"界变"说、陈前瑞（2003a）"完整体"、史有为（2003）"达成貌"等。方言学者多数借鉴或直接套用共同语领域的有关理论术语，方言语法调查中不仅术语不统一，多数调查资料在使用术语时常常不加任何解释，或随意阐发。这说明许多方言语法材料在理论分析素养方面存在不少缺憾，大大妨碍了方言语法调查材料的再利用。

2.3.3.2 比较的深广度亟须改善

当前的跨方言比较基本都是基于某个特定的区域方言内，或者只是依据全国范围内的择点比较，得出的结论是否可以推广尚需验证，因此迫切需要更广范围的跨方言比较成果，与之配套，也需要改进和反思个别做法。

首先，在调查和分析方言完成体时，应足够重视方言语法系统的相对独立性，才能够真正认清方言完成体的语法价值。徐烈炯（1998）就认为方言的区分标准主要基于非语言因素，"从语言研究角度看，所谓的语言和所谓的方言并无太大区别"。邓思颖（2013）与徐烈炯持相同看法，认为"既然我们可以把方言理解为拥有完整系统的语言，方言比较也就是语言的比较，正可以把比较语言学的基本概念套用到方言语法研究中"。游汝杰（2000：7）、李如龙（2007：2）、张振兴（2013）也表达过类似意见。可见，把"方言"地位提升起来有现实的合理依据，这样便于从方法和视野上为跨方言研究提供广阔的施展空间，带来类型学视野。

其次，在方言体貌调查中存在简单比附普通话的情况，不注重挖掘方言自身的体貌系统和隐蔽性的语法表现。在调查方言完成体标记时，有些调查研究常常简单地根据大致平行的语法表现就认定普通话"了"应该怎样分化，而忽视了普通话体貌系统的内部制约（卢英顺 2012）；或者只寻找与普通话对应的情况，特别是调查官话时，有些独特的方言语法表现是极为细微的，不细致深入就发现不了，如吴继章（2007）

就从一些细微之处发现了河北魏县方言不同地点的差别，值得借鉴。

最后，需要认真思考并解决跨方言比较的可比性问题。汉语方言完成体标记虚化程度不均，多数可以同时表达多种语法意义，具有多功能性特征，因此跨方言比较就需要寻找好突破口，看看什么办法能够更好地兼顾不同性质的语法成分，寻找到可以对应比较的路径。刘丹青（张双庆主编 1996：9—33）曾说"指出体貌问题要重视形式是容易的，而根据这一条去具体判定语言、方言中的体貌现象却要困难得多"，"虚化到什么程度可以算体标记，这个问题远没有解决"，面对这些问题，他认为"适当考虑意义对应"，"意义范畴的建立则不妨稍稍放宽，只要有虚化倾向的都可以纳入同一意义范畴的比较框架中"，这样便于最快发现真正的体标记，以把方言研究和现代汉语、汉语史研究结合起来。目前来看，语言类型学使用的语义地图和多功能模式理论注意到了意义（或功能）的动态性、边界模糊性以及形义关系的跨语言（方言）错配特征，着眼于解决多义、多功能语法成分的跨语言（方言）比较问题，有望在解决方言语法比较可比性难题方面取得更大进展。

当然，跨方言比较更要努力寻求对现象成因的解释。目前，跨方言比较确实发现了一些以往未注意到的现象，也有学者结合方言内部原因加以解释，但是结合语言接触、社会原因等外部因素来解释尚不够成熟，成果也不多见。

2.3.3.3 缺少统一有效的调查路径

语法现象具有全息性特征，本来就难以全面把握，加之方言语法调查的客观难度，有关方言体貌的优质材料极为匮乏。相比方言语音和词汇调查，方言语法调查本身就有极大难度，制定一份周全严密的语法调查表格特别困难（游汝杰 2004：106；李如龙 2007：217—218；李小凡、项梦冰 2009：102）。李小凡（1998）认为"汉语的体貌范畴，目前尚无统一的表达手段。无论是普通话还是某个方言，表达体貌的手段都是多样化的，体貌标记的功能、性质也往往各不相同。不同方言的体貌标记在数目、性质、功能上也都难以一一对应"。因此方言体貌调查难度特别大，加之缺少高效率的调查手段，调查质量往往取决于研究者个人的语法理论素养。戴庆厦曾指出"现在青年一代大多不会国际音标。我的博士生初次下去记音,准确率不超过 30%"①。近年来,虽然单点描写的材料增速惊人,但是许多人缺少实地调查锻炼,语音调查的基础能力尚不过关,大量的论文在调查描写的准确度和精细度上仍有很大差距,所撰写的单篇论文或硕博论文的可信度自然不高,以致许多学者直接忽视这些研究材料,造成了极大的资源浪费。

上述问题直接或间接地影响着跨方言比较的效果。可喜的是,现在已有学者在编写语法调查手册和总结调查经验,许多高校开始举办方言调查培训班,近年来中国语言资源保护工程也培养了一大批新兴力量,希望能够尽快改善这些问题。

2.4 其他领域的研究状况

2.4.1 汉外对比领域

汉外对比作为研究方法一直颇受重视,早期马建忠、赵元任、吕叔湘等主要通过举例来简单对比。如今,汉外对比侧重汉语与某种具体语言的对比研究,已经成为专门的研究领域,因此许多专著都包含了一些体貌对比的内容,限于篇幅,这里侧重对收集到的论文略作说明。许多学者注重把汉语完成体与其他语言的完成体进行专门比较,发现了一些新的现象,加深了对汉语完成体的认识。

有的从汉语和英语对比角度入手。很早就有赵世开、沈家煊《汉语"了"字跟英语相应的说法》(1984)从英汉对比角度,发现"'了$_1$'在大多数句子中相当于英语的一般过去时。包含'了$_1$'的句子相当于英语完成体的情形一般发生在句子中同时还使用了'已经'、'刚'或'了$_2$'等词语,或者有特定的情境和上下文"。"汉语中的'了$_2$'在英语中更没有固定的表达方式。"这些汉英不对应的事实澄清了潜在的认识误区,对从汉语特点出发研究"了"的用法很有启发;邱学斗《英语与汉语完成体比较》(1989)也认为汉英完成体不能完全等同;胡明

---

① 戴庆厦:《从非汉语反观汉语》,北京师范大学中国语言学暑期研讨班讲演稿,2010年8月21日。

扬《汉语和英语的完成态》(1995)结合对外汉语教学简单对比了汉语和英语完成态的不同；潘文国《从"了"的英译看汉语的时体问题》(2003)认为从语法范畴的系统性和强制性要求来衡量，"了"不符合"完成体标志"的起码要求，更像是词汇手段，这对当前关于"了"的普遍看法带来了很大挑战；尚新的博士论文《语法体的内部对立与中立化——英汉语对比研究》(2004)则从类型学视角，借助认知语言学相关理论，认为汉语属于体凸显语言，体标记的"时间指向功能"使其有可能具有替代时制标记的功能，该文构建出完整体、非完整体、中性体三分的汉语语法体框架，其中"了"是"完整接续体"标记、"过"是"完整间断体"标记，很有启发。

有的从汉语和俄语对比角度入手。王丽欣《现代汉语助词"了、着、过"与俄语动词体的比较研究》(2002)、张家骅《通过汉俄对比看"了$_1$"的常体意义》(2004)和《透过汉俄对比看汉语动词体范畴的若干特征》(2005)在对比后赞同"了$_1$"的语法意义为"实现"；张志军的博士论文《俄汉体貌范畴对比研究》(2000)还将俄语和汉语整个体貌范畴进行对比。

有的从汉语和日语对比的角度入手。李茉莉《试比较汉语表示完成的动态助词"了"与日语表示完成的助词"た"》(1990)发现汉日表示完成意义的成分都处在动词后边，但并不完全对应；贾笑寒《从日语动词存续体的汉译看现代汉语句尾"了"的语法意义》(2005)对比发现汉语句尾"了"的语法意义是"表示动作发生以及动作引起的状态或结果的延续"；林璋《汉语"了"和日语「タ」的情态用法对比——"发生"与"发现"》(2010)从情态角度对比汉语"了"和日语「タ」的异同。

此外，还有徐建宏《汉语助词"了"与韩国语词尾的对比》(2004)、朝格吉乐玛《"时"概念的蒙汉语对比研究》(2005)、黄立鹤《汉、英完成体标记"有"与 HAVE 之语法化对比考察》(2009)、刘汉武《汉语经历体标记"过"及其在越南语中的对应形式》(2016)、费建华《汉日语经历体标记的对比分析——以"过"和"～たことがある"与时间词的共现为中心》(2017)、刘英明《汉语经历体标记"过$_2$"与朝鲜语对应表现的对比分析》(2017)等。

总体来看，这类对比表现出几个明显的特征：一是主要集中在汉语和英语、俄语、日语、韩语等少数几种语言上，与其他语言的对比还比较少见；二是对比大多服务于国内外语教学、对外汉语教学或语言翻译等实用领域，多注重发掘一些语表形式的不同，深入到语义语用层面的极其少见；三是过于偏好与"了"的对比，与"过"等其他完成体标记的比较不多见。

2.4.2 国内非汉语领域

戴庆厦一直倡导汉语和非汉语的对比，侧重汉语与国内少数民族语言（特别是汉藏语系语言）的比较，这方面有深度的比较还不多见。邢公畹《现代汉语和台语里的助词"了"和"着"》（上、下）（1979）很早就对比分析了现代汉语和现代台语（国内的壮侗语族各种语言和国外的泰语）都有助词"了"和"着"的平行现象，文中把"了"的用法分为"完事"（或者"完成"）和表示"一种新情况"两类进行详尽比较，对汉语和民族语言体标记的对比很有启发；宋金兰《汉语助词"了"、"着"与阿尔泰诸语言的关系》（1991）认为"了"的复杂性及其与阿尔泰诸语的一系列平行现象表明"了"的产生和发展很可能受到阿尔泰诸语言的长期影响和渗透。此外有王景荣《东干语、汉语乌鲁木齐方言"完成"体貌助词"哩/咧"》（2006）、梁敢《壮语体貌范畴研究》（2010）等略有比较。

2.4.3 对外汉语教学领域

结合对外汉语教学来思考汉语本体语法现象一直颇受重视，这里主要选择对本书有启发的论著来详述。早期，刘月华等《实用现代汉语语法》（外语教学与研究出版社1983年版；商务印书馆，增订本2001）对"了""过""来着"的语法意义和用法的精细描写广为称道，房玉清《从外国学生的病句看现代汉语的动态范畴》（1980）结合对外汉语教学中外国留学生的偏误情况对动态范畴的范围和具体用法等提出了许多值得思考的问题，如"了"与大多数动态助词合用的现象、动态助词的判断标准问题等。他提出可把结果补语和趋向补语的动词按照语法意义的不同分成两类，因此"了、到、去、出来、过来、下来、起来、的"等都归入表示完成的语法形式,而且指出"它们在意义上往往有细微的差别,不能相互替换"。无疑,这些思考对打破以往对完成体语法意义表现形式的固有认识很有启发。

近年来,卢福波《"了"与"的"的语用差异及其教学策略》(2002b)通过对比"了"与"的",认为"了"字句"是对动作或事件转化过程的全新的传信",颇有新意。谭春健《如何体现"变化"——关于句尾"了"理论语法与教学语法的接口》(2003b)从教学角度对"了$_2$"所在的句法格式进行下位分类,对本体研究也很有借鉴意义。高顺全《从语法化的角度看语言点的安排——以"了"为例》(2006)从理论上探讨了语法化理论应用与"了"的教学的可行性,对研究"了"的语法化过程也有启发。杉村博文《事件脚本和"了$_2$"的用法表述》(2009)以"降雨"这个事件脚本为例探讨"了$_2$"的教学问题。王媛《"了"的使用机制及教学策略》(2011)从事件表达角度探讨"了"的使用机制,认为"'了'最重要和最基本的语法意义是表示'结束完成',在此基础上衍生出表示'变化'和'肯定语气'的意义",颇具新意。

此外,还有汪有序《怎么教"不、没、了、过、着"》(1987)、王还《关于怎么教"不、没、了、过"》(1988)、赵立江《留学生"了"的习得过程考察与分析》(1997)、李晓琪《汉语"了"字教学研究》(1999)、邓守信《"了"的习得》(英文)(1999)、辛永芬《留学生在使用"已然"类时间副词和"了"共现与否时的偏误分析》(2001)、茅维《从"有V(过)"现象看云南方言语法对留学生学习汉语的影响》(2005)、陈翰文《动态助词"过"的次结构与教学语法排序》(2009)、吕文华《"了"的教学三题》(2010)等近百篇论文,泰国籍博士陈楚芬的博士论文《面向泰国汉语教学的现代汉语"了"的考察》(2005)、谭春健的硕士论文《动态助词"了"的使用规律与认知解释》(2003a)、高蕊的硕士论文《欧美学生汉语体标记"了""着""过"的习得研究》(2006)、陈晨的博士论文《留学生汉语体标记习得的实证研究》(2010)等也开始专门关注,涉及的国家和地区正在逐步增多。

从这些专论可以明确完成体标记习得的偏误所在,适当关注能使汉语本体的体标记研究更具针对性和应用价值。当然,就完成体标记的习得研究来看,"了"受到关注最多,其他完成体标记受到关注极少。

2.5 问题和出路

通过上面的分领域梳理和单独述评,可以看出汉语完成体研究存在"争议多、不均衡"的突出问题。

2.5.1 研究力量不均衡

从几大领域来看,共同语领域的研究成果最多,其他领域的数量相距甚远。就具体的体标记来看,"了"是绝对主角,数量最多,其他标记成分远远不能相匹敌。就理论方法意识来看,共同语领域最强最为全面,而方言和历史语法领域注重事实调查和梳理,近年来逐渐开始重视理论方法的运用,对外汉语和汉外对比领域的应用研究成果相对不足。此外,结合大规模语料库的验证分析尚不多见,多数借鉴国外理论解释有关现象,带有较多硬套痕迹。

2.5.2 观点方法争议多

汉语完成体的研究争议之多,超乎想象。由于所依据的理论背景不同,至今有许多观点存在两极化对立,大到"汉语有无体貌",小到"了、过"是否属于汉语完成体标记等问题都有不同看法。比如"了"的语法意义已有数十种具体理解,"了"的分合至今没有定论,"了"的用法牵涉广泛不同学者有不同层面的处理办法。汉语完成体的研究在许多问题上纠缠不清,似乎陷入了"罗生门"怪圈。

显然,上述突出问题很难在朝夕之间全部解决。无疑,重视语法事实的深度挖掘,多角度考察、多元化思考是必行之路。鉴于此,本书立足于"整体汉语",试图通过跨方言比较,通过提供可资参考的大范围的方言语法事实,来了解汉语完成体标记的实际状况和整体表现,为完成体的研究贡献一分力量。

第 3 章 音义概貌和地理分布

本章将首先总结汉语方言完成体标记的总体类型。鉴于后附型完成体标记是汉语方言完成体标记的主体类型，本章将以此类标记的语音形式概貌为主体展开讨论，借此观察汉语方言完成体标记的地理分布、整体音义特征和总体演变趋势。

3.1 方言完成体标记的类型

3.1.1 已有的认识

本书的"标记"一词泛指一切表达相关范畴意义的表达形式或者说标志手段，与当代语言学的标记理论使用的术语"标记"有所不同。正如本书的绪论所言，关于体标记（aspect mark）的范围，历来有宽严两种标准。杨永龙（2001a：18—24）认为狭义的体标记仅指表体的形态；广义的体标记包括所有表体形式，包括纯语法形式、词汇形式和句子结构等。如果严格按照"必须有词形变化的形式体现"的标准衡量，汉语就很难有真正的体标记。因此，把汉语的"了、着、过"视为体标记已经是变通的做法。基于此，本书对体标记的认定倾向于广义标准。

关于汉语方言完成体的标记方式，已有数位学者初步总结。其中，戚晓杰（1995）总结为重叠、内部屈折、儿化、"有V"、"V助"五种方式；黄伯荣主编《汉语方言语法类编》（1996：175—191）① 总结为重叠、内部屈折、"有、无或头+动词性成分"、儿化、"动词+助词或

---

① 为方便起见，后文简称"黄伯荣《类编》"或"《类编》"。

语气词性成分"五种方式。两位的分类主要着眼于表层标记形式的差异，缺少系统性考虑，尚不能很好地显示体标记类型之间的逻辑对立关系。史有为先生（2003）首次全面深入梳理方言达成貌（即"完成体"）的总体类型，分为附加型、变音型（包括音段变音、超音段变音、混合变音）、助动型（有＋V）三种总体类型。同时，史有为（2003）认为重叠（吴语浙江永康话）、"头＋动词性成分"（宁夏中宁话）不属于完成体标记手段，还讨论了表现形式的固定与交替、总和与分立情况以及达成貌的发展趋势。结合近些年的方言语法调查资料来看，以往的总结还有需要完善的地方。

3.1.2 本书的分类

关于标记方式，语法学界通常分为有标记和无标记两种对立类型。比如罗自群（2006：2）就把汉语方言的持续体标记分为有标记和无标记两种情况，认为"你在干什么呢？——吃饭。"中"吃饭"属于语境中的无标记用法，不过普通话的"着"表持续体通常必须出现。那么，汉语完成体有没有无标记的形式呢？汉语的体标记强制性不足，可借助其他手段通过语境弥补，如李兴亚（1989）就发现"动词前面有表示过去时间的词语、动词后面有数量短语、有表示连续动作的后续小句、动词后面有结果意义的补语、句末有'了$_2$'"五个因素可促成普通话的"了$_1$"自由隐现，至少当"了$_1$"隐而不现时都可视为无标记用法，例如（转引自李兴亚1989）：我去年春上盖（了）三间瓦房。｜他把稍长一点的袖口，挽在胳膊上，露出（了）一长截黝黑的手腕和长满茧巴的大手。结合综述部分可知，"了"的隐现实际上受到句法、语义和语用层面多种附加条件限制，往往有其他表意手段弥补。汉语方言的情况与之类似，李如龙《动词的体·前言》（张双庆主编1996：4—5）就曾指出汉语方言中"许多体标记在一定条件下可以省去不说"。结合实际情况，本书不拟讨论无标记的情况，只集中关注有标记的情况。

在以往的分类成果基础上，本书结合体标记与谓词性成分在句中的相对位置和语音形式的具体情况，拟把汉语方言的完成体标记分为后附型、前置型、变音型三种主要类型。其中，变音型标记基本上是由后附型标记音变而来，关系密切。当然，这里的分类只着眼于体标记单用的情况，汉语方言中不同的完成体标记之间时常共现连用或此隐彼现，这些属于具体运用层面的情况，因此分类时暂时不予考虑。

鉴于近十年来的调查材料增长迅猛，每一类型都有非常丰富的内容，本书在简单介绍后再分章节单独讨论。

3.1.2.1 后附型标记

后附型标记，包括用在谓词性成分后或句末来表达完成体意义的动态助词、体貌语气词等标记成分，这是汉语普通话和方言最普遍的标记方式。简便起见，下文通常简称"后标记"。史有为（2003）命名为"附加型"，把与"了₁"对应的称为"中置形式"，与"了₂"对应的称为后置形式。"附加型"在语义理解上还可能包括"前置（附加）"情况，加之"了₁"也可能在句末出现，不如在概括总体类型时统称为"后附型"更简洁明了。若从广义上来认定，普通话中的"了、过"等动态助词和"完、掉、好"等未彻底虚化的补语成分都能表达完成体意义。鉴于汉语方言中（特别是南方方言）后标记的语音形式、语法表现和来源等都极端复杂，本书在后文重点关注后标记。

（一）汉语方言与"了"对应的后标记的语音形式差别最大，调查资料也极为丰富。这里略举数例如下：

黑龙江哈尔滨（官话）：（1）他吃饭了（[lɤ⁰]），你吃了没有？(2) 请了一桌客。(3) 晚了就不好了，咱们快点走吧！（尹世超 1997：131）

江苏南京（官话）：（1）我买了（[lə⁰]）三张票。(2) 鞋子大了一号。(3) 我买了票了（[lɔo⁰]）。(4) 我吃过饭了。（刘丹青 1995：77、142）

山西太原（晋语）：（1）吃咾（[lau⁵³]）饭咧（[lie⁰]）。(2) 你先去，我下咾班就去。（沈明 1994：引论 14—16、正文 131）

江苏苏州（吴语）：（1）倷爹爹我讨仔（[tsɿ⁰]）个蛮标致个家主婆。(2) 我说仔俚两声，俚立起身就走哉（[tsɛ⁰/tsə ʔ⁰]）。(3) 连忙抢仔下来，已经吃仔两个哉。（石汝杰 1996，参见张双庆主编 1996：349—375）

湖南长沙（湘语）：（1）第二天又睡咖（[ka⁴¹]）一天。(2) 他上个星期的考试只打哒（［ta²¹］）八十分。（3）后来只听得讲她离咖哒婚。（伍云姬 2009［1996］：132—161）

福建泉州（闽语）：（1）我拍破去（［kʰɯ］①）一块碗去。（2）我颂（一）领衫嘞（［lə⁰］）就去。（3）汝困去三点钟唠（［lɔ⁰］）。（李如龙 1996，参见张双庆主编 1996：195—224）

江西南昌（赣语）：（1）住了（［liɛu⁰/leu⁰］）一个月。（2）昨日我等渠骂撇了一顿。（熊正辉 1995：128；徐阳春 1999；张燕娣 2007：242—243）

广东梅县（客家话）：（1）佢定着欸（［e²²］）天光日起身（他决定了明天动身）。（2）佢嗨门背企撇②论日（他在门外站了一整天）。（3）阿公病撇欸（爷爷病了）。（林立芳 1996，参见张双庆主编 1996：34—47）

广东广州（粤语）：（1）我买咗（［tsɔ³⁵］）两件衫。（2）佢报咗名喇（［lak³³］）。（3）刘老师嚟咗喇。（4）件衫湿晒（［sai³³］）。（彭小川 2010：40—62）

（二）汉语方言与"过"对应的表示经历或完成的成分，调查资料绝大多数十分简略，能够用来深度比较的不多，曹志耘主编《汉语方言地图集》（2008a）也没有专门调查经历体标记。略举数例如下：

山西万荣（中原官话）："过［kuɤ⁰］"只表示经历体，例如：他早些做过生意（他以前做过生意）。（吴云霞 2006）

山东寿光（冀鲁官话）："来［lɛ⁰］"只用在句末，常与"回儿"共现，也用"过"（未标音，与普通话相同，只用在句中），例如：这本书我看（回儿）来（这本书我看过）。（张树铮 1995a）

浙江金华（吴语）："过［kuɤ⁵²⁻⁰］"仅表经历体，例如：我到上海去过，北京未去过。（曹志耘 1996，参见张双庆主编 1996：285—301）

---

① 据李如龙（1996）调查，"去［kʰɯ］"在动词宾语前或时量补语前读变调［kʰɯ³¹⁻⁵⁵］，在动词宾语后或句末读轻声。闽语的完成体标记多数会句中变调，是闽语比较突出的特点。

② 林文未标音，谢永昌（1994：302）记为"撇［pʰet¹］"，陈修（1993：45—46）记为"［pʰɛt³］"。

安徽休宁（徽语）："过［ko⁰］"兼表经历体和完成体，例如：（1）你到过北京不曾？（或"你到北京过不曾？"）（你到过北京没有？）（经历体）（2）渠吃过饭着，你吃不曾吃？（他吃了饭了，你有没有吃？）（完成体）（平田昌司、伍巍1996，参见张双庆主编1996：125—142）

湖南长沙（湘语）："过［ko⁴⁵］"侧重表示"抽象事物的经历"，"去来［kʰɤ⁴⁵lai⁰］"侧重"表现具体事物的经历"，例如：（1）我养过一回鸽子。（2）咯只苹果我吃去来。（伍云姬主编2009［1996］：132—161）

福建连城（客家话）："过［kəʔ³］"表经历，可兼表"重行貌"，例如：（1）渠得过侪钱（他得过人家的钱）。（经历体）（2）着过一件呃（已经另穿一件了）。（重行貌）（项梦冰1996，张双庆主编1996：48—78）

江西安义（赣语）："过［kuɔ⁰］"（或"过［kuɔʔ⁰］"）可兼表经历"重行貌"，例如：（1）个种鞋哩我穿烂过一双。（经历体）（2）个个字写得不好，写过一个（这个字写得不好，重写一个）。（重行貌）（万波1996，参见张双庆主编1996：79—96）

福建福州（闽语）："过［kuo³¹²］"或"着［tuoʔ⁵⁵］"，表经历体。例如：（1）我共汝讲过/着者事计。（我跟你说过这事情）（2）伊无做过/着蜀件好事。（他没干过一件好事）（陈泽平1998：181—195）①

广东广州（粤语）："过［kwɔ³³］"用法比较多，可兼表经历体和重行体，例如：（1）呢度前几日发生过交通意外（这里前几天发生过交通意外）。（经历体）（2）唔好意思，冇37码，拣过第二款啦（对不起，没有37码的，另行挑选别的款式吧）（重行体）（彭小川2010：40—62；严丽明2009）

云南昆明（西南官话）：昆明方言的"着"有10种用法，可以表示经历体、完成体和持续体等体意义。表示经历体时，读"着［ʨso］"，例如：（1）他哥哥当着知青，当着工人，还上着大学，经历

---

① 参见陈泽平《福州方言动词的体和貌》，张双庆主编《动词的体》，香港中文大学中国文化研究所吴多泰中国语文研究中心，1996年，第225—253页。

比我们这一辈丰富。（2）他爹年轻的时候去美国留着过学。（丁崇明 2005：27—30）

　　就目前来看，经历体标记来源于"过"的占据绝对优势，在方言中多数只表经历体，同一方言使用多个经历体标记的相对要少见些。"过"的强势扩张从伍和忠（2008）的粗略调查可见一斑，伍先生根据全国 18 个方言区点的资料总结为"过"类（广丰、南宁、吉首、昆明、寿光、厦门、泉州、福州、苏州、黄冈、连城、汕头、成都、浙江天台、河北魏县、湖北荆门、广西荔浦和江西客家方言，包括 18 个区点）、"来"类（寿光、成都、魏县，仅 3 个区点）和"着"类（广丰、昆明、厦门、泉州、福州、荆门、荔浦，包括 7 个区点），可以看出"过"类标记在与方言原有经历体标记的竞争中占据绝对优势，这表明"过"与"了"类标记进入方言的竞争态势有所不同，其中缘由值得探究。另外，"过"在南方方言里经常兼表重行体（貌），也是值得注意的表意特点。陈前瑞《汉语经历体的类型学思考》（稿）（2012）① 结合类型学理论和语义地图理论讨论了汉语方言经历体标记的语义特点、来源和类型学地位等问题，认为经历体的语法化来源有"过"义趋向动词（最主要的源头意义）、"来、去"义趋向动词（比较常见）、量化成分（如苏州方言"歇"、鄂东方言"趟子"、寿光方言"回（儿）"、汉语普通话"一度"等）、感官动词（如古汉语有"尝"、闽南话的"别"[bat] 等）、"附着"义动词（如桂北永福官话的词尾"着"、安徽岳西赣语的句尾"着"与"过"共现②）、"有、是"义助动词（如南方方言的"有"字句）、"结束"义动词［如鄂东方言"了去、了的"（陈淑梅 2001）］等不同来源。以此看来，原先关于汉语经历体的看法过于简单了，因此将来调查时需要充分重视方言经历体标记的情况。

---

　　① 材料来自陈前瑞先生提供的"第二届类型学视野下的汉语与民族语言研究学术论坛"会议论文初稿（2012 年 11 月 24—25 日），特此致谢。
　　② 材料来自储泽祥《赣语岳西话"V 着（O）了"里"了"的性质及其参照作用——兼论唐五代"VO 了"中的"了"》（稿），中央民族大学"汉语方言时体系统国际学术研讨会"，2012 年 11 月 10—11 日，特此致谢。

3.1.2.2 前置型标记

前置型标记,是用在谓词性成分前面表达完成体意义的标记成分。简便起见,下文简称"前标记"。就目前的认识而言,能被视为前标记的多为方言中带有体貌意义的副词性成分。

(一)目前,与闽语、客家话、粤语等部分南方方言有关的"有"多被视作前置标记[①],例如:(1)早昏伊有来。(张振兴 1983:150)(2)伊有了解我。(Cheng1981:157)(以上均转引自陈前瑞、王继红 2010)(3)佢有来电话。(黄雪贞 1995:21—22)[②]

关于"有"的完成体用法争议很多,相关研究已有数十篇。本书赞同陈前瑞、王继红(2010)的看法,当"有"表示事件现实性时可视作完成体标记,此时的"有"用在谓词前面,具有纯状语性特征,因此我们赞同邢福义先生(2001b)的观点,把"有"归入副词,而非助动词(史有为 2003)。关于"有"在南方方言的地理分布情况,已有邢福义(2001b)列举了厦门、福州、梅县的"有+VP"情况;史有为(2003)列举了广东梅县、福建福州、台湾台北的情况,认为只有广东梅县的"有"最接近完成体意义;曹志耘主编《汉语方言地图集》(语法卷)(2008a)第 079 图"我有去"条目所显示的集中分布区域为福建、台湾、广东,临近三地的浙江、广西、海南也有少数方言点使用。当前"有+VP"受到青年群体青睐,正逐步进入普通话,已引起多位学者关注(伍文英、夏俐萍 2002;王玲 2005、2011;王国栓、马庆株 2008;蔡瑱 2009;崔娜 2013;吴春相、杜丹 2018;等等)。

(二)如果从广义上来认识体标记,实际上普通话的时间副词"已经(已)"也常被纳入前标记行列,如王力(1984[1944]:201—215)、龚千炎(1995:77—80)、王永娜(2008)、邵洪亮(2013)等都持赞同观点。王永娜(2008)认为"已经"表示"完成于某一参照时间之前",这能更好地解释"已经"独用和用在将来时间等情况,例

[①] "有"是否具有完成体用法尚有争议,陈前瑞、王继红(2010)运用语义地图理论和类型学理论分析认为方言中的"有"字句用来"确认事件现实性的用法是一种完成体用法","而确认状态的现实性是一种广义的结果体用法"。

[②] 黄雪贞(1995:21—22)认为梅县话的"有"用在动词后也可以表示完成,如"你做有衫裤无?"邢福义(2001b)认为这时"有"实际上仍属于动词。

如：明天这时候，我就已经到广州了。（王永娜2008用例）| 他已经想到这些细节。（邵洪亮2013用例）

（三）目前调查方言完成体标记时，多数只记录与"了、过"对应的成分，极少关注方言中类似"有、已经"的副词性成分。如果从范畴表达的系统性考虑，就很难站住脚，既然"在、有、已经"可被视为体标记，为什么要忽视方言中的类似成分？因此，调查方言时应适当地考虑类似的副词性成分及其与后标记的搭配情况，以便从体貌表达系统角度来认识"整体汉语"的体貌状况。鉴于实际情况，本书暂不详细讨论此类标记。

3.1.2.3　变音型标记

变音是相对于原来的读音（本音）而言的，可以是汉语语词在特定条件下声母、韵母或者声调任何一项单独发生变化，也可以是其中几项一起发生变化。在一定条件下，汉语方言可以通过动词或形容词的变韵（如儿化）、变调或者混合变音（变韵+长音+变调）等多种具有规则性的变音手段来表达完成体的语法意义，本书统称为"变音型标记"。史有为（2003）把变音型分为音段变音（儿化）、超音段变音（变调）、混合变音（变韵+长音+变调）。我们根据最新资料，归纳为儿化、D变韵、变调、混合变音四种突出类型。按照采用变音方式的多寡来看，前三种是单一型，最后一种是兼用型。这里仅略举数例：

儿化（山东栖霞）：（1）他头发白儿一大半儿（他的头发白了一大半儿）。（2）我叫他去买儿桶油（我叫他去买了一桶油）。（刘翠香2005）

D变韵（河南获嘉）：（1）我去［tɕʰy¹³→tɕʰyɛ¹³］两趟（我去了两趟）。（2）那个车是他装［tʂuaŋ³³→tʂuɔ³³］的（那个车是他装的）。（贺巍1989：54—76）

变调（江西赣州石城）：（1）爬上来［lei²⁴⁻⁴³］（爬上来了）。（2）打烂［lan⁵⁴⁻³⁴］（打烂了）。| 浸湿［səp²⁻³⁴］（浸湿了）。（温昌衍2006）

混合变音（陕西商县）：（1）两个人夺［tʰuo²⁴→tʰuo:²¹⁴¹］半天啦，谁也不让谁。（变调+长音）（2）他起［tɕʰi53→tɕʰi:⁵²³¹］床啦，你还不起。（变调+变韵+长音）（张成材1958）

变音型标记的具体情况比较复杂，详见后文第 5 章。

3.2 后标记的语音形式和地理分布

鉴于以上的实际情况，本节侧重考察方言中使用最广泛的普通完成体标记，即与普通话的"了"最为一致的标记成分，以此窥测后标记的语音形式和地理分布特征。

3.2.1 语音形式概览

就语音形式而言，各地方言与普通话"了"大致对应的语法成分的语音形式极为丰富。史有为（2003）曾按照声母的情况分为 L 系（"L"是声母汉语拼音写法的代号，下同）、Z 系、D 系、G 系四个较大的类别。近年来调查资料增速惊人，已远非上述四个类别可以统括。仅就曹志耘主编《汉语方言地图集》（语法卷）（2008a）[①] 调查了 930 个方言点，就其中第 065 图"了（他来了）"所展示的具体语音形式来看，共有六大类 57 小类，具体情况如下：

（I）"了"等（L 系）包括［liɑu/liɔ/lio］等、［lɑu/lɔ/lo］等、［liəu/liu］等、［ləu］等、［lai/lɛ］等、［lei/le］等、［la/laʔ］等、［lə/ləʔ］等、［li］等、［lia］等、［liɛ/lie］等、［læ̃/lɛ̃］，共 12 小类[②]；

（II）"得、哒"等（主要是 D 系）包括［ta］等、［tɛ/dɛ］等、［te/de］等、［dəʔ］等、［tou/to］等、［ti］、［tie］等、［dʰiɔ］，共 8 小类；

（III）"着"等（主要是 Z 系）包括［tʂɔʔ/tsɔ/tʃɔ］等、［tʂo/tso/tʃo］等、［dʐɛ］、［tsɛ/tsəʔ］等、［zə/zəʔ］等、［tsɿ］等、［tsi/tɕi］、［tɕia］、［tɕio］，共 9 小类；

（IV）"罢"等包括［ba/pa］等、［bɛ/pɛ］、［bə/pəʔ］、［bo/po］等，共 4 小类；

---

① 后文简称《方图集》。
② 该类包括少量读［n］声母的音节，双音节的暂取第一个音节声母代表。

（V）零声母类包括［a］等、［ə］、［ɛ/e］等、［ɛi/ei］等、［au/ɔ］等、［i］、［ia］、［iɛ/iə］、［iau］、［ua］等，共 10 小类；

（VI）其他包括［piɛu］、［miɑ］、［ɫai］、［ka］等、［kɣ/kəʔ］等、［kɔ/ko］等、［kua］等、［xɛ］、［xɔi］等、［xeu］、［ɦɑŋ/ɕi］、［ɦʌ］、［ɦiau］、［ɦiəʔ］，共 14 小类。

以上类别涉及的声母至少有［l/n/t/d/dʰ/tʂ/ts/tʃ/dʑ/z/tɕ/b/p/m/ɫ/k/x/ɦ/ø］，共 19 种，结合史有为（2003）等还可以补充［tʰ/g/kʰ/h］等，这样就至少有 23 种声母（包括双音形式的标记）。此外，据第 063 图"我吃了一碗饭（完成体）"可知在句中"了"位置上还有"儿、罢、过、得、哒、着、则、子、咗、落、脱、掉、倒、开、去、矣、啊、噢、×（代表难以写出本字的成分）、有"① 等 20 种记音字（符号）形式。可以看出，汉语方言完成体后标记尽管表层语音形式极为繁杂，但声母涉及的辅音数目还是相对有限的，史有为（2003）对达成貌的分类和罗自群（2006）对持续标记的分类都是从声母入手的，不同调查者使用记音字时极为不统一，这样便于通过实际的语音联系发现共同规律，为总结地理分布类型和探求本源提供便利。

3.2.2 地理分布情况

综合《方图集》（2008）的大规模共时调查资料和黄伯荣《类编》（1996），陈章太、李行健主编《普通话基础方言基本词汇集（词汇卷）》（下）（1996：4760）"（饭）馊了"的调查图、史有为（2003）早期的综观分析以及李蕾（2011）对方言中相当于"了₁"的完成体标记的粗略整理材料，至少表明：各地方言中，尽管这些后标记可能还可以表示其他语法意义，具有不同的语法功能表现，但是在表示完成体意义这一点上具有普遍的共性，后标记在句法分布上具有极强的一致性，在"V（O）了"或"V 了（O）"等基本句型中有比较明显的对应关系，这为把它们汇总起来对齐比较提供了最大的可能性。根据这些材料，目前可以大致掌握上述按照声母情况分出的后标记的语音形式类别在地理

---

① 《方图集》（2008）第 065 图中包含代表句型"我吃有一碗饭"，"有"在动词后面出现。

分布上的基本表现。

　　罗自群（2006:126）在总结汉语持续体标记的地理分布特点时说道"不同的持续标记都有它们一定的通行范围，而这个范围和现有的方言分区有一定的联系，但每一种持续标记往往又不局限在同一个方言区内使用，跨方言区使用的情况是比较常见的。"可以说，汉语方言中后附型完成体标记与之类似，"跨区串片"是极为常见的现象。《方图集》属于大范围的共时调查，"所反映的是经过提炼、归纳的语言现象"，"有些语法图则经过了高度抽象化"（曹志耘《〈汉语方言地图集〉前言》2008b），因此需要结合具体著述核验补正。

　　鉴于此，本书采取方言地图和非地图文献资料互证的办法，根据《方图集》所分大类，结合方言著作予以核证扩充，并补充列举相关实例（所举实例多少可反映调查资料的充分程度），力求能够在最大程度上全面反映出汉语方言完成体标记的不同语音形式的地理分布概貌和当前的实际调查状况。

　　本节主要参考李荣主编《现代汉语方言大词典》、侯精一主编《现代汉语方言音库》等经典的调查类著作和史有为（2003）等学者的初步整理资料和其他有关的大量调查资料。为行文简便见，本节一般省略具体出处，属于转引的内容均已核对过原文，纠正有关的引用错误。

3.2.2.1　第（Ⅰ）类的分布情况

　　该类"了"等（L系）与声母［l］紧密相关，除少数南方方言外，基本都是来源于"了"。由于普通话"了"的强势地位，该类的分布地域和使用范围无疑也是最广泛的，是唯一遍布全国的优势类型，《方图集》（2008）第063图"我吃了一碗饭"类型遍布全国各省市[①]。就其集中分布的通行地域来看，主要分布在官话方言地区，在东南地区呈现为交错分布状态，从《方图集》（2008）第065图看呈现为"y"字形，更形象的描述应该是类似一只仰躺的骆驼，翘起的巨大驼蹄在新疆，腿部在狭长的甘陕地区，头和颈部在东北，腹部在中原，背部在东

---

① 荣晶、丁崇明（2019）利用曹志耘主编《汉语方言地图集》（语法卷）（2008a）第063图"我吃了一碗饭"的调查数据分析了与"了$_1$"相对应成分的地理分布情况及相关问题，可具体参考。

南，尾部在中南和西南地区，其中东北和中原地区是最为集中的核心分布区域，由此核心地带向西北、西南、东南等区域扩展，逐渐由密集变为分散。《方图集》根据韵母的不同，分为 12 小类，反映出"了"在各地的读音变化情况。具体来看：

（一）"［lə/ləʔ］等"小类（与央元音有关）分布最广，主要分布在黑龙江、吉林、河北北部、北京、山东东部、江苏北部、安徽北部和东南部、云南、广东西部、新疆、宁夏等地，在内蒙古、陕西、山西、浙江、福建、江西、湖北、河南、甘肃等地有零星分布，主要涉及官话（主要包括北京官话、东北官话、胶辽官话、江淮官话、西南官话云南片、兰银官话）以及吴语、赣语、闽语等各大方言区。例如：了［lə⁰］（北京、天津、山东青岛、山东即墨、山东临沂、山西广灵、河南洛阳、安徽合肥、安徽巢县、江苏徐州、江苏南京、浙江杭州等）、了［lɤ⁰］（黑龙江哈尔滨）、了［lə⁵³］（云南昆明）、啦［lə⁰/lɑ⁰］（山东菏泽）、了［lə⁰/lɑ⁰］（山东牟平）、了［lə⁰/lɯ⁰］（宁夏银川）、了［ləʔ³²］（山西大同）、了［ləʔ⁰］（江苏扬州）、勒［ləʔ⁰］（上海市区新派）、勒［lɛʔ⁰］（浙江宁波）、了［lə/lɤ⁰］（浙江金华）、嘞［lə⁰］（福建泉州）、嘞［lə⁰］（江西婺源、上饶市区、上饶县）。

（二）"［la/laʔ］等"小类（与开元音有关）次之，除河南地区外，多数位于句末，主要分布在辽宁、山东西部、河南、山西、贵州北部等地，陕西、安徽、浙江、广东、福建有零星分布，涉及中原官话、胶辽官话、晋语以及西南官话、吴语、闽语、粤语等大方言区。例如：了［lɑ⁰］（河南获嘉、河南郑州、山东济南、山东金乡、山东莒县、江苏苏州、福建厦门）、了［lɑ⁴⁴］（河南林县）、了［lɑ⁴⁴］（河南林县）、啦［lɑ²²］（山西交城）、啦［lɑ⁰］（山西忻州）、了［lɑ²¹］（山西平遥）、啦［lɑ⁴］（安徽歙县）、啦［lɑ⁴²］（贵州贵阳，疑问句末）、喇/嘞［lɑ³³/lak³³］（广东广州）、喇/勒［lɑ³³］（香港）、啦啰［lɑ⁵³ lo⁰］（台湾闽南）、啦［lʌ⁰］（江西鄱阳、贵溪）、呐［nɑ⁰］（江西浮梁、余江）、呐［nʌ⁰］（江西万年）。

［laʔ］暂时没有例子。

（三）"［lei/le］等"小类和"［lai/lɛ］等"小类也是开口度不同。前者主要散布在江西、福建、广东、浙江北部、江苏南部、湖北东南部、陕北、内蒙古等地，主要涉及吴语、闽语、赣语、粤语等。例如：唎［le²¹］（福建长汀）、嚟［le²⁴］（福建长汀）、唎［le⁰］（福建福清）、嘞［le⁰］（江西弋阳）、勒［leʔ⁰］［江苏盛泽、昆山（青/新派）］。

后者比较少，与前者在分布地域上有交错，例如：唻［lai²⁴²］（福建福州）、了［lɛ⁰］（陕西清涧）、来［lai⁰］（江西余干）、嘞［lɛ⁰］（江西鹰潭、德兴）。与之类似的"［læ̃/lɛ̃］"小类，带有鼻化音，从《方图集》看，分布在河北石家庄南部，尚未看到具体调查资料。

（四）"［lau/lɔ/lo］等"小类与"［liau/liɔ/lio］等"小类，分布上常常互有交叉，反映出在这些地区的介音从有到无的渐变脱落状态。

前者主要分布在甘肃东南大部、陕西南部、山西、四川中东部、福建以及广东、广西、海南等地，涉及兰银官话、西南官话、中原官话、闽语和粤语等，例如：了［lao⁵³/²¹］（甘肃兰州）、［lao²］（陕西商县）、了［lau⁰］（山西运城）、唠［lau⁰］（山西万荣）、了［lau²¹］（山西祁县）、咾［lau⁵³］（山西太原老派）、了［lɔ⁰］（山西平遥、山西长治、陕西清涧）、咾［lɔ⁵³］（山西交城）、唠/咾［lɔ⁰］（山西忻州）、牢［lau⁰⁴²/⁴²~⁵³］（河南郑州）、了［lau⁰］（河北怀安）、了［lau⁴⁴］（河北万全）、了［lɔ⁰/le⁰］（山东济南）、了［lo³/⁴］（安徽歙县）、唠［lau⁰］（湖北丹江口）、了［lɔo⁰］（江苏南京、陕西合阳）、咯［lo⁰］（江苏吕四）、咯［lɔ⁰］（江西横峰）、唠［lau⁰］（江西铅山）、落/落哒［lo⁰/lo⁰ta⁰］（湖南岳阳）、了［nau³³］（福建福州）、了［lau³³］（福建福清）、了［lɔ³³~⁴²］（福建建瓯）、咯［lɔ⁰］（福建厦门）、咯［lo²²］（广东海丰）、咯［lo³³］（广东广州）、喽［lo³³］（海南海口）、了［no⁰］（四川成都，l均读n）。

后者使用地区较少，主要分布在甘肃中部和西北部、江苏北部，在四川、陕西、福建等地与前者交错，有零星分布，涉及方言与前者接近，只是多了江淮官话。例如：略［lio⁰］（山西洪洞）、了［liau⁰］（河南固始、河北满城）、了［liɔ⁵⁴］（青海西宁）、了［liao³］（福建厦门）、了［liɔ⁰］（山东临淄、江西于都）、了［liɔ³¹］（江西赣县）、了［liɔ²¹³］（福建连城）、了［liau¹⁴］（湖北浠水）、了［niau⁰］（湖北武汉，n和l不分）、了［liau⁵¹/²¹³］（广东海丰）。

（五）"［liəu/liu］等"小类与"［ləu］等"小类也是有无介音的区别，基本只在官话方言、晋语区分布。

前者根据《方图集》主要分布在湘西、广西，实际上北方山东、河北等地也有分布。例如：了［liu³³］（湖南贺州）、了［liu⁰］（江西抚州）、溜［liou⁰］（山东德州）、了［liou³］（河北保定、满城）。

后者主要分布在山西、山东等地，例如：喽［ləu⁰］（山东菏泽、山西临汾）、喽［lou⁰］（山东金乡、山东菏泽、山西临汾）、了［ləɯ²¹］（山西太谷）、喽［ləu⁴²］（贵州贵阳）、"了₂"［lou⁵⁴³］（贵州贵阳，带情态时）、了［lou⁰］（山西汾阳、山西临县）、喽［lou⁴²³］（山西岚县）、溜［lou³/liou³］（河北昌黎）、落［lu⁰］（湖南岳阳柏祥）。

（六）"［liɛ/lie］等"小类和"［lia］等"小类开口度略有不同，主要涉及晋语和北方官话。

前者主要分布在陕西中部、山西、河北中部、山东西北部，在江苏、安徽、湖北等省有零星分布。例如：咧［liɛ⁰］（宁夏固原、陕西西安）、咧［lie⁰］（宁夏固原、山西汾阳）、了［liɛu⁰］（江西南昌）、了［lie⁰］（山西太原新派、河北保定、广东大埔）、了［lie¹¹/⁵³］（山西太原老派）、了［lie²¹］（山西太谷）、了［lie⁴²］（河北万全）、咧［liɛ³/⁰］（河北昌黎）、咧［liɣ⁰］（新疆乌鲁木齐）、连［liɪ⁴⁵］（江苏常州）、咧［liʔ⁵］（江苏丹阳）、咧［liəʔ⁰］（江苏无锡）、了［nie⁰］（安徽绩溪）。

后者比较少，与前者在北方地区时有交错，例如：俩［lia⁰］（山西临汾）、俩［liæ⁰］（山西忻州）、了［lia⁰］（河北怀安）、唡［lia⁰］（山东济南）。

（七）"［li］等"小类主要分布在江西、湖南等省份，涉及客家话、赣语、湘语、吴语等。例如：哩［li⁰］［浙江通园新派吴语；湖南涟源、邵东、攸县（赣语）；江西鹰潭、余江、于都、瑞金、泰兴、赣州、丰城（赣语）、芦溪（赣语）］、哩［₋li］（浙江海盐）、哩［li⁵/³］（湖南娄底）、哩［ti⁰］（江西万年、乐平）①、哩［li²］（湖南湘乡）、哩［li²¹］（湖南双峰）、哩［li³］（湖南炎陵县客家话）、吼［li⁰］（福建福州）、了［li²¹］（山西祁县）、哩［li⁰］（安徽）。

---

① 根据胡松柏、程熙荣（2008），江西万年、乐平的"哩［ti⁰］"是古来母逢细音的读法。

3.2.2.2 第（Ⅱ）类的分布情况

该类"得、哒"等（主要是 D 系）主要与舌尖类塞音有关，集中分布在湘语、吴语、赣语及其临近地区，在湘语区尤为强势，"［tɛ］等"小类分布点最多。

（一）"［ta］等"小类主要分布在湖南北部和东部、湖北西南部，是湘语区的典型标记。例如：哒［ta⁰］［湖南衡阳（新派）、长沙（新派）、安仁、石门、常德、安乡、岳阳、益阳、衡山；湖北荆门］、哒［tɒ³³］（正文均为［tɒ⁴²］，湖南湘潭）、哒［ta⁵］（湖南常宁）、哒［ta²²］（湖南衡阳）、哒［ta²］（湖南湘乡）。

（二）"［tɛ/dɛ］等"和"［te/de］等"小类很少，许多分布点相邻，主要涉及湘语、赣语、吴语、客家话等南方方言。

前者零星分布在浙江北部、广东南部、湖南、广西等地方言，例如：嘚［tɛ⁰］（江西都昌阳峰）。

后者比前者稍多些点，散布在长江三角洲地区、浙北、赣北、湘南等区域，例如：得［tɤ⁰］（江西景德镇、余江、贵溪）、得［tɤ²⁴］（湖南长沙）、得［te⁵］（湖南娄底）、得［teʔ⁵⁵］（江西于都）、底［tei³］（浙江温州）。

（三）"［dəʔ］等"小类基本限于吴语区及其周边徽语、江淮官话等，是吴语里比较典型的体标记。例如：特［dəʔ⁰］（江苏双林）、得［təʔ⁵］（江苏无锡）、得［təʔ⁰/təʔ⁰］（浙江杭州）、得［təʔ⁴⁵/dəʔ¹²］（浙江绍兴老中派，新派读［ləʔ¹²］）、脱［tʰəʔ⁰］（江苏盐城—江淮官话）、脱［tʰɔʔ⁰］（安徽绩溪—徽语）、脱［tʰəʔ⁵⁵］（上海市区、上海崇明；江苏苏州）、得［tə⁰］（浙江杭州、湖南岳阳）、得［təʔ⁴］（陕西神木）、得［tə³］（湖北浠水）、嘚［tə²¹²］（云南昆明）。

（四）"［tou/to］等"小类主要散布在江西北部与鄂皖湘交界地区、湘南、粤西南等区域，涉及西南官话、赣语、湘语、粤语等，例如：哆［to⁰］（江西彭泽）、嘟［tɔ⁰］（江西乐平）、到［tou³³］（广东广州）、（口度）［tu⁴⁴］（湖南汝城）；官话区：到［tɑu⁰］（贵州毕节）、倒［tɑu⁰］（湖南石门）、斗［tou⁰］（湖南常德、安乡）；湘语：到［tɔ⁰］（湖南常宁）、倒［tɤ³¹］（湖南隆回）、倒［tɑo⁰］（湖南绥宁）。

（五）"［ti］"小类和"［tie］等"小类极少，分布地域接近，主要涉及湘语、赣语、西南官话、晋语等。

前者散布在湘南与广东交界、江西等地，例如：嘀［ti⁰］（湖南益阳）、的［ti⁴］（湖南常德）、得［ti⁰］（湖北丹江口）、的［ti⁰］（山西汾阳）。

后者更少，零星散布在湖南和江西，例如：了［tie⁴²］（湖南江永）、喋［tie³³］（湖南临武）、的［tiɛ⁵⁵］（湖南临武）、［tiɛ³³］（江西抚州）、挑［tiɔ⁰］（江西瑞金）。

（六）有些情况在方言著作中尚未见到实例，如"［dʰiɔ］"小类。

3.2.2.3 第（Ⅲ）类的分布情况

该类"着"等（主要是Z系）与塞擦音有关，主要分布在江苏南部、浙江北部、安徽南部、湖南等地，涉及吴语、粤语、赣语、徽语、湘语等方言。

（一）"［zə/zəʔ］等"小类和"［tsɿ］等"小类都是吴语区及其周边的典型语音形式，《方图集》（2008）第063图"我吃则/子一碗饭"基本限于长江三角洲地区，两者各有优势区域。

前者主要分布在江苏南部吴语区，例如：则［zəʔ⁰］（江苏常熟、溧水）、则［tseʔ⁰］（江苏苏州）、泽［zeʔ⁰］（江苏昆山）、则［tsəʔ⁵］（江苏常州）、则［tsəʔ⁰］（江苏无锡）、则［tsæʔ³］（江苏丹阳）、则［tsəʔ⁵⁵］（江苏溧水）、着［zaʔ²³］（江苏苏州、无锡）、哉［tsɛ⁰］（江苏苏州）、哉［tsɛʔ⁰］（上海市区老派）、才［zɛ⁰］（上海市区老派）。

后者《方图集》第065图仅标皖赣交界处，实际上吴语区最广泛，第063图"我吃子一碗饭"主要分布在上海、浙江北部地区，例如：仔［tsɿ⁰］（江苏苏州、盛泽；上海嘉定）、仔［tsɿ⁰］（江苏苏州）、仔［tsɿ³⁵］（浙江宁波）、仔［tsɿ⁴²⁴］（上海崇明）、子［tsɿ⁰］（江苏吕四）、仔［tsɿ⁰/zɿœ⁰］（上海市区老派）、仔［tsɿœ⁰］（江苏昆山）、仔［tsɿ⁰/zɿ⁰］（上海周浦）、吱［tʂɿ⁰］（安徽巢县）、仕［zɿ⁰］（浙江通园老派）、之［tsɿ⁰］（江西鄱阳、婺源）、之［tsɛ⁰］（江西浮梁）。

（二）"［tsi/tɕi］"小类，《方图集》第065图在湖南南部和江西东北部有标示。徐奇（2010）调查赣方言时发现江西南昌县长兴乡、新建县松湖镇、永修县城有"既［tɕi⁰］"；从方言著作中没有见到湖南地区记音为［tsi/tɕi］的，基本上都与"起［tɕʰi］"有关，例如：起

[tɕʰi⁰]（湖南石门、安乡）、起［tɕʰi³¹］（湖南常德）、起［tɕʰi³］（湖南常宁）、起［tɕʰi⁰］（湖南益阳、涟源、邵东；江西铅山）、起［tɕʰi³¹］（湖南隆回）起［tɕʰi⁵³］（湖南绥宁）、起［tɕʰi³⁵］（江西萍乡）、起［kʰi²］（湖南湘乡）、去哩［kʰi³⁵li²］（湖南湘乡）。

（三）"［tʂɔʔ/tsɔ/tʃɔ］等"小类基本限于广东中部，其中"咗［tsɔ³⁵］"是粤语里常用的完成体标记，主要分布在珠三角广州市和港澳地区。据甘于恩《广东粤方言完成体标记的综合研究》（稿）（2013）最新调查，广东省广州（海珠、黄埔）、香港、澳门、番禺（市桥、万顷沙）、佛山（市区）、南海（桂城）、深圳、宝安（新安、沙井）、从化（街口、神岗）、东莞（麻涌）、高要、电白（羊角）、封开（罗董）、佛冈（石角）、花都（新华、北兴）、韶关（市区）、曲江（马坝）、仁化（县城）、乐昌（乐城）、乳源（桂头）、连州（市区）、连南（三江）、清新（龙颈、太和）、新会（荷塘）、信宜（金垌）、云浮（云城）、湛江（赤坎）、化州（河西）、肇庆（端州）35个方言点都使用"咗"。

（四）其他小类书面调查资料不多见。"［tʂo/tso/tʃo］等"主要分布在安徽与江西交界，例如：作［tsoʔ⁰］（江苏吕四）。"［dzɛ］"小类，吴语两个点，例如：特［dɛ⁰］（江苏盛泽）、特［dəʔ⁰］（上海崇明）。"［tsɛ/tsə?］等"小类，例如：之［tʂə⁰］（安徽合肥）、着［tsə³¹］（安徽屯溪）。此外，与之相关的还有以下一些情况，例如：餐［tsʰan³³］（湖南湘潭）、亲［tsʰɛn⁵⁵］（广东广州）。"［tɕia］、［tɕio］"等类未见到已有调查材料。

3.2.2.4 第（Ⅳ）类的分布情况

该类与"罢"等有关，主要分布在浙江中部和南部以及邻近的江西等地，其中"［ba/pa］等"小类使用较多，江西境内赣语"咊"类很普遍。例如：罢［ba⁴］（浙江温州）、吧［pa⁰］（江西余干）、呗［pɛ⁰］（江西万年）、咊［pɣ⁰］（江西景德镇、乐平、余江、铅山）、咊［pu⁰］（江西弋阳、横峰、上饶市区、上饶县）、呣［muŋ⁰］（江西玉山）、呣［m⁰］（江西广丰）①、咊［pɣʔ⁰］（江西铅山）、破［pʰo⁰］

---

① 据胡松柏、程熙荣（2008），玉山、广丰的"呣"是"咊"的弱化读法。

（湖南安乡）、泼［pʰot⁰/pɨt⁰］（江西南昌）、啵［po⁰］（江西玉山）、啵［pə⁰］（江西广丰）。

3.2.2.5　第（Ⅴ）类的分布情况

该类与零声母有关，可能是相关方言完成体标记的声母弱化脱落而来，主要散布在吴语、赣语、闽语、粤语、客家话等东南方言里，例如：阿［aʔ⁰］（浙江天台）、啊［a⁰］（江西贵溪樟坪畲话）、诶［a⁰］（湖南泰兴客家话）、欸［e²²］（广东梅县①）、了［e⁰］（广东东莞）、到［e³³］（广东鹤山）、到［e⁴⁵］（广东新会）、吃［e⁴²］（广东四会）、了［ɛ⁰］（江西黎川）、了［i⁰］（江西抚州）、呃［ei⁰］（江西宁都）、要［iɑu⁰］（湖南岳阳柏祥）、呵［ɔ⁰］（福建福州）。另外，据甘于恩《广东粤方言完成体标记的综合研究》（稿）（2013）②调查，广东省东莞（常平）、博罗（长宁）、高明（明城）、南海（九江、丹灶）、三水（西南）、顺德（大良）、增城（荔城）、江门（蓬江杜阮、江海礼乐）、台山（台城、四九）、开平（赤坎）、新会（会城、司前）、鹤山（沙坪、古劳）、斗门（井岸、莲溪）、中山（古镇）、广宁（南街、石咀）、怀集（甘洒、马宁）、四会（市区、石狗）、海丰（鹅埠）、连州（清水）、罗定（船步、素龙）、英德（浛洸）、郁南（千官）、云安（六都）33 个方言点都有"啊"（读音为［a⁰/e⁰］等，多为阴去调）类完成体标记，具体来源暂不清楚，可能是西片粤语早期的强势标记，该类标记是以往调查粤语时未注意到的。

3.2.2.6　第（Ⅵ）类的分布情况

（一）该大类包括 14 小类。其中，"［ka］等"小类（相当于史有为所说的"G 系"）基本限于湖南省，也是湘语常见的体标记。例如：嘎［ka⁰］（湖南长沙、邵阳、娄底、安仁）、嘎［ka⁵⁵］（湖南湘潭）、嘎［ka³］（湖南汝城）、嘎［ka⁵³］（湖南邵阳）、嘎［kɑ⁴⁹］（湖南绥

---

① 根据林立芳的调查记音（张双庆主编《动词的体》，香港中文大学中国文化研究所吴多泰中国语文研究中心，1996 年，第 34—47 页）记为"欸［e²²］"，语流中因前字韵尾不同有［le⁰/ne⁰/ve⁰/ŋe⁰］等增音变化（史有为 2003），另有黄雪贞（1995：22）记为"了［e⁰］"，谢永昌（1994：302）记为"哩［e¹¹］"，张维耿（1988）记为"［ɛ¹¹］"。

② 材料来自甘于恩所提供的第 16 届国际粤方言研讨会（2011 年 12 月 16 日）文稿，特此致谢。

宁）、甲［ka³³］（湖南汝城客家话）、咖［ka⁰］（湖南益阳）、咖/咖哒［ka⁴¹/ka⁴¹ta²¹］（湖南长沙）、咖/咖哒［kɒ⁵⁵/kɒ⁵⁵tɒ⁴²］（湖南湘潭）、咖/咖哒［ka³³/ka³³ta²²］（湖南衡阳）、介/介哩［kɑ⁰/kɑ⁰li⁰］（湖南涟源）、夹/夹哩［ka³/ka³li²］（湖南湘乡）、过［ka⁵/ka²］（湖南娄底）、过来［ka⁵li⁵/ka²li³］（湖南娄底）、解［ga⁰］（湖南双峰）、解［ga²¹］（湖南湘乡）。

另外，"［kua］等"小类和"［kɔ/ko］等"小类，也是湖南方言使用的体标记，例如：刮［kua⁵］（湖南常宁）、刮到［kua⁵tɔ⁵］（湖南常宁）、哒到［ta⁵tɔ⁵］（湖南常宁）、过［ko⁰］（湖南邵东）。

（二）该大类其他一些极少见的语音形式主要散布在吴语、粤语、湘语等东南方言里，例如：去［kʰu²¹］（广东海康）、去［kʰɯʔ⁵］（福建南安）、去［kʰɯ］（福建泉州）、咕［ku³¹］（湖南隆回）、咕［ku³¹］（湖南衡山）、给［kei²¹²］（青海西宁）、给［kei⁰］（新疆乌鲁木齐回族汉语）、下［xɑ⁰］（陕西西安、合阳；新疆乌鲁木齐）、下［xa²¹³］（青海西宁）、爻［ɦiuɔ⁰］（浙江温州）①、嘿［hetɔ］（客家话：湖南炎陵县、江西宁石）、开［hø⁵²］（湖南贺州）、起［hɐi³⁵］（广东东莞）、起［hei³⁵］（广东广州）。另外，甘于恩、赵越《粤方言的完成体标记"休"及相关形式》（2013）认为广东有些地方使用"休"，具体读音情况如下：阳山阳城［he⁵¹］、三水芦苞［hɐu⁵⁵］、佛山禅城张槎［heu⁵⁵］、东莞莞城［hɐu²³］、深圳南头［hau³³］、深圳大鹏［hau³³］、中山三角［hau⁵⁵］、珠海前山［hɐu⁵⁵］、佛冈汤塘［heu²³］、南海桂城［hɐu⁵⁵］、南海官窑［ɛu⁵³］、南海小塘［jɐu⁵³］。

（三）有些小类在方言著作中的具体对应材料尚不多见，比如"［piɛu］、［miɑ］、［ɬai］、［xɛ］、［xɔi］等，［xeu］、［fiɒ/fiɔ］、［fiɑʌ］、［ɦiau］"等，需要在《方图集》的方言调查语料公布后才能确知具体情况。目前，据甘于恩、许洁红《一种新发现的完成体标记——广东粤方言的"遹"》（2013）调查，在广东有许多粤语方言点使用

---

① 根据潘悟云的调查（张双庆主编《动词的体》，香港中文大学中国文化研究所吴多泰中国语文研究中心，1996年，第254—284页），吴语里绍兴［gɔ⁰］、临海［fiɔ⁰］、天台［fiɑ⁰］、椒江［fiɔ⁰］、黄岩［fiɒ⁰］、温岭［fiɒ⁰］、乐清［gɑ⁰］、温州［fiuɔ⁰］、永嘉［fiɔ⁰］、平阳［gɔ⁰］、泰顺［gau⁰］、青田［kaʔ⁰］等都与"爻"有关。

"逋"，其中：阳春（春城、潭水）、阳西（织篢）、德庆（德城、高良）、中山（石岐）等六地读为［pou/pʰou］（阴平）（具体为：春城［pou³³］、潭水［pou³⁵］、织篢［pou/pəu³³］、德城［pou⁴³³］、高良［pou⁵²］、石岐［pʰou⁵⁵］）；新兴各点读为［piu/piɛu］（具体为：天堂［piɛu⁵⁵］、新城［piu⁵⁵］）；阳春春湾读为［put⁵］（入声）；惠州城里读为［pʰau³³］。

3.2.3 总体说明

从上述调查材料可以看出，《方图集》（2008）的调查区域和文献资料的情况大致吻合，也有些地方不尽一致。造成不一致的原因是多方面的，主要原因是单点方言完成体深度调查滞后和研究力量不均衡造成的。有些方言区的情况调查比较全面和深入，如山东、山西、陕西、湖南、江苏、广东、福建等省份的资料比较全面，就能够与《方图集》有较好的对应；有些方言区调查资料十分匮乏，如东北、西北、西南地区各省份的情况，这些地区尽管《方图集》有标示，但是找不到文献材料印证，尚不清楚详细情况，这就为将来的调查提供了新的方向。

另外需要注意的是，调查时间的影响也有可能造成不一致。《方图集》（2008）所反映的情况是新近的情况，多数文献调查资料（如《类编》等）调查时间集中在 20 世纪，这也有可能造成不一致，如第（Ⅲ）类的情况就出现了较多不对应的情况，该区域集中在苏沪皖赣的长江沿线地带，会不会《方图集》反映的是变化了的情况，从而导致不一致呢？如果是这样，就可从中观察该区域方言语法变化的情况，为普通话和方言的语法接触提供观察样本。

总之，《方图集》（2008）实际上为方言完成体的调查研究提供了许多新课题、新任务。特别值得提出的是，《方图集》（2008）列举了零形式的方言点①，但是实际方言调查材料中尚未发现无完成体的方言。此外，今后方言语法地图集的编制如何充分参考已有调查材料也是值得思考的。

---

① 据荣晶、丁崇明（2019）对《汉语方言地图集》（语法卷）（2008a）第 063 图分析，主要分布在台湾、黑龙江、吉林、河北、北京、海南和广东雷州半岛，涉及"闽语 14 个点，官话 12 个点，吴语 5 个点，晋语 1 个点，客家话 1 个点，海南儋州话 1 个点"。

3.3 后标记的整体表现和演变趋势

从上一节的梳理可以看出，汉语方言完成体后标记的语音形式极为繁杂，这无疑为寻找规律带来了极大的困难。不过，结合一些语音表现上的相互联系，仍然可以从中看出一些较有规律的地理分布和演变倾向。

3.3.1 南北方言的总体差别

总体来看，北方方言完成体标记比较单一，以 L 系为主，南方方言里极为错综复杂，多数不只具有一种完成体标记，甚至同一方言区内部分歧就较大，如粤语里"咗"类标记和"啊"类标记势均力敌。这从《方图集》（2008）第 063 图和第 065 图等中也可以看出，东南地区不同标记交错分布，显得密密麻麻，北方则相反。这就形成南北方言的总体差别。

北方方言中完成体标记大都与"了"有关，尽管声母、韵母和声调的变化情况极为丰富，但基本都保留着共同的声母 [l]，情况相对简单。相比之下，南方各方言中的完成体标记形式就极为复杂，其中各方言区既受到普通话体标记"了"的强势竞争，又都继续使用自己的各种特色标记等，这些特色标记就可为方言分区提供参照，如湘语区的"咖、哒"等，吴语区的"仔、则、脱"等，粤语的"咗、啊"等。南方方言同时使用多种完成体标记，既有新老派的差别，多数还有语法功能或者语用表意的分工，这些情况后文再详细探讨。南方各方言也会影响到临近地区的官话方言，如江淮官话的"之、脱"等可能受到吴语影响，湖南省内西南官话和湘语相互影响，许多完成体标记在两种方言中都使用。南方地区方言接触的复杂性造成了今天错综繁杂的现实状况，也为方言体标记的溯源研究带来了很大的困难。从某种程度上说，能否搞清楚南方方言完成体标记的情况在很大程度上决定了汉语方言完成体研究的整体进展。

3.3.2 语音演变的趋势拟测

李荣先生（1982：107）在《语音演变规律的例外》一文中指出"语音变化是有规律的。研究这种规律可以帮助我们认识语言的现状，了解语言的历史"。《方图集》（2008）第 065 图的语音分类考虑到了各类语音形式的相似性，有些类别之间能够从共时的地域分布梳理出历时语音演变的大致链条。李小军（2011）总结了学界关于语法化过程中语音弱化的一些共同看法，并结合语气词的情况作了分析，我们知道"语音的弱化（轻声或合音）"（李如龙 1996，参见张双庆主编 1996：6）是界定体标记的重要语音标准，下面主要结合李小军（2011）总结的有关韵母、声母、声调的弱化理论来观察方言完成体后标记各类语音形式的语音演变关系。

3.3.2.1 从韵母弱化看演变关系

就韵母的弱化来看，李小军（2011）总结指出"韵母的弱化主要表现为主元音的央化，这是因为人们发音时，舌头最自然、最省力的位置是不前不后、不高不低的央元音"。就"了"的实际情况来看，语音弱化演变的情况可能更为复杂。

我们注意到，第（Ⅰ）类语音形式韵母之间的演变关系最为明显，大致说来，第（Ⅰ）类中各小类表现出几个显著的倾向性特征：一是"［lə/ləʔ］等"小类（与央元音有关）分布最广，远远广于其他小类，这在很大程度上反映出"了"的演变趋势；二是开口度小（央化）的语音形式的地理分布广于开口度大的，如"［lei/le］等"小类比"［lai/lɛ］等"小类使用地域广泛、"［liɛ/lie］等"小类比"［lia］等"小类使用地域广泛；三是无介音的语音形式的地理分布总体广于有介音的，有些小类也如此，比如"［lɑu/lɔ/lo］等"小类比"［liɑu/liɔ/lio］等"小类使用地域广泛；四是无论介音是否消失，主元音都可能发生弱化，"［liɛ/lie］等"小类和"［lia］等"小类同时存在，还有"［li］等"小类单独存在。第（Ⅰ）类中，与央元音有关或央化的语音形式使用最广泛，这表明整个北方方言里"了"类标记的主流发展趋势是通过韵母的央化来弱化的，上述有些小类央化和未央化的语音形式在分布地域上交错，就表明当地方言的央化可能正处在不稳定的两可状态；介音脱落也便于央化，因此无介音的方言多于有介音的方言。

当然，由于各地方言差异及其受到共同语的影响程度十分不均，有些情况并不能整齐划一，比如有些方言介音没有脱落，但是主元音却发生了央化或者脱落，如"［liɛ/lie］等"小类，再考虑到南方方言里非常可疑的"［li］等"小类[①]，这是否预示"了"在不同方言中可能另有不同的韵母弱化路径就值得思考。史有为《常州话的达成貌及其价值》（2002）很早就指出："传统上作 liao 的'了$_2$'在现代方言中经历了两条不同的演变过程，一条是 liao—lao—la/lo—le；另一条是 liao—lia/lio—lie—li。有的方言两个'了'分别表现了这两种过程，有的则只选择了其中之一。"史先生列举了不少方言材料来佐证，不过并未指出具体原因。近来，也有学者利用跨方言材料印证了这个看法。高晓虹（2010）发现山东方言里与"了$_1$"对应的方言语音形式之间的演变关系有不同路径，转引如下图：

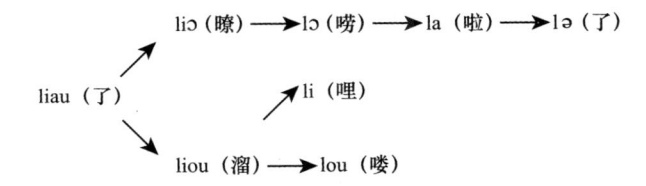

```
              liɔ（嘹）——→ lɒ（唠）——→ la（啦）——→ lə（了）
             ↗                                       
liau（了）       ↗ li（哩）
             ↘
              liou（溜）——→ lou（喽）
```

郭锐、陈颖、刘云（2017）在分析《清文启蒙》《清文指要》《三合语录》等早期北京话材料基础上，结合跨方言材料把"了"（包括"了$_1$"和"了$_2$"）的语音变化也分为有 i 介音韵母和无 i 介音韵母两种类型，两种类型的语音弱化又有四个阶段，其中有 i 介音韵母类型为"liao（阶段 1）—liou/liu/liɔ/lio（阶段 2）—lia/liɛ/lie（阶段 3）—liə/liɣ/li（阶段 4）"，无 i 介音韵母类型为"lao/lou/lɔi/lo（阶段 2）—la/lɐ/lɛ/le/lei（阶段 3）—lə/liɣ（阶段 4）"。具体方言里的演变情况可能更为复杂，"也许不仅存在同一类型中前一阶段向后一阶段的变化，还可能存在两个类型之间的跨类变化"（郭锐、陈颖、刘云 2017），这就远非当前语法化理论经常论及的单向性趋势所能概括的。

[①] 当然，尚需要证明该类标记与"了"的关系，才能确信。

总的来说，汉语方言完成体标记的韵母弱化路径是个十分复杂的问题。目前关于语音弱化路径的构拟是建立在语法化理论模型单向性假设之上的，其中仍有许多值得深思的问题。比如说，除"了"类标记之外，根据语音弱化理论推测，第（Ⅱ）类中与湘语有关的"［ta］等"、"［tɛ/dɛ］等"、"［te/de］等"、"［ti］"和"［tie］等"小类之间很可能也存在弱化音变联系，但目前尚无人讨论。此外，韵母弱化到底是出于复杂的语法功能原因还是单纯的自然弱化演变，仍未有定论。

3.3.2.2　从声母弱化看演变关系

就声母的弱化来看，李小军（2011）总结认为："声母的弱化主要表现为语音强度（phological strength）减弱，语音强度弱的辅音发音比较省力。语音强度在发音（articulation）方面按以下的序列递减：塞音—塞擦音—擦音—鼻音—流音①—半元音—零声母。"以此来看，"整体汉语"里以边音为声母的"了"强势，与塞音、塞擦音有关的"着、得、哒"等居于弱势，本身就表明了这个趋势；第（Ⅱ）类"得、哒"等（主要是D系）主要与塞音有关，第（Ⅲ）类"着"等（主要是Z系）与塞擦音有关，史有为（2003）认为这两类之间存在演变关系，很可能同源，从上述音理来说是行得通的；第（Ⅴ）类各种零声母形式也很可能是东南方言里的不同完成体标记分别脱落声母不断弱化而来的。另外，送气声母被发成不送气音也是声母语音弱化的表现，冯力（2003）认为湘语"咖（解）［ka］"、赣语"刮（呱）［kuaʔ］"、吴语"爻［ɦuɯ］"等都是由历史上的送气形式弱化而来的。此外，吴语"脱［tʰəʔ］"和"得［təʔ］"有没有弱化关系、湘语和西南官话的"起［tɕʰi］"有没有出现弱化音"［tsi/tɕi］"或许也是值得考虑的演变方向。总之，汉语方言完成体标记的声母也处在不断弱化演变过程中，所处的发展阶段并不一致。

3.3.2.3　从声调变化看演变关系

就声调的变化来看，李小军（2011）总结指出，"声调的弱化主要是促化或零化"，主要与轻声有关。这一点与方言完成体标记的声调表现也不一致，尽管轻声占据主导地位，但是以上各类不同声母的语音形

---

①　根据朱晓农《说流音》(《语言研究》2008年第4期)，"流音下属边音和日音"。

式中都有仍保留入声和舒声的方言点存在，而且南方方言里带有入声和舒声的情况要多于北方方言，北方主要是晋语里保留入声的情况比较多。罗自群（2006：263—276）总结时发现"著"类持续标记的声调也有入声（促声）、舒声、轻声三种并遵循"入声→舒声→轻声"（罗自群2006：292）的演变链条，她特别指出轻声和舒声不好区分，在方言调查记音过程中，有些调查者在认定轻声所对应的本调时没有严格的标准，这样看来，有些记为舒声的持续标记就可能存在问题，很可能也都是轻声。我们也注意到，方言完成体标记也有类似的情况，可以梳理出"入声→舒声→轻声"（罗自群2006：292）的演变链条，看出各地方言的声调变化的发展阶段。不过，上述标有固定调值的舒声类完成体标记到底情况如何，就很难处理，这为从声调上分析汉语方言完成体标记的语音弱化关系制造了很大的麻烦。

3.3.2.4　语音演变情况总结

对于汉语方言来说，关注语音变化的规律时，要特别留心词语的声韵调之间的相互搭配关系，好些时候不能单独只就其中某项标准来单独考察，这就使语音演变的判断辨析工作更为棘手。汉语方言完成体后标记的语音演变方式极为多样，声母、韵母、声调任何一个要素都有弱化的可能，有些是其中一项单独变化，有些是其中两项或三项一起变化，各类情况都存在。从实际情况看，韵调共变的多见，绝大多数是韵母央化和声调轻声化一起进行的，如第（I）类"了"的语音变化情况就是如此。声母弱化脱落经常是变韵、变调或合音音变的重要先行条件，少数演变比较快的方言完成体标记的声母脱落为轻音零声母，为后续的合音音变提供了条件，属于声韵调共变，这个可以参考变音型完成体标记的情况。此外，也有只变调的，如粤语（具体参考"变音型标记辨察"一章）；也有只变韵的，如河南浚县方言的D变韵表示完成体现象。从方言完成体标记的音变情况反映出汉语方言的语流音变及其规律是相当复杂的。

汪国胜（1998）指出："方言的共时差异反映着语言历时演变的轨迹。"联系语法化理论来看，不同的语音变化情况往往对应了语法化过程的不同阶段。陈鹏飞（2007）在江蓝生（2000）的基础上探讨过

"了"语法化的不同语音表现,认为经历了三个阶段①,"第一阶段的语音表现为声韵齐全,介音保存,只是声调变为轻声。第二阶段表现为失落介音,但韵母仍然是元音。第三阶段表现为韵母单元音化、央化,在有入声地区甚至带上了-ʔ尾巴,有的方言中声母受前一音节韵尾的影响,声母 l- 发生语流音变而失落(如林州方言)"(陈鹏飞 2007)。陈文只是依据部分北方方言得出这个结论,这可能只是利用现有语法化理论作出的比较理想的推测。李小军(2014)则从音义互动角度探讨了"了"语法化过程的语音表现,认为儿化、变韵、变调等都是"了₁"语音弱化后进一步与前面动词合音的结果。结合前文的总结可知方言里"了"类标记的语音演变路径实际上更为复杂,远非如此简单。李如龙(张双庆主编 1996:6)指出:"语音的弱化显然是意义的虚化和结构的粘着所带来的变化,可视为伴随现象,但又要受到语音结构规律的制约(有的方言就根本没有轻声的现象)。"不同方言里声韵调之间的相互影响难求一致,从材料可知,许多方言的声调在声韵弱化的各个阶段都可能保留着固定的调值,特别是入声,如云南昆明"了[lə⁵³]"、山西大同"了[ləʔ³²]"等方言的"了"虽发生央化但仍保留着固定调值。彭小川(2010:11)认为广州话没有轻声,表示完成的"晒、咗"等也不存在语音弱化现象。这是否意味着,有些方言并不一定完全遵循"声调轻声化→介音脱落→韵母单元音化或央化"的单线化演变进程?无论如何,搞清楚汉语方言完成体后标记的语音演变表现,能够更好地认识汉语虚词语法化过程中语音弱化的总体情况。

尽管各地方言完成体后标记声韵调的共时表现极为纷杂多样,从以上韵母的央化程度、声母弱化脱落程度、声调是否轻声化等任何一个角度综观共时的各种情况,都可以梳理出一些总体的演变轨迹和发展脉络。结合语法化理论可知,这背后反映出各地完成体标记虚化程度的千差万别,是语言发展不平衡规律在共时地域上的具体表现。

---

① 根据陈鹏飞(2007):"第一阶段:liau(lia liɔ oi);第二阶段:lau(lɔ ləu lou ləɯ lao);第三阶段:ləʔ(lɣ ləʔ lʌʔ əʔ ɛʔ)。"

3.3.3 优势标记的音义特征

3.3.3.1 音源多途

完成体标记的语义来源极为多样。荣晶、丁崇明（2019）认为大致包括完成义（"了、罢"）、附着义["着（著）、子（仔）"]、脱落义（"掉、脱、落"）、获得义（"得"）、经历义（"过"）五大类。上述各类语音形式的来源并不相同，这里只以其中占据优势的几种标记为例略作说明。目前绝大多数学者认为第（Ⅰ）类（L系）的语音来源于普通话的"了"，主要是"了₂"尚有其他的一些不同意见：梅祖麟（1981b）赞同赵元任（1968）的推测，以宁波话为例证认为源于"来"，刘勋宁（1985）认为"了₂"是句末"了也"的合音。其他五大类主要与南方方言有关，史有为（2003）推测主要有四个来源：吴语中"则、仔、仕、得、特"和广州话的"咗"等完成体标记很可能源于近代汉语的"着"，湖南方言的"哒、的、嗼"等也可能是"着"的变异形式，这样就把D系和Z系从来源上合二为一；湖南方言的"嘎/咖/介/解"等和温州话"爻"可能来自近代汉语的"却"，而不是通常认为的"过"；苏州话"格哉"、常州话"格连"和福州话"咯"等句末助词可能来自近代汉语"去"；常州话"连"和无锡话"唡"等句末助词来自"了"。从这里可以粗略地看出吴语、湘语、粤语等南方方言之间的相互影响以及来自共同语的渗透影响。罗自群（2006）认为"之/子/仔、倒、哒、底、得、吼"等类别兼表持续和完成意义的标记成分都来自近代汉语的"著"，并从句法、语义和音韵等角度展开论证。也有学者推测，"嘎、咖"可能来自"过"，"哒、底、得"可能与"得"有关，这些看法也是值得考虑的。冯力（2003）认为湘语"咖（解）[ka]"、赣语"刮（呱）[kuaʔ]"、闽语"咯"、吴语"脱[tʰəʔ]"、爻[ɕuɦ]"、粤语"埋"、客家话"撒"甚至壮侗语"去"都可能来自中古汉语动态助词"却（去）"。当然，方言本字考求极为困难，以上有些看法并非定论，有些标记的来源还有争议，近代汉语中曾经使用多种完成体标记，这些标记在方言中是否留存，仍值得留意，如"来、罢、过"等。

总的来说，汉语方言完成体标记的来源研究是难度极大的一项工作，必须考虑到语音演变的极端复杂性和方言调查材料现状。李蓝先生曾说："由于绝大多数的汉语都没有书面文献，各地方言在语音、词汇、语法各个方面都有自己的创新和发展，本字不明的现象非常普遍"（丁邦新等主编 2016：61—71）。由于方言本字考证费时费力，当前方言语法论文基本上都采用"语法本位的研究"（李蓝 1996，丁邦新等主编 2016：61—71），绝大多数材料在记音和用字时喜欢用音同音近的汉字来记录方言，造成了方言材料书写形式的多样性，给方言比较和语言演变构拟带来了很大难题，因此溯源研究运用多种策略方能奏效。比如，罗自群（2006：293—295）就认为考求方言虚词的本字和语音来源，必须注意结合跨方言比较、从语音出发而不囿于文献用字、结合语法特征和演变规律等才能做到切实可信。李蓝（丁邦新等主编 2016：61—71）也持有相似观点，认为"利用方言比较的方法来考证今读轻声的语法功能字"很有效，并从方言比较角度补充论证了湖南方言"嘎、咖、呱"的本字就是"过"的观点。

3.3.3.2　一标多用

可以说，汉语共同语和方言中语法成分的多功能性（multifunctionality）特点已经是被认可的常态。李如龙（张双庆主编 1996：4—5）曾说，"就一种方言内部来说，体范畴的意义和形式之间的关系往往也是纷繁复杂的"，并分为兼用、多义、交叉、叠用、省略五种不同情况。诚如所言，汉语方言的完成体标记语法功能和语义表现并不单一，比如，南方方言的有些完成体标记时常还可以用作持续标记等。罗自群（2006：298）讨论持续标记时谈到"不能简单地把语法化程度高和语法功能单一、语音形式弱化等同起来，它们之间并不是一个简单的成正比的关系，因为在汉语方言里，有不少语音形式已经弱化，但语法功能并不单一的情况"，她提及吴语"仔"兼表完成和持续意义，安徽巢湖话（属于江淮官话）"之"兼表完成、持续和结果补语，广州话"咗"等表示完成但并不是最弱化的形式。可见，许多完成体标记时常兼有其他语法意义，这也是汉语虚词的多功能特征的具体表现。实际上，罗自群（2006：205—217）总结发现"之/子/仔、倒、哒、底、得、呔"等类别的标记都可以兼表持续和完成意义，具体来看，主要包括两种情况（据罗自群 2006 整理）：

（一）同一方言里完成和持续两种标记的读音相同。（1）"着"类，例如：青海西宁话均读［tʂɔ⁵³/tʂɔ⁰］、宁夏同心话均读"着哩"、湖南吉首话均读［tsʰo⁰］、安徽岳西话均读［tʂo⁰］。（2）"之/子/仔"类，例如：安徽巢湖话、庐江话均读"之"；江西永修话均读"之［tsʅ⁰］"；吴语区均读"仔/子"，如苏州话均读"仔［tsʅ⁰］"，崇明话均读"子［tsʅ⁴²⁴］"。（3）"倒"类，例如：湖南宁远平话均读［tie⁰］、浏阳话均读［tau⁰］，广东信宜话均读［tou³⁵］。（4）"哒"类，例如：四川苍溪话均读"嗒［ta⁰］"、重庆开县话均读"哒［ta⁴³］"、湖南韶山话均读"哒［ta⁴²］"。（5）"底"类，例如：新疆乌鲁木齐话均读［ti⁰］。（6）"得"类，例如：湖南吉首话均读［ti⁰］。（7）"吼"类，均读［lɛ⁰］，例如：福建福州话均读［lɛ⁰］。（8）"［tɕ］"类，例如：安徽休宁话均读"着［tɕio⁰］"。（9）零声母类，例如：山东博山话均读［ə⁰］。

（二）"甲方言完成意义读音和乙方言持续标记读音一致的"（罗自群2006：214），不过这只是粗略地把不同方言对应来看，罗先生文中举例基本只是声母和韵母相同而声调并不相同，不再赘述。

罗自群（2006：217）认为这些标记成分都来自"著"，主要分布在"长江中下游及其以南地区"，发现"这些具有同源关系的成分，从北到南形成了一个非常明显的渐变过程，越往北，持续的用法明显，越往南，完成用法增多"。造成这种状况的原因是多方面的，一种情况是近代汉语中"著"类标记兼表完成意义和持续意义的用法在南方方言中的遗留，罗先生在文中特别强调这一点，刘丹青（2011）也从汉语史的语法特征在现代汉语方言中的存废角度提及这个现象；另一种情况是，不同体标记的语音演变导致完成体和持续体使用同样的语音形式，比如上述零声母的情况，这一点罗先生没有点明。另外，兼表完成和进行意义的情况比较少见，如浙江天台方言的"阿［aʔ⁰］"（戴昭铭2006：100—101）。饶宏泉（2011）对汉语方言中完成体、持续体和进行体的共用分布作了抽样调查，也发现完成体和持续体的标记兼用情况比较普遍，他认为这与"终结性"和"动态性"两项情状特征的互动有关，完成体和持续体的标记兼用符合动态性特征，反映了"过程—状态"的区别；而完成体和进行体的标记兼用符合终结性特征，反映了

"终结—非终结"的区别。可见,这表明汉语方言的体貌表达更重视动态性特征的展示和区分。

除此之外,罗自群(2006)注意到"著"类持续标记和完成标记(包括上述各类)还可兼作结果补语、可能补语和方位介词等,有些与完成或持续标记读音相同,有些读音不同。就"了"类标记而言,王自万(2012:53—56)注意到北方官话中"了"类标记还兼有表示可能意义的用法(有些读音与表示完成意义时不同),用在"VC"后面,涉及"了"(读音 liǎo)(保定、平度、淄博、曲阜、辽西、长治、莱州)、"溜"(昌黎、德州、定兴)、"唠"(济南、阳谷、微山)、"喽"(获嘉、聊城、太谷、平谷、邢台、金乡)、"咾"(平遥、林州)、"牢"(郑州)、"哩"(利津、同心、白龙江流域、西宁)、"唎"(延川、敦煌)等,分布地域也比较广泛。

总体来说,后标记的语法功能和语法意义并不单纯,各地的发展情况也不一样,有些读音相同,有些读音已经分化,向单一功能方向发展,如延川方言完成体标记"了"读音[lɔ⁰],"VC"后面读音[læ̃⁰],就很好区分。

可见,各地方言完成体中的后标记不仅语音演变极端不平衡,语法功能和语义表现上也极为复杂多样,对跨方言比较的可比性带来了不少麻烦,这些都造成汉语方言完成体标记研究问题重重,难有突破。

3.4 本章小结

本章首先根据实际情况和体标记的界定标准,从广义上把汉语方言完成体标记的总体类型分为前置型标记、后附型标记和变音型标记三大主体类型,并结合方言实例简单说明每一类型的总体表现情况。其中,后附型完成体标记的资料最为丰富,是汉语方言完成体标记的最主要标记类型。

本章采取《方图集》(2008)和非地图文献中方言调查资料互证的办法全面梳理了后标记的语音形式,发现具体的语音形式极为繁杂,南北方言的总体表现不同,北方方言里声母类型以[l-]类为主,区域一致性程度很高,南方则有数十种不同的声母类型,地理分布总体上呈现为交错混杂的状态，同时每个方言区都有一两种占据主导的优势标记，可以成为各区方言相互区别的语法特征词。《方图集》和非地图文献资料不能完全对应的现实情况，表明方言中还有一些完成体标记尚未得到注意，需要尽快调查清楚。

我们结合学界关于语法化过程中语音弱化的理论分析了后标记在韵母弱化、声母弱化、声调变化等方面的总体表现和方言差别，可以借此看到后标记演变发展不平衡特点的总体表现和地域差别。同时，结合方言的具体表现，我们注意到以往关于完成体标记语音弱化路径的理论分析还存在一些不足之处，如"了"弱化时介音是否丢失的两种可能性、南方方言保留调值而并未轻声化等情况，都对已有的语音弱化分析和体标记判定标准提出挑战。此外，我们还结合已有研究分析了优势标记的来源表现和语法意义的总体特征，即具有"音源多途"和"一标多用"的突出特征。

第4章 后标记个案辨察

前面从宏观视角考察了后标记的语音形式、演变关系和较突出的音义特征概貌，本章将结合实际情况，从相对微观的视角入手，对汉语方言中具有优势或特色的具体标记加以辨察，从历时和共时、共同语和方言互参的角度思考有关问题。

4.1 问题缘起

结合方言语法来看，汉语完成体的研究仍有许多谜团待解决。比如"了"类标记的历时演变和分合问题可否从方言完成体标记中得到启发，一些被历时演变替换掉的"却、毕、讫、已"等标记成分在方言中是否有留存，怎样才能更好地处置南方方言完成体标记的复杂性问题等，都需要深入思考。

我们知道，北方方言的完成体标记相对简单，但是"了"类标记的分合问题颇受关注，南方方言[1]中的完成体标记比较复杂多样，普遍存在"广泛"与"专门"的区别。鉴于以上情况，本书暂拟从总体上把汉语方言的完成体区分为"普通完成体"和"特定完成体"，以便于在梳理语法事实的基础上探讨相关问题。本书所谓的"普通完成体"描述动作行为或事件的完成或实现，是方言中最基本的完成体，具体标记与普通话"了"的用法大致相当；"特定完成体"描述动作或事件的完成或实现时，在句法上通常受到特定的限制，以常附带有积极或消极

---

[1] 南方方言通常只限于南方地区的非官话方言，包括吴语、徽语、湘语、赣语、客家话、粤语、平话等，结合实际需要，本章所指南方方言也涉及地域上临近且受上述方言影响较深的部分江淮官话或西南官话等。

性的语义语用表现为突出特征。两者的对比关系可以简单概括为如下情况：

	表示完成或实现	句法限制	语义限制
普通完成体	+	−	−
特定完成体	+	+	+

本章主要关注两个问题：一是"了"类标记在北方方言中的分合对应情况，二是南方方言"掉"类特定完成体标记的辨察。

4.2 "了"类标记

从历史语法的研究情况来看，汉语普通话的"了"来源于动词"了"，文献材料表明早期"了"只有一种语音形式（蒋绍愚 2005），到现在普通话里"了"还是以同音形式出现在句中和句末，那么各地方言的完成体标记句中和句末的语音形式是否相同？如果不同，又意味着什么？以此为窗口观察，或许能够为普通话"了"的分合问题提供新的参考。

本书对普通话"了"按照通常的"了$_1$、了$_2$"处理，即主要用在句中的为"了$_1$"，用在句末的为"了$_2$"，同时把与普通话"了$_1$、了$_2$"在句中和句末读音相同的情况称为"同形类"，把两者读音不同的情况称为"异形类"。根据实际需要，这里暂时不把补语性"了"的情况考虑在内。鉴于方言语法调查材料的不均衡特点，本章采用"点面结合、单点透视"的办法，对调查详细的单点资料深入讨论，并结合需要补充调查了山东昌乐话，不够详细的资料主要用来观察地理分布特征。

4.2.1 关于"了"的分合

4.2.1.1 已有研究述评

对于造成现代汉语语法研究中争议纷繁的原因，张斌先生（2005：270）曾指出："我们的语法分析常常是拿书面语作材料的，这样就容易被文字造成的表面现象所迷惑，于是各持己见，互不相让。"关于普通话"了"的分合问题就充分地证明了这一点，从本书第 2 章综述部分可知当前在分合问题上大都是从语法功能和语法意义出发的，缺少从语音形式入手的研究，结果谁也说服不了谁。

结合语音形式表现来思考"了"分化的讨论比较少见。郭小武（2000）发现普通话口语中"了"等成分存在强弱两套发音，"需要强化语气表现力"时会发生"a 化变韵"（由［ə］变读为［a］等），即开口度变大，而且"了$_2$"比"了$_1$"更容易发生 a 化变韵。有许多学者结合单点方言中与"了"对应成分的分合来讨论普通话"了"的分合问题，如洪波（1995）、史冠新（2006）、张宝胜（2008）等，但有些研究只是"让普通话中的语言现象去迁就某个方言的框架"（卢英顺 2012），往往属于静态的比较论证，结果极易出现方法论错误，导致歧见纷现。我们认为，客观的做法应该是把普通话和方言置于同等地位，重视各自的独立性和系统性，把方言里的情况搞清楚为普通话里的语法争议提供参考，从"整体汉语"高度审视相互之间的历时和共时关系，或许能够从中得到更好的启发。实际上，已有学者积极尝试，如史有为（2003）反对简单分化的"原子主义"做法，就把"了$_1$"和"了$_2$"放在一起综合考察汉语方言的情况，把汉语方言中的对应形式分为固定或交替、总合或分立等不同类型，认为汉语方言总合或分立呈现为"混合的形态"。有些区域方言比较也思考了这样的问题，如高晓虹（2010）全面考察了山东方言中"了"的对应形式，分为合一型和二分型，汉语方言里二分型分布广泛，而"普通话的助词'了'正处在功能已分化而形式未分化的阶段上"。这些做法很有启发，但是因为所依据材料毕竟不够丰富，或者只是局部地区的方言情况梳理，各家结论还有相互矛盾之处，这就需要在更大范围内全面梳理，才能有更切实的结论。

4.2.1.2 地理分布概貌

这里先结合《方图集》（2008）的情况来看看同形类和异形类方言的地理分布概貌。《方图集》（2008）第 064 图以"他来了三天了"为代表例句①展示了各地的大致分合情况。从地图展示来看，异形类（以

---

① 陈前瑞、韦娜（2013）称该类型为"量化型双'了'句"，"我回了家了"为光杆型双"了"句，可见双"了"句内部有所区别。本书主要关注读音异同问题，因此影响不大。

"他来了。三天了。"为代表）方言分布范围很广，主要涉及山西全部、陕西中北部、河北中部、山东中西部、江苏南部、浙江北部、江西大部、湖南西部和南部、广东大部、广西大部以及河南北部、内蒙古、福建、四川等省的少数地区；同形类（以"他来了三天了"为代表）方言主要分布在新疆、甘肃、宁夏、陕西南部、河南南部、安徽南部、湖北、湖南北部、江西西部边缘、云贵川三省大部、广西东北部，与异形类的情况大致相当。"他来三天了"类型主要分布在东北三省全部、河北北部、浙江中部和东部、福建中部和东北部、台湾全部、海南全部、雷州半岛和安徽、江苏、广西等地少数方言点。如果把"他来三天了"类型涉及的区域归入同形类，那么同形类方言的分布区域要大大广于异形类方言。就同形类和异形类的总体分布来说，北方地区各自的分布区域比较集中，而南方地区两种类型呈现为犬牙交错的分布状态，有些地区甚至两种情况都存在（如湖南中部和东北部、江西省界周边等地），可见南方情况要比北方复杂，正处在交替过程中。史有为（2003）认为普通话的强势影响"使不少分立型的方言在不同程度上增加了总和的性质，而又使有些后置型的方言增加了分立性质"，呈现为"混合的形态"。从南方地区的情况来说，确实如此。当然，这需要更多的方言语法事实去讨论内部的详细情况。

4.2.2 北方异形类的形义对应

从《方图集》（2008）第 64 图来看，异形类方言在北方的集中分布区域主要包括山西全部、陕西中北部、河北中部、山东中西部和河南北部少数点。对比可知，这一分布情况非常有特点，即大致处在周边的同形类和东北"他来三天了"类型的包围圈中。这种地理分布上的对立意味着什么，对普通话的情况有何启发，本书将在异形类方言有关材料基础上看看普通话"了"在方言中的形义对应关系，探讨读音异同与功能表现之间的关系。

4.2.2.1 京津冀地区

该区域主要属于冀鲁官话或中原官话，有关资料比较少。

北京平谷话属于冀鲁官话。根据陈淑静（1988），平谷话"了"（原记音字为"喽"）读"了[lə⁰]"（相当于"了₁"）时表示已经完成，读"喽［lou⁰］"（相当于"了₂"）表示将来完成，例如（陈淑静1988）：（1）你把这碗饭吃喽！（命令）（2）我一定要办成喽这件事儿。（表决心）（3）这封信我看了，没啥要紧事儿。（已经完成）

天津方言属冀鲁官话。根据郭红（2009），天津话"了₁［lə⁰］"，与普通话"了₁"基本相同，可与"完、过"等替换，但表示两个动作行为紧密衔接时，多数只能用补语"完"，例如（郭红2009）：（1）他今儿穿了一身西服。（2）你东西丢完了₂还跟我闹嘛？（3）等它塌完我再盖！郭红（2009）认为非持续动词加"完"属于羡余现象，起到加强语气，增强情感的作用。"了₂［la⁰］"（年轻人读［lə⁰］或［la⁰］两可）的功能相当于普通话"了₂+呢₂"，例如（郭红2009）：我一次也没坐过飞机了。郭红（2009）认为天津方言的情况处于"了、呢"混用阶段，早于北京话的历史层次。郭文调查认为山东临淄、山西宁武"了₂"兼有"呢"功能的情况。

河北魏县话属于中原官话，实际上处于晋语、中原官话和冀鲁官话三区的过渡地带。根据吴继章（2007、2008），魏县话的"了₁［lan⁰］"和"了₂［lau⁰］"（少数情况下不读轻声）"都兼用于句中和句末，与普通话的"了₁、了₂"对应关系也形成错配关系。魏县话"了₁"后通常必须跟数量成分，用于否定性祈使句意思是"劝阻已经在进行中的动作"（已然祈使句），在"省得"句中表示符合说话人意愿的意思，"了₂"的这几项具体表现与"了₁"恰好形成对立，例如（吴继章2007）：（1）我买了₁一本书。（2）我买了₂这一本书咱就走。（3）甭叫他跑了₁/了₂！（3）一个挨着一个来，省得打乱队伍了₁/了₂。

河北昌黎话的情况与魏县话类似。根据《昌黎方言志》（1984［1960］：25—28），昌黎话"嚼［liou⁰/lou⁰］"（相当于"了₁"，后文写作"溜"），"咧［lie⁰］"（相当于"了₂"），从调查结果看，"咧"用于已然、否定类祈使句；"溜"倾向于未然。例如（《昌黎方言志》1984［1960］：25—28）：（1）我看溜戏咧。（2）我去溜一趟。（3）天晴溜就叫你走。（条件句）（4）吃溜这碗饭。别打溜饭碗。别把饭碗打溜。（命令句）（5）下雨咧。（6）别说咧。

另据吴继章（2007）的调查比较，河北邯郸市区、邢台宁晋县、石家庄深泽县、石家庄井陉县、衡水故城县、衡水饶阳县小堤村、廊坊霸州、保定市、唐山市、张家口宣化区等方言点在上述语法语义特征的表现上大致相同，但具体读音差别较大，"在很小的地域范围内就能够形成'了'的不同读音"（吴继章 2007），有些方言还有自由变读。吴继章（2007）还发现在祈使句区分已然和未然的情况，在山西晋城、山西文水、北京平谷、山东聊城、山东宁津也有不同读音的差别。

总体而言，京津冀地区方言里"了"的分化形式在功能和意义上并不能完全对应于普通话的情况。

4.2.2.2　山东地区

（一）基本情况

山东方言的调查材料比较丰富，涉及胶辽官话、冀鲁官话、中原官话三区。高晓虹（2010）曾经依据"山东省方言志丛书"、《山东省志·方言志》和《方图集》项目关于山东方言的资料，全面整理了山东方言的总体情况，涉及胶辽官话、冀鲁官话、中原官话[①]。高文根据与普通话"了"的对应关系分为合一型（即"了"的对应成分在不同句法位置读音相同）和二分型（即"了"的对应形式在不同句中和句末读音不同）（仅列举标记读音，例句从略）。我们根据本书需要重新整理如下：

1. 同形类（合一型）涉及的方言点有"郯城、枣庄、东明（以上西鲁片）、潍坊、沂水、沂源、诸城、莱州、平度、即墨、青岛、莒县（以上东潍片）、烟台、蓬莱、莱阳、威海、乳山、荣成、牟平（以上东莱片）"（高晓虹 2010）19 个方言点[②]，包括四类：

（1）"了"（均读 [lə⁰]），涉及郯城（中原官话郑曹片）、东明（中原官话洛徐片）、平度、青岛、牟平、荣成、威海、蓬莱、莱阳、乳山、潍坊、诸城 12 个方言点；

（2）"啦"，包括 5 个点：枣庄 [la⁰]（中原官话郑曹片）、莒县 [la⁰]、烟台 [la⁰]、即墨 [la⁰]、诸城 [la⁰]；

（3）"喽 [ləu⁰]"，只有莱州；

（4）"唠 [lɔ⁰]"，包括沂水、沂源两地。

[①] 高文依据钱曾怡先生关于山东方言的分区观点，大致是西齐区归冀鲁官话，西鲁区归中原官话，东莱区和东潍区归胶辽官话。

[②] 有些材料不一致的，高文都分别列出，如潍坊话，总计时仍算为一个点。

2. 异形类（二分型）涉及的方言点有"聊城、临清、阳谷、临邑、新泰、博山、莱芜、济南、章丘、淄川、桓台、滨州、利津、博兴、宁津、德州、无棣、夏津、肥城（以上西齐片）、菏泽、定陶、单县、金乡、苍山、成武、滕州、兖州、曲阜、郓城、汶上、临沂（以上西鲁片）、沂南、寿光、日照、潍坊、临朐（以上东潍片）、龙口（东莱片）"（高晓虹2010）37个方言点，具体情况如下：

（1）"唠［lɔ⁰］—啦［lɑ⁰］"，涉及临清、阳谷、肥城、苍山、成武、滕州、郓城、沂南、汶上、曲阜10个点；

（2）"唠［lɔ⁰］—俩［liɑ⁰］"，仅有济南、章丘两地；

（3）"唠［lɔ⁰］—咧［liə⁰］"，仅有新泰、莱芜、济南、章丘四地；

（4）"唠［lɔ⁰］—嘞［lã⁰］"，仅有寿光；

（5）"嘹［liɔ⁰］—啦［lɑ⁰］"，涉及临邑、夏津两地；

（6）"嘹［liɔ⁰］—咧［liɛ⁰］"，仅有桓台；

（7）"嘹［liɔ⁰］—了［lə⁰］"，仅有潍坊；

（8）"嘹［liɔ⁰］—唻［lɛ⁰］"，仅有无棣；

（9）"嘹［liɔ⁰］／呃［ə⁰］—嗟［liã⁰］"，涉及博山、淄川两地；

（10）"溜［liou⁰］—俩［liɑ⁰］"，涉及宁津、德州、临朐三地；

（11）"溜［liou⁰］—啦［lɑ⁰］"，涉及无棣（《无棣县志》）；

（12）"溜［liou⁰］—嗟［liã⁰］"，涉及无棣（《山东省志》）；

（13）"喽—啦"，包括6个点：聊城（喽［ləu⁰］—啦［lɑ⁰］）、定陶（喽［lou⁰］—啦［lɑ⁰］）、单县（喽［ləu⁰］—啦［lʌ⁰］）、金乡（喽［lou⁰］—啦［lɑ⁰］）、兖州（未举例）、菏泽（喽［lou⁰］—啦［lɑ⁰］）；

（14）"哩［li⁰］—俩［liɑ⁰］"，仅有利津；

（15）"哩［li⁰］—啦［lɑ⁰］"，涉及利津、滨州两地；

（16）"哩［li⁰］—嘞［lã⁰］"，涉及滨州、博兴两地；

（17）"了［lə⁰］—啦［lɑ⁰］"，涉及临沂、龙口、日照三地。

为方便起见，我们根据高文的情况总结为下表（数字为方言点数）：

记音形式		了	喽	唠	啦	嘹	哩	溜	唡	咧	唻	嘛	㗲
合一型（19）		12	1	2	5								
二分型(37)	了₁	3	6	17		7	5	5					
	了₂	1			24				6	5	1	3	3
合计		16	7	19	29	7	5	5	6	5	1	3	3

结合上表和前面的总结陈述可知，合一型主要分布在胶辽官话区，少数在毗邻的中原官话区，二分型主要分布在冀鲁官话区、中原官话区，少数在胶辽官话区，山东方言二分型比合一型更占优势。仅就单个读音形式而言，最多的是"啦、唠、了"，笼统地说三者都可以出现在两个位置上；合一型中"了"最多，二分型中"唠—啦"最多。

（二）昌乐话"了"类标记的单点透视

相对而言，以上的调查总结比较抽象，这里补充调查昌乐话的情况，以便深入观察山东地区的分化情况。昌乐县属山东省中部潍坊市辖县。钱曾怡等（2001）认为昌乐话属于山东方言东区东潍小区（大致对应于胶辽官话区），而在《中国语言地图集》（第 2 版）（2012）中则划归冀鲁官话区。可见，昌乐话地处山东方言东西两区的交界地带，很容易带有过渡性特征。昌乐话的"了"类标记有三个语音形式——"溜、㗲、咯"。例如："他吃溜饭咯（他吃了饭了）。｜吃溜饭㗲（他吃了饭了）？"其中"溜"与"了₁"大致对应，"咯、㗲"与"了₂"大致对应。本文昌乐话语料主要取自昌乐县中部的乔官镇。

1. 溜 [liou⁰] 的基本用法

昌乐话的"溜"一般用在句中动词或形容词后，表示动作完成或状态实现。总体来看，基本用法与普通话"了₁"大致相同。不同的是，"溜"有时可用在反问句或祈使句的末尾，而普通话"了₁"不可以。例如：

（1）吃溜饭赶集去。（吃了饭去赶集。）

（2）着蜜蜂子蜇溜两回咯。（被蜜蜂蜇了两次了。）

（3）麦子黄溜就快割着咯。（麦子黄了很快就可以割了。）

（4）后日买溜新衣裳走亲戚去。（等后天买了新衣服去走亲戚。）

（5）小王上潍坊溜？（小王去了潍坊?）

(6) 你给我吃干净溜！（你给我吃干净！）

例（1）—例（4）中"溜"的用法与"了₁"类似：例（1）、例（2）中"溜"用在句中动词后表示完成，例（3）中用在形容词后表示状态的实现，例（4）属于将来时句子中表示在相对参照时间之前已经完成的事件；例（5）是反问句，句末用"溜"更能强调对意外事实的惊讶或遗憾；例（6）祈使句末尾用"溜"，句子的表意和语气都更强硬，带有很强的指令役使意味。另外，答话时也可用在句末，如"吃嚏？——吃溜，你呢？"这里"吃溜"应是口语里"吃溜饭咯"省略宾语的情况。

如果表示对已然事实的否定要用"没"，"溜"不再出现，例如：

(7) 吃溜饭咯。（肯定）——没吃饭。（否定）

如果表示对已然事实的疑问，常在句末加"啊没"，例如：

(8) 吃溜饭啊没？

"溜"也可用在"V+溜+C（方所）"中，相当于方位介词"到、在"等。例如：

(9) a. 撩溜水里咯。（丢到水里了。）
　　 b. 挂溜墙上咯。（挂在墙上了。）

在"V+溜+C（方所）"的否定式中"溜"可有可无，出现时有凸显方所补语的作用，这与"了₁"的用法不同。例如：

(10) 没掉地上，掉溜饭桌子上咯。（没掉地上，掉在饭桌上了。）

与"了₁"不同，"溜"还可用在可能补语格式"V+C+溜"中。普通话"看得见、上得去、说得清、信得过"在昌乐话中的对应说法为"看着溜、上去溜、说清溜、信住溜"；否定式与普通话一致，都是"V+不+C"（例如"拷不动、拿不住"）；疑问式为"V+C+溜啊不"，普通话中"看得见看不见（看得见吗）？｜上得去上不去（上得去吗）？"在昌乐话中的对应说法为"看着溜啊不？｜上去溜啊不？"由于"溜"还是实现体标记，"V+C+溜"格式在昌乐话中就有歧义，这可通过替换来检验：如果是表示实现或完成，通常用"V+C+咯"格式，相应的疑问式是"V+C+咯啊没"，其中"咯"不能替换为"溜"，"没"不能替换为"不"，若能替换就是可能补语格式。

另据观察，昌乐话中"V+C+溜"常与"还、就"配合，一般有前提条件句充当分句，传递出"出乎意外"的夸张意味，例如：

（11）恁说囊么沉底个筐子，他还抟动溜。（你说那么重的个筐子，他竟然能抟动。）

（12）张么大底个馒头，他就吃上溜。（这么大的个馒头，他竟然能吃完。）

如果是反问句，通常出现"会"，例如：

（13）囊么沉底个筐子，他会抟动溜？（那么重的筐子，他能抟动吗？）

与附近临朐话的情况比较，两地所用格式一致，只是具体的补语用词不同或句末语气词的读音有差异，根据钱曾怡先生等（2008）调查，"看得见、信得过"在临朐话为"看见了、信着了"，相应疑问式为"V＋C＋了［liou⁰］啊吧"①。另据张树铮（1995a）调查，昌乐附近的寿光话中"了［lɔ⁰］"可以表示可能，相当于北京话作可能补语的"得了"，否定式为"V不了（'了'重读）"。昌乐话也有类似说法，但具体情况不尽相同，例如：

（14）还干动溜活，不给子女添麻烦。（还能干得动活，不给子女添麻烦。）

（15）吃不了底吃，哈不了底哈，日子越过越好咯。（吃不完的吃，喝不完的喝，日子越过越好了。）

（16）老牛干不了活，喘不了气咯，就等死咯。（老牛干不动活，喘不动气了，就等着死了。）

李宗江（1994）认为普通话"V得了₁"表示动作V实现"了"这一结果的可能性，可省略中间的成分变为动结式述补结构，"V得了₂"表示动作V实现的可能性，不能省掉中间成分。昌乐话例（14）中"溜"单独出现在表可能的句中更像是"V＋C＋溜"格式中有时省略补语造成的，而且动词前一般需添加"能"凸显可能义，寿光话的情况是否也如此待验证。从读音来看，例（14）中"溜"与体标记读音相同，意义更虚化，整个结构与"V得了₂"更接近，按说是不能省略

---

① 临朐方言的情况来自钱曾怡等《临朐方言简记》，参见《钱曾怡汉语方言研究文选》（2008：205）。

中间成分的，昌乐话偏偏相反，这使"V 溜"有歧义，因此昌乐话一般用"能干动溜活"来表达。特别注意的是昌乐话"不了"中"了"读音［liɔ²¹³］，与普通话接近，结合李宗江（1994）的研究来看，例（15）属于"V 得了₁"的否定，例（16）属于"V 得了₂"的否定，这完整保留了"V 得了"的历史演化实例。从上述情况来看，昌乐话的这种表达可能的句式处于萎缩状态，基本只保留在一些特定用例中，总体来看，可能义表达向普通话靠拢，已经主要由词汇成分"会、能"等承担。

通过比较来看，昌乐话的"溜"与临朐话"了［liou⁰］"、寿光话"了［lɔ⁰］"主体语法功能接近，只是语音形式和细微处的发展趋势有差别。

2. 咯［luə⁰］、喥［liã⁰］的基本用法

昌乐话的"咯"和"喥"通常都只能用在句末，与普通话事态助词"了₂"大致对应，但两者的具体分工不同。

"咯"用来客观地表述事件已经完成，兼有对已然事态的确认语气，通常只出现在陈述句末、肯定祈使句末并且不能省略。与"了₂"不同，"咯"不能用在否定祈使句末、疑问句末等位置。例如：

（17）a. 活干完咯，歇歇吧。（干完活了，歇一歇吧。）

　　　b. 水烧开咯，白添柴火喥。（水烧开了，别添柴火了。）

（18）a. 早割溜棒槌子咯，恁看那北坡空荡荡底。（早割完玉米了，你看北坡空荡荡的。）

　　　b. 喝溜喜酒咯，办事还刚麻利。（喝了喜酒了，办事还真快。）

（19）a. 那辆车子他推走咯，恁白找喥。（那辆车子他推走了，你别找了。）

　　　b. 快撵讫，恁家底牛跑咯。（快追去，你家的牛跑了。）

（20）a. 哈酒咯，大爷！等煞煞儿再炒菜。（喝酒了，大爷！等会儿再炒菜。）

　　　b. 把褂子上底灰抖巴咯！（把褂子上的灰抖掉了！）

例（17）表示"干完活、烧开水"已经实现并用"咯"加以强化确认；例（18）表示"割棒槌子、喝喜酒"已经实现并用"咯"加以

强化确认；例（19）表示"推走、逃跑"已经实现并用"咯"加以强化确认；例（20）都是肯定祈使句，句末的"咯"不能换用"嗟"，而例（17b）"白添火嗟"和例（19a）"白找嗟"是表否定劝阻的祈使句，"嗟"不能换用"咯"。

我们注意到，昌乐城区或靠近潍坊市区的地方受普通话影响大多已使用"了$_2$［lə⁰］"，各地的年轻人也更常使用"了$_2$"。例（17）至例（20）的"咯"都可替换成"了$_2$"，表意没什么变化。徐晶凝（2008）认为普通话时体标记词"了$_2$"正在向情态标记发展，可以看成是语气助词的边缘成员。昌乐话的"咯"有时候时体意义的表达变得很模糊，例如"有溜钱就不一样咯。"这里"咯"的时体意义很弱，主要是表达对事态的肯定性评判语气。可以说，"咯"与"了$_2$"的情况很接近，也有向情态标记发展的趋势。这也在一定程度上为近年来"咯"被"了$_2$"快速替换提供了前提条件。

"嗟"通常只用在疑问句末［例（7）］、否定祈使句末尾［例（17b）、例（19a）］和表强烈感叹的句子末尾，侧重表达对已然事态的强烈情感态度，与"了$_2$"的部分用法类似。再举几个用在感叹句的实例：

（21）那个颜色着暗嗟！（那个颜色太暗了！）

（22）这菜刚鲜亮嗟！（这菜太新鲜了！）

（23）今每冷死嗟！（今天冻死了！）

"着"和"刚"是昌乐话里表极性程度的副词（周安、王桂亮2013），例（21）用"嗟"强化对颜色暗的程度远超预期的感叹，例（22）用"嗟"强化对新鲜程度远超预期的感叹；例（23）属于极性程度副词做补语的形容词谓语句，用"嗟"表示对冷的程度远超预期的强烈感叹。"嗟"在动词谓语句后，强化了对已然事态的主观评判语气。例如：

（24）等恁觉乎，人家偷牛底早就跑远嗟！（等你发觉，人家偷牛的早就跑远了！）

（25）你看你不好好拿着，掉（溜）地上嗟！（你看你不好好拿着，掉到地上了！）

例（24）用"嗟"表示小偷已经跑远了，同时强化了为时已晚的遗憾语气；例（25）用"嗻"表示东西已经掉到地上了，同时强化了对"掉东西"的责怨语气。

3. "嗻"和"咯"的分工及成因

昌乐话的"嗻"和"咯"在语义侧重和表达倾向上大致互补："咯"多用于一般的陈述句中，故侧重客观陈述事实或传达偏向积极的意义，而"嗻"则侧重表达更为强烈的情感态度，有时过于强烈反而带有遗憾、贬斥的消极意味。再如：

（26）a. 他俩人这刚熟和咯。（他们俩现在很熟悉了。）

b. 他俩人这刚熟和嗻！（他们俩现在太熟悉了！）

例（26a）"刚熟和咯"只是对他们俩熟悉程度已经变化的事实性陈述，而例（26b）"刚熟和嗻"常附带有说话人对他们俩变得"过于熟悉"而超出预期的负面看法。这在相当于普通话表示顺序义的"NP+了"句式中对比尤为明显，例如：

（27）a. 谷雨咯，天越来越暖和咯。（谷雨了，天越来越暖和了。表示情况变好的积极意义。）

b. 谷雨嗻，还没点豆子唻。（谷雨了，还没种黄豆。表示种黄豆时间过迟的消极意义。）

（28）a. 大学生咯，真不简单！（表示对已经成为大学生的赞美。）

b. 大学生嗻，还没个正经。（表示对不符合大学生行为的贬斥。）

综合来看，昌乐话的"嗻"和"咯"都能用在句末，但在句类的选择和表意上各有分工，可以把两者与普通话"了$_2$"的大致句法对应关系总结为下表：

	位置	陈述句	疑问句	祈使句	感叹句
了$_2$	句末	+	+	+	+
咯	句末	+	—	肯定类	—
嗻	句末	—	+	否定类	+

可见，昌乐话是用"溜、嗻"两个读音形式分担了大致相当于普通话"了$_2$"的功能。与之相应，"溜"注重对事态的客观陈述，"嗻"

则侧重表达对事态的强烈情感和确认态度。

那么，为什么昌乐话需要对这两种意义进行形式区分？据已有研究（张伯江 1997），区分现实（realis）和非现实（irrealis）是人们认识和把握事件的重要区分方式，对现实事件而言，还需要对其真实性加以不同程度的确证，这些认识都会在语言的时间表达方式上有所体现。据此，邹海清（2014）从事件现实性的程度差异和确证度的关联出发，提出普通话"了$_2$"的语法意义可概括为"侧重于表现事态现实性的变化义"和"侧重于表现事态真实性的确认义"两种，这一重新概括简洁明了，克服了以往各种说法的不足。根据本书理解，把邹文对相应句法表现的分析对应到不同句类上，结果发现前一种语法意义可对应于一般陈述句和肯定祈使句等，后一种语法意义可对应于特定的感叹句、疑问句、否定祈使句和受限制的陈述句等。昌乐话"溜"和"嗨"的语法意义和句法分工与邹文对"了$_2$"的分析有着很好的对应关系。换句话说，昌乐话的"溜"侧重表现事态的现实性，"嗨"侧重表现对现实事态的主观确认态度。可见，昌乐话已经用不同的语音形式来标记人们对事件现实性和真实性的认知区分。与普通话只有一种读音形式相比，两者实际上处在不同的发展状态上了。

可见，昌乐话的"溜、咯、嗨"在句法分布和语义语用表现上大致互补，"咯、嗨"表明昌乐话"了$_2$"对应的语音形式出现分化，如果说对应于普通话"了$_1$"和"了$_2$"的功能分化的情况属于首次分化，那么"了$_1$"或"了$_2$"在方言中的继续分化可以称为二次分化。与普通话"了"只有一个读音形式不同，各地方言里"了"类标记在句中和句末读音不同的情况特别常见，但像昌乐话"了$_2$"再次出现分化的情况尚不多见。目前来看，河南汝南话的情况极为类似。据张宝胜（2008、2011）调查，汝南话（中原官话陈蔡片）"了"类标记有三个，相当于"了$_1$"的是［liɑu⁰］［例（29）］，相当于"了$_2$"的有［lə⁰］［例（30）］和［lɛ⁰］［例（31）］，读［lɛ⁰］时单纯陈述客观事实，属于行域（现实的行为和行状），读［lə⁰］时属于言域（用以实现某种意图的言语）。例如：

（29）他前几天买了一辆新车（［liɑu⁰］）。（转引自张宝胜 2008）

（30）他闺女学习可好，今年考上北大了（［lɛ⁰］）。（转引自张宝

胜 2011）

（31）你知道呗，他闺女学习可好，今年考上北大了（[lə⁰]）。（转引自张宝胜 2011）

有些方言中句末的"了"也有两种读音，只是其中一种读音与"了₁"相同，另一种读音则不同。这种情况见于山东沂水、沂源、莱州等地。例如（均转引自高晓虹 2010）：

（32）沂水：她也说开唠，也作唠一个诗。｜碗叫我打㘄。

（33）沂源：他来唠好几天唠。｜他早就来㘄。

（34）莱州：桑树知道以后就长气啦，最后气得破喽肚子啦。｜接着就天开云散喽。

根据高晓虹（2010）的梳理材料，沂水和沂源的"唠"用来表示"客观的叙述"，"㘄"则"往往表示强烈的语气"，沂水方言里还带有"遗憾、可惜或不可复得的意思"；莱州的"喽"用来表示"客观的叙述"，"啦"则"往往表达一种意外、感叹"。鉴于以上调查材料尚不够精细，目前尚难以确定各地出现分化的原因是否完全一致。但至少表明，昌乐话"了"类标记一分为三的情况不是孤立的。

最后，从相近的语音形式来看，山东方言中使用"溜"的地区还有德州、宁津、无棣（属滨州）、临朐等地，使用"嗹"的地区有淄博（博山、淄川）、无棣（属滨州）等地，使用与"嗹"接近的"㘄"①的地区有寿光②、沂水、沂源、博兴等地，分布地域主要与冀鲁官话有关。从完成体标记的情况来看，昌乐话与山东中西部的冀鲁官话关系更密切。

（三）分化趋势和对应关系

综合来看，高晓虹（2010）的分析尚未充分考虑句中和句末不同读音形式的实际功能差异。实际上，山东方言完成体标记的语音形式分化可能更为复杂。如果考虑到山东方言中广泛存在的儿化、变调等变音

---

① 高晓虹（2010）认为"嗹"可能由"俩 [lia]"进一步弱化变来，"㘄"由"啦 [la⁰]"弱化变来，我们认为"㘄 [la⁰]"很可能是"嗹 [liã]"丢失介音成分造成的，因为两者都属于韵母鼻音化的情况，谈不上弱化。

② 张树铮《寿光方言志》（1995b）标音为"㘄 [lã]"，张树铮（1995a）记录寿光话相当于"了₂"的为"嗹 [lǣ]"，两处记音略有出入。

形式表达完成体的情况，如山东栖霞方言（刘翠香、施其生2004）里儿化变音形式具有独立的句法分布和语法意义（具体参见"变音型标记"有关章节，不再赘述），那么至少有些合一型方言中对应于"了₁"的成分可能继续出现分化。与"了₂"对应的成分在有些方言中可能已经分化，如前所述的昌乐、沂水、沂源、莱州等地。因此，就总体发展趋势来说，高晓虹（2010）认为山东方言中"合一型是向二分型发展的"，这个论断是很有可能的。

从语法功能和意义对应上来看，山东方言中很难找到与普通话或今北京话"了₁、了₂"完全对应的语音形式，形成错配现象。就山东方言的二分型来看，岳立静（2006：99—108）和岳立静、黄永红（2008）就发现山东中西部方言与"了₂"对应的成分区分"主观性将然"（将然情况属于主观推测而非客观存在）和"非主观性将然"（将然情况属于客观存在的），采用不同的语音形式。表示主观性将然时读音与位于句中时相同（原文记为"了₃"，本书改为"了₁"），而非主观性将然另有读音，两种形式的句法表现与今北京话也不能完全对应。我们根据岳立静、黄永红（2008）改制成下表：

	将然的事态的变化			已然的事态的变化
	假设将然	将然		
	主观性将然	主观性将然	非主观性将然	
今山东中西部方言	了₁			了₂
今北京话	了₂			

从上表可以看出，山东中西部方言的"了₁"的功能范围实际上比今北京话"了₁"要大，而"了₂"的功能范围则不如今北京话的"了₂"。因此，两者之间实际上处于错配状态，不能完全对应。

4.2.2.3 晋陕和豫北地区

该区域主要与晋语、中原官话等方言有关，调查资料也非常丰富。侯精一、温端政（1993），乔全生（2000），邢向东（2006），郭校珍（2008），孙立新（2011）等学者都做过比较深入的大面积调查，对了解山西、陕西地区方言提供了便利。此外，还有许多方言调查的丛书资料供参考，比如"山西方言重点研究丛书"和"陕西方言重点调查研究丛书"等。

（一）基本情况

1. 先来看看山西晋语的情况。从调查资料来看，山西晋语里普遍二分，具体的读音情况转引如下表（侯精一、温端政主编 1993：129—131；乔全生 2000：178—181；王琳 2010）：

方言点	了₁	了₂	方言点	了₁	了₂
大同	[ləʔ³²]	[la⁰]	山阴	[ləʔ⁰]	[lʌʔ⁰]
天镇	[lə⁰]	[la⁰]	忻州	[lɔ⁰]	[la⁰]
原平	[liɔ⁰]	[liɣ⁰]	文水	[lau³¹]	[lia³⁵]
怀仁	[lɣ⁰]	[la⁰]	陵川	[lau⁰]	[lʌ⁰]
清除	[lou⁴³]	[lɛ⁽⁴³⁾]	长治	[lɔ⁵⁴⁵]	[la⁰]
平遥	[lɔ³¹]	[lɑ²¹]	和顺	[lou⁰]	[læ⁰]
介休	[lɔi⁴²³]	[la⁰]	临县	[lou⁰]	[leɪ⁰]
太谷	[lɔɯ³¹]	[lie³¹]	洪洞	[liɔ⁰]	[lia⁰]
祁县	[lau³¹]	[li³¹]	汾西	[lou⁰]	[la⁰]
寿阳	[lɔ⁴²³]	[le³¹]	新绛	[lao³¹]	[la³¹]

从上表可以看出山西晋语里"了"类标记普遍采用不同的语音形式。就主要的共同点来看，与"了₁"对应成分都可以表示过去完成或假定行为的实现，可以用在祈使句中。例如（侯精一、温端政主编 1993：129—131）：

（1）兀堆粪就拉了₁[liɔ⁰]十几车。（表示完成）（洪洞）

（2）下了₁[lɔ⁵³]三天倒不下了。（表示过去完成）（平遥）

（3）吃了₁[lou⁰]饭再去好哇？（假定完成）（和顺）

（4）快把桌子收拾了₁[liɔ⁰]，我要写字哩。（祈使句）（洪洞）

与"了₂"对应成分都可以表示新情况出现、陈述已然事实，可以用于疑问句末（"了₁"不能），例如（侯精一、温端政主编 1993：129—131）：

（1）我不想吃了₂[lia⁵⁴]。（表示新情况出现）（平遥）

（2）人哪早就走了₂［lia⁰］，咱赶紧走吧。（表示已然情况）（洪洞）

（3）你吃了₂［lia⁰］？（疑问句）（洪洞）

（4）敢是兀家来了了₂［lia⁵⁴］？（疑问句）（平遥）

2. 陕西北部沿河方言（属于晋语）表达完成体的手段主要是"了""得""下"。据邢向东（2006：79—154）调查，"了"类标记的读音各地有差异：府谷"了［liɔ⁰］"、神木"了［liəʔ⁰］"、绥德"了［li⁰］"、佳县"了［li⁰］"、吴堡"了［le⁰］"、清涧"咾［lɔ⁰］"、延川"咾［lɔ⁰］"。"了"用在动词、形容词后或动宾之间，用于叙述一个已经成为现实的完整事件，不能用于否定句或疑问句（"得"或"下"可以），在一些细节上与北京话有所不同。例如（邢向东 2006：79—154）：

（1）我每一共写了六篇作文。（神木）

（2）佳县这一满里是，年时短了两个月工资。（佳县）

（3）王江出去割咾一疙瘩羊肉。（清涧）

（4）我倒问了老王了。（我已经问了老王。）（府谷）

（5）说得那个眉眼红了，掉转身子跑了。（说得她红了脸，一转身跑了。）（神木）

邢向东（2006：79—154）归入时制标志的"来、嘞、去"等助词实际上属于通常所谓的事态助词①，常与语气词"了"等连用（如"来了、来来、去来"），可以用在疑问句中，与"了"类标记不同，例如（邢向东 2006：79—154）：

（1）我问他做甚去来了，他说跟同学上山耍去来了。（我问他干什么去了，他说跟同学上山玩儿去了。）（神木）

（2）本经能治好来来。（本来能治好来了。）（佳县）

（3）原先看去黑ᵌ来大去来。／原先看去黑ᵌ来大唎。（原来看上去很大。）（延川）

史秀菊（2011）认为"来、去、了"都来自近代汉语，"去、来"在多数北方方言里已经消失，但保留在了晋语中，"了"与"来、去"

---

① 史秀菊（2011）就把山西晋语的"来、来了、来来"等归入事态助词来讨论。

的连用属于方言历时演变和共时接触中的叠加现象，我们认为这种现象是共时系统整合力量的体现。

3. 陕西关中地区方言主要与中原官话有关，内部区别也比较大。从调查来看兼有同形类和异形类，与山东方言的分布情况有些类似。我们根据孙立新（2011）整理如下：

A. 同形类主要分布在"西安、蓝田、临潼、周至、户县、咸阳、兴平、武功、礼泉、乾县、永寿、大荔、澄城、合阳、洛川、黄龙、宜君、定边"18处方言（孙立新2011），处于关中地区的中东部和北部。从读音来看，句中和句末通常都读"咧 [liɛ⁰]"，"了₁"用在把字句或祈使句表示未然事件时读"[liau⁰]"。例如（孙立新2011）：

（1）我买咧三张票。
（2）你走咧十分钟他就来咧。
（3）简直把人能吓死了 [liau⁰]！
（4）你去给咱把奖金领了 [liau⁰]。

此外，长武都读"[liau⁰]"，陇县都读"[lau⁰]"，富县都读"[læ⁰]"。

B. 异形类包括以下几种不同情况：

(a) "唠 [lau⁰] —啦 [la⁰]"，涉及"泾阳、三原、淳化、高陵、耀州、铜川、大荔东部、西安市阎良区、商州、丹凤"10处方言，例如（孙立新2011）：（1）他在北京去唠三年啦。（三原）（2）勤快唠，多写些东西。（淳化）（3）遇唠贵人啦。（阎良）

(b) "了 [liau⁰] —啦 [la⁰]"，涉及"富平、华县、韩城、宜川、黄龙"5处方言，例如（孙立新2011）：（1）你把这碗饭吃了再走。（韩城）（2）老了人啦（指死了老人）。（华县）

(c) "了₁ [liau⁰] —了₂ [lia⁰]"，涉及"渭南、蒲城、白水、旬邑、彬县、眉县、扶风、凤县、宝鸡、千阳"10处方言，例如（孙立新2011）：天阴了₁几天了₂，就是不下雨。（扶风）

(d) "了₁ [liau⁰] —了₂ [liã⁰]"，涉及"华阴、潼关"2处方言。

总体而言，关中地区与"了₂"类似的成分还有表示假设、列举和表达特定情感态度等特殊用法，不同于普通话。

（二）安阳话的情况

河南安阳话属于晋语邯新片。王琳（2010）调查了安阳话中"唠[lau⁰]"和"啦[lʌ⁰]"与普通话"了"的对应关系，把"唠"分为"唠₁"和"唠₂"，"啦"分为"啦₁"、"啦₂"和"啦₁₊₂"（相当于"了₁₊₂"），例如（转引自王琳2010）：

(1) 我叫他去买啦₁一盆儿花儿。
(2) 他盼啦₁三天啦₂，还是没有结果。
(3) 我给你暖咾₁被窝你再上床。
(4) 把那一碗面条儿吃咾₁吧。
(5) 快十二点啦₂。
(6) 我都吃啦₁₊₂，别管我啦₂。（我已经吃了，别管我了。）
(7) 你用罢我嘞书咾₂还给我。（你用完我的书之后还给我。）
(8) 要是到那儿咾₂，记得来个电话。（到了那儿的话，记得来个电话。）

我们根据文章内容总结为下表（"啦₁₊₂"粘附整个句子，暂未列入表格中）：

	啦₁	唠₁	啦₂	唠₂
语法意义	动作或变化的实现	动作或变化的实现	新情况实现或即将实现	先时、假设、可能事态的实现
对应成分	了₁	了₁	了₂	无
粘附对象	谓词（非持续性和弱持续性动词）	谓词（强持续性动词）	句子	词组（动宾、动补或动补宾结构）
事件类型	前景事件	背景事件		背景事件

从表格可以看出，安阳话"咾、啦"的分工与普通话的对应关系并不完全一致，发现功能性分化的情况与普通话不一致。

4.2.3 形义错配成因和发展趋势

根据上述调查材料可知，异形类方言里"了₁、了₂"的功能区分基本都不能与普通话形成整齐的一一对应关系，处于形义错配状态。导致错配的原因是多种多样的,当然这离不开方言系统的内部调整和语言接触等外部力量促动。

4.2.3.1 系统内形义关系调整促成语音形式分化

任何语言的语法系统都是不自足的,总是存在某些语法形式的缺位,这促使语言自身根据需要进行补位和系统整合,以实现语法系统的匀整和谐。具体到形义对应关系来说,一种语言总是尽力由形式和意义不完全对应的非理想状态调整为一一对应的理想状态。就普通话而言,通常认为"了"是以一种读音形式对应不同的功能和意义(一对多),这显然不是理想的对应状态,留有调整空间。实际上,郭小武(2000)发现普通话口语中"嘞、喽"都属于"了$_2$"的变韵形式,其中"嘞 lei"侧重"表达肯定、认可或终于如愿的语气",如"下车嘞!""喽 lou"表示"向别人宣布情况有所改变的消息"或"情况有所改变的假设",如"水开喽!"另外,高晓虹(2010)也注意到威妥玛《语言自迩集》记录了类似现象:老北京话句尾"咯"(现已经消失)"往往带有比较强烈的语气","了"则没有。这表明,普通话口语或老北京话里的情况有所不同,可能已经出现了往理想化对应状态发展的趋势。

放开思路,方言实际上也是语言,有着自身的独立性和系统性,也会不断自我调整,满足方言群体日益精细的表达要求。就汉语方言而言,《方图集(语法卷)》(2008)第 064 图中以"他来了$_a$三天了$_b$"为代表例句的方言点则已经采用不同的语音形式对应不同的功能和意义,以求更符合一一对应的理想状态,这是方言语法系统自我调整功能的具体表现,这种自我调整的过程必然是与普通话不同步的,调整结果自然就不会完全一一对应了。昌乐话的"溜"与"了$_1$"不能完全对应,"咯、嗻"分工承担了大致相当于"了$_2$"的功能,这是昌乐话基于表意需求来主动调整完善自身语法系统的必然结果。就异形类内部来说,实际上仍然处于分化演变过程中。结合"变音型标记"章节的梳理来看,在上述异形类的集中分布区域,与"了$_1$"对应成分还广泛存在儿化、变调、D 变韵等弱化音变现象,有些方言里的变音形式已经被整合进入所在方言的完成体表达系统中,如山东栖霞的儿化、河南浚县的 D 变韵等;与"了$_2$"对应成分也存在继续分化现象,山东沂水、沂源、昌乐和河南汝南等地方言里,因所表情意的需要而发生形式分化或与语气词合音现象，这些方言的类似分化情况自然也离不开各地方言自我完善的内在需求。综合这些情况来看，方言口语里"了₁、了₂"对应成分的演变情况很可能不同，特别是"了₂"受到语气情态的强弱影响极易发生分化，这其中的原因可能比较复杂。

4.2.3.2　方言接触渗透导致的异语语法成分竞争

那么，为什么普通话和有些方言处于同形状态，而有些方言却处于异形状态？除了方言自身的系统调整需求外，语言接触是语言演变的重要外部原因，方言中"了"类标记形成和演变过程中免不了受到来自普通话和方言、方言和方言之间接触渗透的影响。

首先，来看同形类方言的情况。前面提到《方图集》（2008）第064图中同形类和东北"他来三天了"类型多分布在东北、西北和山东东部地区，历史上很长一段时期内（特别是元清两个时期）东北和西北地区满语、蒙古语等SOV型非汉语和汉语的北京官话、西北官话接触频繁，势必造成该区域的汉语方言有向SOV型语言处理模式靠近的可能（陈前瑞、韦娜2013），此外清末鲁东地区向东北地区的"闯关东"移民也制造了两地方言接触的机会。就实际情况来看，宋金兰（1991）曾发现"了"与阿尔泰诸语的词尾 –l/–r 有许多平行对应关系，推测北方汉语"了"的形成曾受到阿尔泰诸语的渗透影响。

其次，异形类方言在北方的集中分布区域身处同形类方言的包围圈之中，也可能与历史上的移民情况有关。结合移民史来看，我们注意到该区域存在"横向互迁"移民现象。早期主要是明初山西洪洞移民、河北枣强移民向东进入山东中西部地区（曹树基1997，张金奎2011），后来与清末"闯关东"移民同期的还有河南移民、山东中西部移民向西进入关中地区的情况，至今仍有河南方言岛和山东方言岛保留在关中地区就是证明（陈荣泽2012）。这种互动频繁的移民状况，势必会对该区域内的晋语、中原官话、冀鲁官话相互影响，带有一些共同的语言特征。因此，异形类方言完成体标记的共性特点大致契合了历史上移民状况，可见方言语音和语法的分布事实都可为相关学科提供参证。从山东方言"溜、嚓"的使用情况也可以看到移民语言接触的影响。根据高晓虹（2010）和本文补充统计，目前山东方言"溜、嚓"的使用情况大致是：德州、宁津、无棣、临朐、乐陵等地有"溜"，淄博、无棣等地有"㗂",寿光、沂水、沂源、博兴等地有与"㗂"接近的"嚷"。这些地点都在山东中西部地区,与冀鲁官话有密切关系。从与"溜、㗂"的地域分布对应来看,昌乐话与冀鲁官话的关系更密切。这从山东历史上的移民情况也可得到印证。明朝时,山东中西部地区曾因战争和疾病导致人口急剧减少,政府被迫从山西洪洞和河北枣强等人口富余地区向该地区大量移民。昌乐和上述地点都在该移民区域内,因此有着同样的移民来源。同样的移民来源自然容易造就方言使用上的较大一致性。换句话说,昌乐等地"溜、㗂"的地理分布情况也是该地区历史移民来源一致性的"方言化石"。当然,"溜、㗂"是否属于移民来源地的方言遗迹尚需更全面深入的研究才能确认。

如果考虑到南方方言完成体标记语音形式的同形和异形的分布情况,实际状况就更复杂了。根据史有为(2003)调查总结的部分情况,可以看出造成异形的原因有语音条件、语法条件、语气色彩、社会条件等多种不同情况,这些都可能造成方言里的异形类标记很难与普通话形成整齐的对应关系。普通话和方言处在不同的发展状态,有着不同的演变路径,同形类和异形类各自语音形式的分化与合并取决于系统整合和普方之间的力量对比。当下最为普遍的接触是普通话推广带来的普方之间表示相同语法意义成分的竞争现象。昌乐城区或靠近潍坊市区的地方受普通话影响大多已使用"了$_2$",特别是年轻人大多不再使用老派的"咯",这可以说是新一轮的成分替换过程。类似这样的大规模动态接触过程正是观察方言接触的鲜活样本,值得今后的方言语法调查特别关注。

总之,异形类标记的情况表明,普方之间处于"大同小异"的错配状态,各自处在不同的发展阶段,不同语音形式的分工受到语法系统内部和外部接触等多重因素影响。这种错配状态表明方言异形类标记尽管可以为"了"的分化提供参考,但是并不能成为普通话"了"究竟如何分化的唯一标准,毕竟两者之间不存在整齐的一一对应关系。通过同形类和异形类的情况来了解普通话和方言各自所处的发展阶段才是更为切实的目标,高晓虹(2010)认为"普通话的助词'了'正处在功能已分化而形式未分化的阶段上",这是值得肯定的看法。

4.3 "掉"类标记

许多方言,特别是南方方言中普遍存在与普通话"掉、了、完"等虚化结果补语的意义和用法相当的语法成分,在表达完成体意义时,以兼表产生一定结果并多数附带有消极性色彩为突出的共性特点,因此在方言调查中极易受到关注。本部分遵从王健(2010)和翁姗姗、李小凡(2011)的做法,暂时统称为"掉"类标记,以便凸显该类标记的显著特征。本部分将尽可能全面地梳理当前文献中各地方言的情况,看看该类标记在方言中的大致情况与普通话的异同并探讨该类标记的完成体地位问题。

4.3.1 方言学者的调研情况

实际上,方言学者很早就注意到该类现象,调查资料已经比较丰富。比如李如龙(张双庆主编 1996:4)指出吴语的"脱"、赣语的"呱"、闽语的"去"等在表示完成时还附加有"不合主观意愿的'遭受'意味",称为"遭受貌";刘丹青(张双庆主编 1996:9—33)提出六条标准来讨论结果补语与体标记的关系,认为吴语苏州话的"脱"、赣语的"呱"、客家话的"撇"、粤语的"晒"等都是适用面受到一定限制的体助词;伍云姬(2009[1996])注意到很多湖南方言里完成体区分"整体完成"和"一般完成",表示"整体完成"时一般只和"排除消灭"义的动词等搭配;张其昀(2005)注意到扬州方言里存在"消极"性完成体"得",周边吴语、江淮官话里也有类似现象;欧洁琼(2007)在讨论湖南郴州话时也顺便梳理了部分南方方言里消极性完成体标记的情况;胡松柏、程熙荣(2008)调查赣东北方言时区分"一般完成意义和结果完成意义",表示结果完成意义时常带有消极色彩。实际上几位学者关心的都是极为相近的现象,是南方方言里极为突出的语言现象,但是对该类现象的具体看法存在差别:有的认为"消极性"属于附属意义;有的提出比较中性的"结果完成"的看法;有的直接命名为"消极完成体"。

此外,《方图集》(2008)第 075 图以"鸡死掉了的掉"为例调查了汉语方言中与"掉"类似的结果补语,调查表明该类现象在东南地区的对应成分比较多,北方地区仅西北方言及邻近地区使用;也有学者结合跨方言语法事实来思考有关的理论问题,如王健(2010)调查了苏皖地区吴语、江淮官话和徽语里"掉"类词并提出四项标准分析其语法化等级的详细情况,翁姗姗、李小凡(2011)运用语义地图分析了普通话和部分南方方言"掉"类词的多义性及其演变情况,不赞同视为完成体标记①。

那么,应该怎样看待类似现象?该类词语共时表现和演变情况如何?在完成体表达中有何贡献?这些疑问需要在调查比较后才能回答。

刘丹青《东南方言的体貌标记》(张双庆主编 1996:9—33)以苏州话"好"为例提出用"可重读和不可重读;有可能式和无可能式;新信息、焦点和附属信息、非焦点;能否用在动结式后;适用面的广狭;后面能否再带同类体意义的纯体助词"六项标准来区分结果补语和体标记;王健(2010)主要用所搭配词语的范围、能否充当可能补语、"受事+V+'掉'类词+时量成分"的语义理解、语音磨损程度四项标准衡量苏皖地区该类词的语法化等级。

综合来看,这些标准涉及语音、语法、语义和语用各个方面,实际上共有七项标准可用来认识该类标记,本部分在梳理方言情况时,将尽量提取相关调查材料是否反映了上述标准,以资判断方言中该类标记的语法化情况。

4.3.1.1 吴语、徽语和江淮官话

本节所讨论的吴语、徽语和江淮官话限于浙江、江苏、安徽三省的情况,该区域处于长江中下游两侧,三大方言接触频繁,有许多共同特征,在方言语法方面也不例外。因此,这里把有类似现象的三大方言放在一起梳理。本节主要参考张双庆主编《动词的体》(1996)和王健(2010)等调查资料。

(一)"脱"小类

"脱"是吴语及其周边方言中很有特色的特定完成体标记。

---

① 主要涉及苏州话"脱"、绩溪话"脱"、岳阳话"落"、南昌话"泼"、连城话"撒"、泉州话"嗦"、云南方言"掉"。

江苏苏州话（包括上海话，属于吴语）的"脱"受到关注较多，根据王健（2010）总结的袁家骅、赵元任、范晓、刘丹青、石汝杰等数位学者关于苏州话"脱"的调查材料和结论，可知不同学者的具体记音略有不同，如有［$t^hə?^0$］或［$t^hə?^5$］等。"脱"主要与被动性或非自主动词搭配，还可以用在形容词、动结式后，后跟时量或动量成分，在自主动词后时存在可能式"V 得/不脱"，在形容词后时没有可能式，常带有去除义或消极的色彩，表示已然事件时后面必须加上普通完成体标记"仔［$tsŋ^0$］"，例如（王健2010）：

(1) 贼骨头逃脱哉。(小偷逃掉了。)
(2) 苹果侪烂脱哉。(苹果都烂掉了。)
(3) 我算错脱（仔）笔账。(我算错了一笔账。)
(4) 打脱俚一顿。(打他一顿。)

与苏州话同属吴语太湖片的江苏常熟、海门（王洪钟2008：85—96）和浙江宁波（阮桂君2009：56—70）等地也用"脱"。根据王健（2008），江苏常熟的"脱［$t^hə?^0$］"，也是唯补词，表示"消失性结果"，能用在动词、形容词和动结式后，仍可后跟普通完成体标记"得［$tə?^0$］"，与普通话"掉"类似。例如（王健2008）：

(1) 俚本书我看脱哉。(这本书我看完了。)
(2) 我算脱（得）笔账。(我算错了一笔账。)

根据阮桂君（2009：56—70）宁波话的"脱［$t^hɐ?^{55}$］"① 是消失或偏离性完成体标记，句中多变调，目前只有老派使用，而且仅限于几个词语后有残留，例如：

拉链坏脱嘞。

新派则多使用"掉［dio^{44}］"。

安徽绩溪话：属于徽语。据赵日新调查[此处转引自王健（2010）]，绩溪话"脱"的读音有［$t^hɔ?^0$］或［$t^hɔ?^{32}$］两种，读［$t^hɔ?^0$］时虚化程度更高，不能做可能补语，与苏州话"脱"句法表现大致相同，主要不同在于绩溪话新派在"脱"后跟数量成分表示已然事件时不必加"仔"，例如（王健2010）：

---

① 宁波话有关标记的本调调值均根据阮桂君先生提供的资料补充标注，特此致谢。

坐脱两个钟头。

安徽休宁话（平田昌司、伍巍《休宁方言的体》，张双庆主编1996：125—142）里也有类似吴语"脱"的补语"塌［tʰɔ²¹²］"（通常必须后加完成体标记"着［tɕio⁰］"），具体情况不详。例如：

云退塌着。（云彩退掉了）

江苏盐城话：属于江淮官话。蔡华祥（2008）对盐城话动态助词的调查非常详细，盐城话"脱［tʰəʔ⁰］"（作动词时读［tʰəʔ⁵］）主要用在"(N)＋V脱了"和"V脱＋数量(N)"结构中，倾向于消极性动词或形容词搭配，没有可能式，用在句末必须后跟"了"。例如（蔡华祥2008）：

(1) 碗打脱了。（碗打碎了。）
(2) 饭吃脱了。（饭吃了，饭消失了。）
(3) 电视关脱了。（电视关了，动作"关"完成。）

蔡先生认为这三个例句中"脱"虚化程度依次提升，与普通话"了"的用法接近度也依次提升，但"脱"仍然保留有较多的"消极性"色彩，甚至一些中性或积极色彩的词语也受制约，例如：

就是捱他笑脱的。（事情因为他笑产生了不良后果。）

"脱"用在形容词后虚化程度更高，但只表示"变化的结束"，例如：

(1) 粥冷脱了。
(2) 收音机坏脱了。

与苏州话比较来看，盐城话没有苏州话的"VV脱"用法，苏州话则没有盐城话的动结式"V了C脱"用法，例如：

吃光了脱一瓶酒。

总的来说，盐城话"脱"的虚化程度比较高，因此蔡先生才将其视为"外部视点型动态助词"（即完成体助词）。在完成体的用法分工方面，蔡华祥（2008）认为盐城话里"脱"常"针对消极性事件"，"了"主要表示"具体事件的完成"并针对"中性的事件"，"过₁"主要表示"抽象事件的完成"，"过₂"表示经历。盐城话的几个完成体助词句法分布较为类似，在竞争中形成对立互补的语义表达关系，体现了共时平面的系统性整合力量。

可见，"脱"类标记在各地的发展情况并不均衡，从王健（2010）

的标准衡量，"脱"在"吴语—徽语—江淮官话"里的语法化程度依次加深，在盐城话里最接近"了"，系统性整合程度较高。徽语和江淮官话"脱"的情况也从侧面反映出官话与吴语的接触演变关系，"脱"很可能是来自吴语的底层成分。

（二）"得/特"小类

在江淮官话中，"得"与"特"联系比较紧密，因此暂时归为一类。

江苏扬州话：据张其昀（2005），扬州话的消极性完成体标记"得[təʔ⁵]"[①]，通常表示消极或"减缺"意义的完成，语义强制性与其他方言有所不同，即有时用在非消极义动词后也能使句子表示消极意义。例如：

（1）偷得一辆自行车。（被偷了一辆自行车。）
（2）租得两间房子。（租出了两间房子，不能表示租入。）
（3）写得两篇文章。（要写的文章有很多，已完成了两篇。）

王健（2010）调查了江淮官话的江苏灌南、阜宁、涟水、沭阳和安徽合肥等地的"得[təʔ]"，这些方言点里"得"都能用在"去除、消极"义的动词、形容词或动结式后面，其他共同点主要有："得"后有数量成分时只能表示已然事件；受事宾语要前置；无可能式，例如（王健2010）：

（1）小偷逃得咧。（灌南）
（2）贼跑得咧。（涟水）
（3）小偷逃得咧。（阜宁）
（4）我忘记得咧。（沭阳）
（5）鸡蛋少得了。（合肥）。

与苏州话"脱"比较，这些方言中与"得"搭配的谓词性成分种类已有扩展，不限于"去除、消失"义语词，但各地情况不一致，搭配范围基本按"灌南、涟水、阜宁＜合肥＜沭阳"逐渐增大，沭阳话中"得"甚至搭配积极义语词都已经不含有"不如意"色彩，例如（王健2010）：

---

① 据王健（2010）"得"还有一个自由变体"特[tʰəʔ]"。

学好得了/听懂得了/来得一个人。

吴语里很少见"得"。根据陶寰（张双庆主编 1996：302—330）绍兴话（属于吴语太湖片）的"得 [teʔ¹²]"（老派及部分中派读 [teʔ⁴⁵]）表示完成，相当于"了₁"，已经完全虚化，但不能用在句末和有些祈使句中，通常用在数量宾语前。例如（陶寰 1996，参见张双庆主编 1996：302—330）：

（1）伊上海去得三毛哉。（他上海去了三次。）

（2）伊吃得一碗饭就归去哉。（他吃了一碗饭就回去了。）

"特 [tʰəʔ]"类与"脱"类声韵相同，但尚不清楚有无联系，主要出现在扬州、阜宁、兴化、（安徽）枞阳等地江淮官话方言中，在扬州话中与"得"是自由变体，在阜宁话里"特/得特"只用在祈使句中（阜宁话"得"不能单独用在祈使句）。兴化话的"特"本字不明，无可能式，在数量成分后仅表示已然事件，例如（王健 2010）：

衣裳小特啊。

皖南枞阳话里"特"比"得"更常用，除用在消极义成分后，有时也与褒义成分搭配（含"出乎意料"的意味），已没有可能式，还可以用在枞阳话类似成分"去、掉"后面构成"去特（得）、掉特（得）"使用，"特"后面只能跟时量成分表示已然事件，例如（王健 2010）：

（1）两个月的药都吃特仔也没效果。

（2）他的病还医好特仔了。

（3）讲特（仔）十几分钟还没讲掉。

（4）把面包吃去特。

（三）"落"小类

吴语江苏常州话：据史有为《常州话的达成貌及其价值》（2002）调查，"落"（未标音）表示结果，属于补语性质，也有完成的意思，且表示消极性结果，相当于北京话的"掉"。例如（史有为 2002）：

东西卖落格连（东西卖掉了）。

另据王健（2010）调查，它与苏州话"脱"用法大同小异，不同之处在于，常州方言的"落"后一般不能有宾语（只能提前做话题或者不出现）和时量、动量成分，例如（王健 2010）：

饭我吃落格咧。

吴语浙江绍兴话：陶寰（张双庆主编 1996：302—330）注意到，绍兴话有个"浪 [la⁰]"，可能是"得 [teʔ¹²]"（老派及部分中派读 [teʔ⁴⁵]）的变体，表示完成，常带有强调、夸张、惊讶意味或伴有消极后果，例如（张双庆主编 1996：302—330）：

伊一火子头吃得五个苹果。（他一下子吃了五个苹果。）

（四）"爻"小类

浙江温州话：是南部吴语的代表。根据潘悟云（张双庆主编 1996：254—284），温州话的"爻 [ɦuɔ⁰]"表示完成，虚化程度不一，表示完成时大致相当于"了₁"，与动词搭配时，宾语通常前置（如可以说"饭吃爻再走"），用在同样的句法结构中表意也与普通话不同，常"联系到对象的消失或时量的消耗义"，例如（潘悟云 1996，参见张双庆主编 1996：254—284）：

着爻三件衣裳＝穿破了三件衣服≠穿了三件衣服。

郑张尚芳（胡明扬主编 1996a：47—66）还指出宾语复杂时，数量宾语可置于"爻"后，例如：

卖爻一把旧车（买了一辆旧车）。

"爻"重读 [ɦuɔ²]（阳平）时仍保留补语用法，例如：

卖爻。（卖得了，全卖脱手了。）

在句末需要与已然体标记"罢 [ba⁰]"① 连用，例如（张双庆主编 1996：254—284）：

黄鱼我吃爻罢。（黄鱼我已经吃了。）

潘悟云（张双庆主编 1996：262）发现"爻"在吴语中分布极为广泛，具体读音不太一致，如吴语里绍兴 [gɒ⁰]、临海 [ɦɔ⁰]、天台 [ɦa⁰]、椒江 [ɦɔ⁰]、黄岩 [ɦɒ⁰]、温岭 [ɦɒ⁰]、乐清 [ga⁰]、温州 [ɦuɔ⁰]、永嘉 [ɦɔ⁰]、平阳 [gɔ⁰]、泰顺 [gau⁰]、青田 [kaʔ⁰] 等都与"爻"有关。潘先生认为来自吴语里的形容词"爻 [ɦuɔ²]"（只作补语，表示"消失、不再存在"意义），史有为（2003）、冯力（2003）

---

① 潘文认为有两个"罢"，一个是副词作补语，一个是语气词。根据郑张尚芳调查标音。

认为来自古汉语动态助词"却（去）"。

（五）"掉_方"小类

本书把各地方言中使用的"掉"统称为"掉_方"类。普通话的"掉"已经对该区域某些方言产生影响，本节主要看看有关方言中"掉"与普通话"掉"有何异同，从中窥测方言接触的情况。

根据阮桂君（2009：56—70）调查，吴语宁波话新派多使用"掉 [dio⁴⁴]"，表示消失或偏离义，用在动词或动结式后，在不同句子中虚化程度不一致，有时候形成"双重动结式"，有一定的羡余性，甚至有时可用在"过、脱、好、着"等半虚化体标记后面，强调动作的完成，表明它的虚化程度更高，例如（阮桂君 2009：56—70）：

（1）该件破衣裳我甩掉掉么。（那件破衣服我扔掉了的。）

（2）苹果烂掉一半。（苹果烂了一半。）

（3）老早拨人家笑掉嘞（早就被人耻笑了）。｜电视机坏脱掉么。（电视机坏了的。）

（4）牛绳我缚好掉和。（牛绳我系好了的。）

据王健（2010）调查，徽语祁门话的"掉"（未标音），用在动词、形容词或动结式后，后有量化成分时，"一般只能表示已然事件"，还能作可能补语（如"退得掉"），在积极义形容词后带有"偏离预期"的色彩，例如（王健2010）：

（1）渠伊道题错掉了。

（2）瓶子打碎掉了。

据王健（2010）调查，江淮官话泰州话的"掉"在不同句子中虚化程度不一致，用在动词、形容词或动结式后，还有可能式（溜得/不掉），带数量成分时可以兼表已然和未然事件，"VP 掉"倾向用在句末，例如（王健2010）：

一条狗挨打啊死掉啊。

兴化话的"掉"可能来自泰州话，显得比较文雅，有可能式，后跟数量成分只表已然事件（王健2010）。枞阳话"掉"虚化程度很低，还可以做可能补语（"退得/不掉"），有否定式（"人没死掉"）（王健2010）。

（六）"去/失"小类

该类除南通话"去"外，其他方言中"去、失"的用法都比较狭窄且不常用，因此把它们归在一类来讨论。

据王健（2010）调查，江淮官话南通话的"去"（白读音为[tʰi]），虚化用法类似苏州话的"脱"，没有可能式，多与"叨"（南通话完成体兼持续体标记）连用为"去叨"，后可跟数量成分，跟动量成分时兼表已然或未然事件，跟时量成分时表示"表示做某事花费的时间"，并且带有"超出预期"的意思，但新老派对"格本书我看去叨三天了"的理解已有分歧，新派倾向理解为"看"持续的时间而非"看"花费的时间。兴化话的"去[tʰi]"与南通话类似，但现在已经不常用（多用"特、掉"），基本不能用在动结式后，后跟数量成分则只限于已然事件，用在祈使句中带有"承担后果"的威胁意，例如（王健2010）：

把水倒去（你把谁倒了试试，出现的后果由你负责）。

枞阳话的"去[tʰi]"通常只能组合成"去特、去得"用在祈使句中，年轻人极少使用（"特、得"最常用），例如（王健2010）：

（1）把面包吃去特。

（2）我把水一伙舀去得。

徽语祁门话的"失"与"掉"类似，但是用法更狭窄，不能用在动结式后，不能作可能补语，只限于消极义形容词。例如（王健2010）：

渠讲失二三十分钟渠还未曾讲到正题上去。

（七）特征表现

目前来看，该区域的调查资料最为翔实。总体而言，该区域吴语、徽语和江淮官话三大方言的"掉"类标记小类比较多，不够统一。就语法表现来看，与普通话的"掉"极为类似，但语法化程度整体上高于"掉"。

从共时的分布区域来看，"脱"小类、"得/特"小类和"爻"小类最为广泛，"掉₅"小类次之，"落"小类和"去/失"小类再次之。另外，"脱"小类、"得/特"小类在北部吴语和江淮官话比较广泛，"爻"小类则在南部吴语比较广泛，可见吴语"掉"类标记内部并不统一，南北差别较大。

从竞争替换情况来看，"脱"小类和"爻"小类仍然处于较强势的地位，应是吴语固有的语法成分，部分地区也已受到普通话或周边方言的影响，如地处各方言边缘地区的"落"小类可能是受到方言接触和外来影响后音变产生的，宁波话"脱"已经基本被"掉"替换；江淮官话中，"去/失"小类已经处于非常微弱的地位，而"脱"小类、"得/特"小类比较广泛，应是受到吴语影响或是保留的吴语底层成分，"掉_方"小类使用日益广泛，表明江淮官话原有成分受到普通话的影响越来越大。根据各地调查材料和王健（2010）可知，存在多个"掉"类标记的单点方言里，各个标记不只有时可以共通替换，而且都有特定的语法或语义表现，相互之间能够形成一定的对立互补关系，在共时系统中得以共存使用。这正表明新旧语法成分之间的替换是渐进的、缓慢的，不是一蹴而就的。

从语法化程度来看，不仅各小类在各方言点的发展很不一致，就单个方言点来说，许多方言也还保留着动词、结果补语或虚化的结果补语等各种虚化不等的情况，甚至需要借助语境才能判断是否属于已经虚化的成分，在这种情况下，如果严格按照虚实情况来认定体标记，势必难以取舍。王健（2010）结合当代语法化理论，采用四项标准并结合有关吴语的《山歌》《海上花列传》和《九尾龟》历史文献材料讨论了苏皖区域部分方言点"掉"类词的语法化等级，认为苏州、常州、绩溪等方言里语法化程度最低，沭阳最高，与"了"最为接近。但是这四项标准在二手方言语法调查资料中很难贯彻下去。

4.3.1.2 湖南方言

湖南方言指分布在湖南省境内的汉语方言，主要涉及湘语、西南官话、赣语等，这三种汉语方言之间相互影响，有许多特征是互有交叉的。湖南方言的完成体标记通常区分单用和连用，实际情况极为复杂。除西南官话外，湖南地区的湘语和赣语中"掉"类标记主要与"咖（哒）"等有关，下面按各方言点所属的方言区（点）说明，岳阳方言单列。本节以伍云姬主编（2009［1996］）的调查资料为主要来源。

（一）湘语

长沙话：长沙话的情况比较复杂。根据伍云姬（2009［1996］：132—161），"咖［ka^{41}］"做结果补语时多与"排除、消失"义动词搭配，例如（伍云姬2009［1996］：132—161）：

（1）一到出窝就要失咖。（一旦满月就不见了。）

（2）一看见它，就一定把它打咖。（一旦看见它，就一定要把它打死。）

"咖"表示整体完成时则无此限制，且后跟数量成分时，有强调数量多或满意的意味，例如（伍云姬2009［1996］：132—161）：

第二天又睡咖一天。（强调睡觉时间长）

"哒［ta21］"在句中出现副词"只、仅"时或用在形容词后，常带有不很满意或偏离标准的意味，例如（伍云姬2009［1996］：132—161）：

（1）他上个星期的考试只打哒八十分。（表示对分数不太满意）

（2）（在布店）咯块布短哒三寸，做两件衣只怕不够。

"咖哒［ka41ta21］"兼有"咖、哒"的特点，一般仅用于表示排除、消失意义的动词后，表示彻底完成，带有强调作用，例如（伍云姬2009［1996］：132—161）：

（1）后来只听得讲她离咖哒婚。（后来听说她离了婚。）

（2）我把床单洗咖哒。（我把床单洗了。）

伍先生认为"咖"可能来自"解"，"哒"可能来自"得"。

益阳话：根据崔振华（伍云姬主编2009［1996］：162—191），"咖［ka0］""表示动作的终结，强调动作的全部完成"，常与去除义动词搭配，可用在把字句中，不能用在动结式后，后面只能跟数量宾语且带有夸张意味，徐慧（2001：193—203）认为"咖"属于"带有结果补语痕迹的体标记"，例如（崔振华2009；徐慧2001：193—203）：

（1）把电灯关咖。（把电灯关了。）

（2）咯些屑子你去倒咖。（这些垃圾你去倒了。）

（3）咯幕电影我看咖三道。（这部电影我看了三遍。）

相比之下，"哒［ta0］"的分布比"咖"广，"表示动作的实现，不强调全部完成"，例如（伍云姬主编2009［1996］：162—191）：

（1）他吃咖三碗，我只吃哒一碗。（他吃了三碗，我只吃了一碗。）

（2）把黑板擦咖。（把黑板擦掉。）

（3）*把黑板擦哒。（不能说）

湘潭话：根据曾毓美（伍云姬主编2009［1996］：192—202、2001：68—80），"咖［kɒ55］"表完成时更强调结果，"哒［tɒ42］"只是客观陈述事实，例如（伍云姬主编 2009［1996］：162—191）：

打咖一夜麻将，今日子晕起晕起。（打了一晚麻将，今天晕晕乎乎的。）（"咖"不能替换为"哒"）

另根据范彦（2010a），"嘎"（即"咖"）可以用在消极性动词后和把字句、祈使句中，而"哒"不能，例如（范彦2010a：27—28）：

(1) 旁边的林爹爹今日子早上死嘎哒。（隔壁的林爷爷今天早上死了。）

(2) 你放嘎他。（你放了他。）

湘乡话：根据王芳（伍云姬主编 2009［1996］：259—275），"夹[ka³]"相当于"了₁"，着重指向动作的末端，语义上更接近普通话的虚化结果补语"完"，可用于祈使句，例如：

(1) 等我问夹他再告给你听。（等我问了他再告诉你。）

(2) 吃夹滴饭嗒！（把饭吃了！）

"夹哩"连用（"哩[li²]"也表完成或已然，主要在句末用），例如（伍云姬主编 2009［1996］：259—275）：

我困（夹）一下唧就醒（夹）哩。（我睡了一会就醒了。）

衡阳衡山话：根据毛秉生（伍云姬主编 2009［1996］：295—308），横山话的"咕[ku⁰]"多用在单音节动作动词后，着重表示动作有了结果且动作所涉及一定数量的对象全部完成，相当于"完、掉、光"等，与"哒[ta²²]"（表示一般完成）既能替换也有对立互补，例如（伍云姬主编 2009［1996］：295—308）：

(1) 我买咕/哒三张票。（我买了三张票。）

(2) 卖咕咯只牛！（买掉这只牛！）≠卖哒咯只牛！

(3) 请你洗咕咯件衣。（请你洗一下这件衣。）

"咕哒"连用，例如（伍云姬主编 2009［1996］：295—308）：

(1) 我看咕咯本书哒。（我看了这本书了。）

(2) 咯本书我看咕哒。（这本书我看了。）

但是据彭泽润（1999：263—266），"咕"侧重表示"消除性动作的完成，指动作全部完成"，"哒"则表示"得到性动作的完成"。

娄底涟源话：根据陈晖（伍云姬主编 2009［1996］：220—238），"介[kɑ⁰]"主要表示动作完成并有了结果，相当于"掉"，多与"丢、关、砸、杀"等消除义动词搭配,不能用在动补式后,用在句末限于祈使句,"介"仍属于虚化程度较高的结果补语。例如(伍云姬主编 2009 [1996]:220—238):

(1) 我把侬封信涂介两行。(我把这封信涂掉两行。)
(2) 佢瞓介个把钟头。(他睡了个把钟头。)
(3) 拿者封信去寄介!(把信去寄了!)

"介"与"哩[li⁰]"(相当于"了")不同主要有两点:一是"哩"一般只用在连动句或兼语句的后一个动词后,"介"一般用在连动句第一个动词后或兼语句的第二个动词后,例如(伍云姬主编 2009 [1996]:220—238):

(1) 我打电话喊哩一部车子来。(我打电话喊了一辆车来。)
(2) 看介电影我就回去。(看完电影我就回去。)

二是"哩"不用于表示消失的存现句,"介"可用于表示消失的存现句,例如(伍云姬主编 2009 [1996]:220—238):

(1) 厅里挂哩两幅画。(厅里挂着两幅画。)
(2) 村内地死介两个人。(村里面死了两个人。)

邵阳市隆回(罗白)话:根据丁加勇(伍云姬主编 2009 [1996]:243—258),隆回(罗白)话"起[tɕʰi³¹]"表完成且动作有了结果,"倒[tɤ³¹]"强调动作有了结果或达成目的,例如(伍云姬主编 2009 [1996]:243—258):

(1) 吾评咕优哩,评起两个年轻格。(我们评了优了,评了两个年轻的。)
(2) 你评起几个优哩?——还只评倒一个。(你们评了几个优了?——还只评了一个。)

邵阳绥宁话:根据曾常红(伍云姬主编 2009 [1996]:309—320),绥宁话"嘎[kɑ¹¹]"与双音动词搭配表示完成,常用在句末,例如(伍云姬主编 2009 [1996]:309—320):

(1) 谷子我打完嘎。(谷子我打完了。)
(2) 张明调动嘎工作。(张明调动了工作。)

"咧[lɛ⁵¹]",从例句看相当于"了₂",例如:

(1) 我读书十年咧。(我读书读了十年。)

（2）王老师生气咧。（王老师生气了。）

"嘎咧"可连用，只有用在形容词后时带有贬义，例如（伍云姬主编2009［1996］：309—320）：

（1）呷嘎饭咧。（吃过饭了。）

（2）好嘎咧，鱼死嘎咧。（真糟，鱼已死了。）

（二）赣语

株洲攸县话：根据董正谊（伍云姬主编2009［1996］：43—60），攸县话的"过$_2$［kuo⁰］"（"过$_1$"表示经历体）表示动作完毕或有了结果，可用"完"替换，常后带语气词"哩"，可用在肯定祈使句（否定祈使句用"哩［li⁰］"）和把字句中，例如（伍云姬主编2009［1996］：43—60）：

（1）看过电影就回。（看过电影就回来。）

（2）北京，我去过哩。（北京，我去过了。）

（3）快点唧写过啰！（快点写完啰！）

（4）把胡子剃过。（把胡子剃了。）

衡阳常宁话：根据吴启主（伍云姬主编2009［1996］：25—42），常宁话"哒［ta⁵］"表示完成时，"V 哒 C"是整体完成，"VC 到（［tɔ⁵］）"阶段完成，例如（伍云姬主编2009［1996］：25—42）：

（1）莳田唱哒歌，谷子用船拖。（耘田唱了歌，稻谷用船拖。）

（2）我用锄头挖哒两下。（我用锄头挖了两下。）

（3）挖哒两下。（不再挖了。）

（4）挖两下到。（还要继续挖。）

郴州安仁话：据陈满华（胡明扬主编1996a：107—135）调查，安仁话的"嘎$_1$［ka⁰］"表示完成，尚未完全虚化，通常不出现在句末，不与双音节动词组合（"哒$_1$［ta⁰］"可以），例如（胡明扬主编1996a：107—1135）：

（1）看嘎四本书。（看了/完四本书。）

（2）来嘎一回。（来了一回。）

（3）吃嘎几下烟。（抽了几下烟。）

（4）洗嘎衣裳睏一觉。（洗完/了衣服睡一觉。）

"嘎$_2$"用在句末限于祈使句，例如：吃嘎！（吃了/掉！）陈先生认为

"嘎"可能来自"过"的音变。周洪学（2012：82—87）调查略有不同，他认为"咖"表示"动作有了结果"，强调全部完成，多与"排除、消失"义动词搭配，例如（周洪学 2012：82—87）：

（1）把饭吃咖再走咪。（把饭吃了再走。）

（2）固些菜你挑起克卖咖。（这些菜你挑着去卖了。）

（3）我中午吃咖三碗饭。（我中午吃了三碗饭。）

（4）渠到田底做咖一天事。（他在田里做了一天事。）

（三）西南官话

常德市安乡话：根据应雨田（伍云姬主编 2009［1996］：61—78），"破［pʰo⁰］"相当于"掉、完"等补语，但虚化程度较高，已经不能变换出可能式，主要用在表示"消耗、去掉"意义的单音动词后，多为受事主语句，总体上与"起［tɕʰi⁰］"大致互补，例如（伍云姬主编 2009［1996］：61—78）：

（1）棉花卖破哒。（棉花卖完了。）

（2）画取破哒。（画取下来了。）

（3）我喝破酒哒吃饭。（我喝完酒再吃饭。）

"斗［tou⁰］"以表持续为主，表完成时较多地用于施事主语句，不能用在形容词之后，"强调动作有了结果"，大致相当于"到、着、中、上、下、住"等结果补语的意义，例如（伍云姬主编 2009［1996］：61—78）：

（1）那种花布买斗哒。（那种花布买着了。）

（2）我爱斗她哒。（我爱上她了。）

郴州话：根据欧洁琼（2007），"呱［kua⁰］"用在"去掉"义单音节动词后表示完成，且常配有"地［ti⁰］"（相当于"了₁"），例如（欧洁琼 2007）：

（1）垃圾我丢扔呱地。

（2）隔壁那个老人家死呱地了。

常德市石门话：根据易亚新（伍云姬主编 2009［1996］：79—95），石门话的"倒［tau⁰］"兼表完成和持续，如果用在非动作动词或形容词后，常带有贬义，例如（伍云姬主编 2009［1996］：79—95）：

（1）手捆倒哒。（手捆住了。）

（2）这下他喜倒哒。（这下他得意了。）（含讽刺意）

"得〔tei⁰〕"、"斗〔təu⁰〕"都附带有"出乎意外"的意思，"得"提醒对方注意的意味较强，"斗"侧重表示说话人自己感到意外，例如（伍云姬主编 2009〔1996〕：79—95）：

（1）你瘦得。（你瘦了。）（提醒对方）

（2）字写错斗。（字写错了。）（自言自语，提醒自己）

（四）岳阳话

岳阳话因处在西南官话、湘方言和赣方言的边缘地带，多数方言点的归属存在争议。

岳阳话（包括岳阳县、临湘市）：根据方平权（伍云姬主编 2009〔1996〕：119—131），"落〔lo⁰〕"①有时相当于"掉"，例如（伍云姬主编 2009〔1996〕：119—131）：

（1）把台碗饭吃落。（把这碗饭吃了。）

（2）把锁拔落。（把锁拔掉。）

（3）台只狗肯定会疯掉。（那条狗肯定会疯掉的。）

相当于"了"时不出现在句末，例如：

该本书我看落两到。（那本书我看了两遍。）

"落哒"（哒〔ta⁰〕最接近"了"）连用强调动作结果的当前影响或有强调数量多的意味，例如（伍云姬主编 2009〔1996〕：119—131）：

（1）他吃哒四个馒头，冇吃别么哩。（他吃了四个馒头，没吃别的东西。）

（2）他吃落哒四个馒头，真吃得。（他竟吃了四个馒头，真能吃。）

岳阳华容话：赣语或西南官话，实际上带有三种方言的混合特征②。根据范彦（2010a、2010b），华容话的"哦〔o⁰〕"③既可以表示动作全部完成，也可以表示动作达成某种结果，多与表示消失、损坏、减缺等消极性意义的动词或偏离义形容词搭配，没有可能式，能用在动

---

① 方平权《岳阳方言研究》（1999：229—230）记音为〔no〕。

② 华容话在《中国语言地图集》（1989）中划入赣语，吴泽顺《论华容方言的归属》（《云梦学刊》2006 年第 3 期）认为西南官话的特征更多些，因此归入西南官话。

③ 记音来自范彦《湖南华容话完成体标记"哦"》，参见任海波、吴为善《对外汉语研究与探索1》，学林出版社 2010 年版，第 211—217 页。

结式后，动词宾语必须有数量短语修饰，或句末有"哒"出现。例如（范彦 2010a、2010b）：

(1) 把饭吃哦。(把饭吃完。)
(2) 我吃哦反哒。(我吃完饭了。)
(3) 我吃哦两碗饭。(我吃了两碗饭。)
(4) 我把衣服洗哦哒。(我把衣服洗了。)

与"哒[ta⁰]"不同，"哦"可以用在把字句和祈使句中，更强调全部完成。范彦认为"哦"来源于"却"，是虚化程度较高的结果补语，"哒"来源于"着"。

岳阳柏祥话：湘语、赣语之间的过渡性方言。根据李冬香（2008：198—202），"要[iau⁰]"相当于"掉"，未完全虚化，表示完成时宾语中一般要后有数量成分，例如（李冬香 2008：198—202）：

(1) 前头剃要哒？[前面的（头发）都剃掉了？]
(2) 搞要三夜就解决哒问题。(弄了三个晚上就解决了问题。)

"落[lu⁰]"也相当于"掉"，未完全虚化，表示完成时宾语中一般要后有数量成分，一般不与"哒"同时出现，例如（李冬香 2008：198—202）：

(1) 把宜个撕落呢！(把这个撕掉呢！)
(2) 剪得坛子盖样，他还话去落二十块钱。(剪得像个坛子盖似的，他还说花了二十块钱。)

(五) 特征表现

就调查情况而言，湖南方言的调查描写资料很不均衡，除安乡话外，许多点里涉及"掉"类词的语法特征记录远不如吴语等地详细，在伍云姬（2009 [1996]）书中调查的常宁、攸县、临武、安乡、石门、常德、辰溪、岳阳、长沙、益阳、湘潭、娄底、涟源、邵阳、隆回、湘乡、衡阳、衡山、绥宁等方言中，能够确信与"掉"有对应关系的主要有长沙、益阳、衡山、涟源、安乡、石门、岳阳，这为深入分析带来了不少困难，很难用王健（2010）的标准来讨论这些标记，因此以上所择取的方言点中有些只是我们根据文中描写来判定的。总体而言，湖南方言的"掉"类词，基本都能表示整体完成，即表示"动作及动作的量在说话前已彻底地完成"（伍云姬 2009 [1996]：8—9），多与消失、损耗等意义的动词搭配，多数都可以表示完成或实现，但结果义保留仍然较多，可以用在把字句、祈使句中，与普通完成体标记共现，可与普通完成体标记，形成句法分布和意义上的对立，虚化程度已经很高，可以归入虚化结果补语。但消极性色彩不如吴语地区浓厚，因此，有学者调查时认为有些标记在语义上与普通话的"完"更为接近，如攸县、湘乡、衡山等。

就语音表现来看，湘语、赣语里"掉"类词基本上都与"咖"等有关，属于史有为（2003）所说的"G系"，除衡山话"咕［ku⁰］"、益阳话"咖［ka⁰］"、涟源话"介［kɑ⁰］"、安仁话"嘎₁［kɑ⁰］"四地外，有些方言还保留着一定调值，如长沙话"咖［ka⁴¹］/咖哒［ka⁴¹ ta²¹］"、湘潭话"咖［kɒ⁵⁵］"、湘乡话"夹［ka³］"、邵阳绥宁话"嘎［kɑ¹¹］"、衡阳常宁话"哒［ta⁵］"等，可见总体虚化程度不高。相比之下，西南官话里则极为不统一，有"破、呱、落、要、哦、斗、得"等，有些方言（如安乡、石门、柏祥）甚至有多个标记相当于"掉"，可能是西南官话受到来自湘语、赣语的影响造成的语言接触现象。

如果能够搞清楚这些标记的来源，就能够从中发现该区域方言接触的借用情况，窥测三种方言在接触竞争中的强弱态势。比如说郴州话"呱［kua⁰］"、安乡话"破［pʰo⁰］"是不是来自赣语，岳阳方言"落［lo⁰］"、"哦［o⁰］"、"要［iau⁰］"、"落［lu⁰］"是西南官话"了"的弱化音变还是来自赣语或湘语成分的音变，目前这些只是大胆假设，都需要研究当地方言的学者好好求证。李冬香（2003）收集了湖南、江西、粤北等地湘语、赣语、平话、乡话以及土话方言中与"咖"有关的成分①，认为都来自"过"，并且据此推测"湘语、赣语在唐代前后可能关系还比较密切，而赣语同客家话的密切关系则在此之后了"。冯力（2003）认为湘语"咖（解）［ka］"、赣语"刮（呱）［kuaʔ］"、闽语"咯"、吴语"脱［tʰəʔ］"、爻［ɦuɔ］"、粤语"埋"、客家话

---

① 涉及方言点包括长沙、益阳、湘潭、衡阳、衡山、娄底、涟源、新化、邵阳、隆回、湘乡、绥宁、双峰、洞口、祁阳、武冈、溆浦（以上属于湖南湘语）、常宁、攸县、安仁、浏阳、醴陵、茶陵、平江、耒阳（以上属于湖南赣语）、宜章、东安、嘉禾（以上属于湖南土话）、宁远（湖南平话）、沅陵（湖南乡话）、永州、常德（湖南西南官话）、萍乡、高安、安义、泰和、永修、吉安（江西赣语）、黄圃、饭塘、三溪（粤北乐昌土话）。

"撇"甚至壮侗语"去"都可能来自中古汉语动态助词"却（去）"。史有为（2003）推测湖南方言的"嘎/咖/介/解"等和温州话"爻"可能来自近代汉语"却"，福州话"咯"等句末助词可能来自近代汉语"去"；欧洁琼（2007）认为这些标记与近代汉语的"却"极为相似，范彦（2010a、2010b）也认为"哦"来源于"却"。这些推测都很有启发，一旦确证，就能够为认识湖南地区的方言接触带来启发。

4.3.1.3 江西赣语

江西省内赣语"掉"类标记非常普遍。调查资料也比较多，既有单点调查资料，也有面上调查资料。

（一）"吥"小类

本小类与［p-/pʰ］有关，在江西境内赣语中分布非常广泛。本节主要根据胡松柏、程熙荣（2008）调查资料整理[①]。

余干话："吧［pa⁰］"必须与普通完成体标记"来"连用，例如（胡松柏、程熙荣 2008）：

（1）我卖吧来菜再跟你去。[我卖（完）了菜再跟你去。]

（2）打吧来碗。[打（破）了碗。]

万年话："呗［pɛ⁰］"必须与普通完成体标记"哩"连用，例如（胡松柏、程熙荣 2008）：

（1）我卖呗哩菜再跟你去。[我卖（完）了菜再跟你去。]

（2）车子撞呗哩栏杆。[车子撞（坏）了栏杆。]

乐平话："吥［pɣ⁰］"可单用，也可与普通完成体标记"哩"连用，用在动词后常附带有"出乎意外"的意味，例如（胡松柏、程熙荣 2008）：

（1）我杀吥（哩）猪再去吃饭。（我杀了猪再去吃饭。）

（2）渠跟我话吥一样事。（他跟我说了一件事。）

（3）你买哩几件衣裳？——我买吥三件。（表示对购买数量感到意外和惊讶）

余江话："吥［pɣ⁰］"必须与普通完成体标记"哩"连用，另外还

[①] 胡松柏、程熙荣（2008）将完成体意义区分为"一般完成意义"和"结果完成意义"，主要讨论了两类标记成分在赣东北地区的接触竞争情况。

有"得哩"用法类似，但结果意味不如"吥哩"。例如（胡松柏、程熙荣 2008）：

(1) 车子撞坏吥哩。（车子撞坏了栏杆。）

(2) 尔呐吃得哩饭不？（你吃了饭没有？）

弋阳话："吥［pu⁰］"可与普通完成体标记"嘞"连用，例如（胡松柏、程熙荣 2008）：

吃吥嘞饭再转去。[吃（好）了饭再回去。]

横峰话："吥［pu⁰］"与普通完成体标记"咯"只在句末连用，例如（胡松柏、程熙荣 2008）：

(1) 做完吥作业再去睏。（做完了作业再去睡觉。）

(2) 人走吥咯。（人走了。）

铅山话："吥［pɤ⁰］"与普通完成体标记"唠"只在句末连用，例如（胡松柏、程熙荣 2008）：

(1) 做吥作业再去睏。[做（完）了作业再去睡觉。]

(2) 人走吥唠。（人走了。）

景德镇话的情况与上面各点不同，"吥［pɤ⁰］"与普通完成体标记"得"不构成"一般完成意义"和"结果完成意义"的对立，属于"混用型"（胡松柏、程熙荣 2008），有时表示消极意义时仍用"吥"，例如（胡松柏、程熙荣 2008）：

尔嘻吥一夜间都不转来。（你玩了一晚上都不回来。）（带有批评性的消极意味）

此外，贵溪的"啦"和"得"、鹰潭的"嘞"和"哩"、上饶市区（属于吴语）的"吥"（老派使用）和"嘞"与景德镇类似，都属于市区话，都属于"混用型"。

南昌话：受关注较多，徐阳春（1999）记为"撇"，熊正辉（1995）和张燕娣（2007：242—243）大致相同。根据后者的调查，"泼［pʰot⁰/pit⁰］"相当于"掉"，"表示动作的完成或状态变化的结果"，常带有不满意味，例如（张燕娣 2007：242—243）：

(1) 卖泼个些书。

(2) 抛泼许件衣裳。

(3) 个个月我买泼几百块钱个药。

另外据徐奇（2010）的调查，江西省鄱阳、新余、都阳、宜春、分宜、峡江、高安、吉安等地赣语也有"呀"类标记。

（二）"呱"小类

本小类与［k-］有关，在江西境内赣语中分布也很广泛。

安义话：据万波（张双庆主编 1996：79—96），赣语"呱［kuaʔ⁰］"表示完成且动作有结果时通常必须使用，且与普通完成体标记"得［tɛ⁰/tɛʔ⁰］"连用，所搭配动词或形容词多为消极性的，有可能式"V 得/不呱"。例如（张双庆主编 1996：79—96）：

（1）渠跌呱得一支笔。（他掉了一支笔。）
（2）电视机坏呱得。（电视机坏了。）
（3）衣裳哒呱得，不合身。（衣服太大了，不合身。）
（4）个多事你一个人做得呱做不呱？（这么多事情你一个人做得完做不完？）

泰和话：据戴耀晶（张双庆主编 1996：97—113），"刮［kua⁵⁵］"比完成体标记"矣［i⁴²］"更强调"动作完成或对象完结"，后常用数量成分，有可能式（但是"刮、矣"的合音形式"改［kue⁴²］"没有可能式），例如（张双庆主编 1996：97—113）：

（1）水根小时间读刮十年书。
（2）叔叔上半日吃刮一包阿诗玛。
（3）隔壁个客走改，冒哪个吵你去矣。

另外据徐奇（2010）的调查，永修县、星子县、萍乡、武宁县、万安县、遂川县、安福县、莲花县、宜丰县、靖安县等地赣语也有"呱"类标记，除萍乡［ka⁰］、遂川［ka⁰］、安福［kei⁰］、宜丰［kʰa⁰］外，基本都读［kua⁰］。

（三）特征表现

就目前而言，赣语中以"呀"小类和"呱"小类最为强势。根据胡松柏、程熙荣（2008）和徐奇（2010）的面上调查，赣语中还有"得、脱、了、咧、落、既（老派）、呃、哇、啊"（记音字）等形式的同类标记，涉及［t/tʰ/l/tɕ］和零声母等，但调查资料尚不全面深入，暂不讨论。

就共同表现来看，这些标记大都对所搭配的动词有要求，多数不能单用，即通常限于含有"去除、使消失"意义的动词，常带有消极语意色彩，常与普通完成体标记搭配形成"吧来、呗哩、得哩、吓哩、吓啷"连用形式才能使用（乐平点除外）。就连用现象而言，江西赣语与湖南方言某些点的情况有些类似。"江西填湖广"是历史上的一次大规模移民行动，江西方言会对湖南方言产生影响，这些从完成体标记的语法联系上也可以观察到。

胡松柏、程熙荣（2008）认为"区分一般完成意义和结果完成意义"很可能就是赣语与吴语、徽语的一项区别性语法特征，能够反映三种方言之间的接触演变情况。徐奇（2010）专门调查了江西境内49个赣语方言点的情况，发现均存在这一区别（徐文分别称为"结果完成体"和"过程完成体"）。可见这种意义变体的区分至少在赣语区是极为广泛的。胡松柏、程熙荣（2008）还根据各类型之间的渐变关系推测汉语方言里完成体标记可能的演变方向是"分用型→混用型→单一型"，即表示结果完成的"掉"类标记逐渐混同消失，依据是赣东北吴语、徽语都是单一型（只有普通完成体标记）。但是，这些结论或许只能限于赣东北地区有效。根据本书的材料，这种区分在南方方言里是比较突出的。根据我们前面对吴语、徽语和江淮官话的调查，这些方言都还保留着"掉"类标记，普通话的"掉"也开始对方言固有成分进行替换。赣东北的演变情况如果属实，那么这种情况就极为特殊。因此，我们认为这很有可能是面上调查没有发现"掉"类标记，而不是不存在。

4.3.1.4 客家话

这里主要就调查相对比较详细的情况来介绍分析。

（一）广东客家话

梅县话：只有林立芳《梅县方言动词的体》（张双庆主编1996：34—47）的调查相对比较系统。其中，"撇"[1] 作为完成体标记，动词后一般要带时量补语或动量补语（动词"病、睡"等少数例外），有时仍可以转换为可能式"V 得/唔撇"，"V + 撇"（"撇"为结果补语）能

---

[1] 林文未标音，谢永昌（1994：302）记为"撇 [pʰet¹]"，陈修（1993：45—46）记为"[pʰɛt³]"。

用在祈使句、把字句、否定句中，而完成体标记"欬［e²²］"（相当于"了₁"）则不能①。例如（张双庆主编 1996：34—47）：

（1）信都写欬。（信都写好了。）

（2）佢嗨门背企撒论日。（他在门外站了一整天。）

（3）阿公病撒欬。（爷爷病了。）

（4）寻撒你三四摆。

（5）读撒十过年书。

河源（水源音）：属于客家话粤中区，完成体标记比较多②。根据练春招等《客家古邑方言》（2010：234—247），"毕［put⁵］"与梅县、连城的"撒"用法类似，句末常有语气词"噜"共现，只出现在一些短句中。例如（练春招等 2010：234—247）：

（1）昨日渠落班就毕噜。（昨天他下了班就走了。）

（2）渠睏毕一只钟头噜。（他睡了一个钟头了。）

（3）渠走毕噜喔！（他走了啊！）（用"喔"带有不耐烦的语气）

（4）食毕饭噜么？（吃了饭没有？）

惠州话③：已有刘若云（2006）、陈淑环（2010）等调查。陈淑环（2010）更详细，惠州话表示完成的有"抛［pʰau³³］"（常弱读为［au³³/ei³³］）和"□［ei⁵⁵］"，都相当于"了₁"，两者用法大致互补。"抛"主要与"损失、消耗"义动词搭配，后跟宾语一般要有修饰成分，不能用在存现句中，虚化程度很高于其他方言的"撒"，略低于"了"。例如（陈淑环 2010）：

（1）蚀抛几万元。（亏了几万块。）

（2）存抛有成年嘞。（存了快一年了。）

（3）老李等抛成半只钟，度门正开。（老李等了快半个小时才开门。）

---

① 黄雪贞（1995：64）有"了［e⁰］"用于祈使句的例句，例如：好~，莫话批评佢~！

② 根据练春招等（2010），相当于"了₁"的有动词变调、"包［pau³³］"、"毕［put⁵］"、"到［tau³⁴］"等，相当于"了₂"的有"噜［lu⁰］"、"来［luɔi³¹］"。其中，"包［pau³³］"使用最多。

③ 惠州话地处客家话、粤语和闽南语接触地带，归属有争议，《中国语言地图集》（1989）归入客家话，也有人认为属于粤语或独立出来（刘若云 2006；陈淑环 2010）。甘于恩、许洁红（2013）认为"抛"的本字可能是"通"。

"□ [ei^{55}]"主要与获取义动词搭配,表示积极义,例如(陈淑环 2010):

(1)赚□[ei^{55}]几万元。(赚了几万块。)

(2)存□[ei^{55}]有大把邮票。(存了很多邮票。)

(二)福建客家话

连城(新泉)话:据项梦冰(张双庆主编 1996:48—78、2002),"撒[p^{h}ie^{35}]"是连城话自身的创新成分,相当于普通话的"掉",用在动词、形容词或动结式后,结果多为消极性的,与动词之间不能插入"唔、得"变为可能式,可以与普通完成体标记"了[luə^{51}]"共现,通常必须带时量或动量补语(或准宾语)。例如(张双庆主编 1996:48—78):

(1)梨摘撒呃。(梨摘掉了。)

(2)我唔曾食撒一罐酒。(我没有喝掉一瓶酒。)

(3)人瘦撒恁多。(人瘦了很多。)

(4)做撒三张桌呃。(做了三张桌子了。)

项梦冰(2002)补充了"撒"与"了、已、来"等其他完成体标记共现的情况,例如(项梦冰 2002):

(1)佢去撒北京已时再唔曾转过屋。(他去了北京后再没回过家。)

(2)贾宝玉个扇撕撒了(时)佢又想撕晴雯个扇。(她把贾宝玉的扇子撕了之后呢,又想撕晴雯的扇子。)

(3)书撕撒来了已时,又去撕侪本子。(把人家的书撕了之后,又去撕人家的本儿。)

长汀话:据饶长溶(胡明扬主编 1996a:255—266),"撒[p^{h}e^{24}]"(阳平)接近普通话的结果补语"掉",表示"离弃、丢失、完尽"等意义,后可跟"嚟[le^{24}]"(阳平调,相当于"了$_1$")"咧[le^{21}]"(阳去调,相当于"了$_2$"),另有结果补语"了[liɔ^{42}]"表示"完尽、结束",有所不同。例如(胡明扬主编 1996a:255—266):

(1)细虫子捉撒嚟。(小虫捉掉了。)

(2)金戒指跌撒。(金戒指丢失了。)

(3)天时会暗撒咧,快滴走!(天快黑尽了,快点走!)

宁化话:据张桃(2004:118—136),"掉[t^{h}iaʔ$_5$]"与"撒"类

似，用在形容词或充当结果补语的动词后，必须后跟宾语，多是不期待或不希望发生的结果，有时还有可能式（如"食得/吓掉饭"），与"来［leiʔ₃］"、"到［tau₃］"等完成体标记大致互补①，例如（张桃 2004：118—136）：

（1）话掉半工人事。（说了半天的话。）
（2）即件衫着掉三四年去。（这件衣服穿了三四年了。）
（3）不顺心个事早滴荡掉佢。（不顺心的事情早点忘了它。）
（4）即多菜一下抵馊掉。（这么多的菜全都馊了。）

（三）特征表现

总的来说，客家话的调查资料相对不够丰富。另外，江西瑞金的"挑"（刘泽民 1997）、四川泰兴客家话"诶"（兰玉英 2007：263—265）和江西客家话的"了""掉"（宁石话）、"嘿"（客籍话）（刘纶鑫 2001：299—300）等都可能与"掉"类似。这样一来，客家话此类标记成分同样是不够一致的。

就目前来看，以广东惠州话"抛［pʰau³³］"虚化程度最高，梅县话"撇"、河源话"毕［put⁵］"、连城话"撇［pʰie³⁵］"、长汀话"撇［pʰe²⁴］"、宁化话"掉［tʰiaʔ₃］"等标记成分都与结果补语有联系，以能否转为可能式的标准来检验，有些仍然只是结果补语（如长汀），有些虚化程度较高而出现分化造成共存状态（如梅县、连城、惠州），有时难以归类定性。从句法表现看，有些方言点一般要带时量补语或动量补语，有些使用范围有限，附带有消极的结果完成意义。与普通完成体标记共现时，都只能出现在更靠前的位置上。从声母看，基本上都与［p］或［pʰ］有关，因此多数标记可能有着共同的来源。项梦冰（2002）认为连城的"撇"来自方言自身的创新成分，这可以为"撇"类标记的溯源研究提供借鉴。

其中特别值得关注的是连城客家话的情况。项梦冰（2002：134—158）构拟了连城客家话的不同历史层次，认为可以分为唐以前的层次（"已、了"）、唐宋的层次（"来、得"）、晚近创新层次（"撇"）。他还

---

① 据张桃（2004：118—136），宁化话的"来［leiʔ₃］"最通用，能用在句末作语气助词，但不能用于祈使句、把字句、否定句中；"到［tau₃］"多表示"期望达到的行为"。

发现连城客家话里五个体标记的连用共现规律,发现与标记来源的历史时间关系密切,来源时间越久远在句中的位置越靠后,大致的连用顺序为"撇(句中)>得(句中)>来(两可)>了(两可)>已(句末)",可以是两三个甚至四个标记连用,形成叠床架屋的复杂现象。项梦冰认为这种现象是不同完成体句式杂糅和历史层次叠置的结果。其他客家话里也存在类似的连用共现现象,只是调查资料没有连城客家话这么复杂。这种现象可以为深入认识普通话和方言在语言接触过程中的整合方式带来启发。

上述各地客家话尽管语法细节上的表现各有特色,但是有些语音和句法表现极为类似。这些完成体标记尽管虚化程度不一致,来源各不同,但是虚化程度高的成分仍带有结果补语性质的成分,在表达完成或实现意义上形成了互补分工,通过语法分布的不同或者语用色彩的差异整合为较为系统严密的完成体表达系统。当然,这种状态仍不够稳定,如何发展演变仍值得观察。

4.3.1.5 闽语

(一) 基本情况

福建福州话:根据陈泽平(1998:181—195),福州话(市中心区)"咯"读轻声,韵母为[-o],声母随其前音节的收尾音变化,原声母可能是[k-/kʰ-],陈泽平认为本字可能是"去"。"咯"通常只出现在句末(包括小句的句末),常附带有"非预期、消极的色彩",例如(陈泽平 1998:181—195):

(1) 腹佬寒疼咯。(肚子冻疼了。)

(2) 我饭食咯了。(我吃过饭了。)

"嘚"读轻声,韵母为[-ɛ],声母随其前音节的收尾音变化,入声韵后读[t-],鼻尾韵后读[n-],元音收尾字后读[l-],陈泽平推测原声母可能是舌尖音,本字可能是"得"。"嘚"的句法分布与"咯"大致互补,只能用在动词和宾语或补语之间,没有后续成分时一般不自足,例如(陈泽平 1998:181—195):

伊日日食嘚早就出去了。(他天天吃了早饭就出去了。)

不过,郑懿德(胡明扬主编 1996a:185—204)的调查与陈泽平有所不同。

福建泉州话：根据李如龙（张双庆主编 1996：195—224），泉州话"遭受貌"标记"挕嗦 [lan⁵⁵sak⁵]"（常省读为"嗦"），表示"事件是令人不快而又无可奈何的遭遇"，从例句看与"去、唠"等可以连用，李如龙认为它与吴语"脱"、赣语"刮搭"、客家话"撇"是类似的成分，相当于普通话补语"掉"，可能是个补语性成分。例如（张双庆主编 1996：195—224）：

（1）那个歹虫死挕嗦去唠。（那个坏蛋死掉了。）
（2）红柑冗伤久，烂嗦了去唠。（橘子藏得太久，全烂光了。）
（3）昨暝有输嗦几千箍无？（昨晚有没有输几千元？）

另外，泉州话的完成体标记"去 [kʰɯ]"在动词宾语前或时量补语前读变调 [kʰɯ³¹⁻⁵⁵]，在动词宾语后或句末读轻声，也用于否定句或疑问句里，带"贬义"的动词（如"死、破、歪、瘦"等）通常要加"去"，例如（张双庆主编 1996：195—224）：

鞋拖颂破去未？——天未颂破去呢。（拖鞋穿破了吗？——还没有穿破。）

泉州南安话：据吕晓玲（2007），"去"多读变调（句末读 [kʰɯ⁰]，句中后带宾语读 [kʰɯʔ⁵]，不带宾语读本调 [kʰɯ³¹]）与"了₁"接近，有数量成分时常带有意想不到的语气，"去"处在衰落中，多为老派使用，新派可省掉不用。例如（吕晓玲 2007）：

（1）伊写去几落十日犹未写好势。（他写了好几十天还没写好。）
（2）五碗绿豆汤我食去四碗。（五碗绿豆汤我吃了四碗。）
（3）母通共面桶水摈嗦去。（不要把脸盆水倒了。）
（4）即只虫死去唠。（这只虫子死了。）

此外，"去"还可做继续体或状态补语标记。

福建仙游话：根据王丽（2012），"嘞 [lui⁰]"［可能是"落去（下去、下来） [lɔʔ²¹kʰi⁴⁵³]"的合音演变］，只能在句末，相当于"了₂"，"表示状态变化的实现"，所搭配的词语一般都有 [+消极] 的语义特征，带有不如意的消极色彩（常在动词前加"乞 [kɒʔ²¹]"强调遭受义），没有"V+嘞+O""V+嘞+C"用法，例如（王丽 2012）：

（1）先生今旦病了。（老师今天病了。）
（2）衫裤乞歹两个坑嘞。（裤子破了两个洞。）

仙游方言带有消极色彩的体标记相当于"了₂",读音不变调,其他方言中多数相当于"了₁",可见仙游方言的情况比较特殊。

广东汕头话:根据施其生(张双庆主编 1996:161—194),"去 [kʰɯ²¹³]"表示完成,只读变调,多数读后变调 [kʰɯ²¹³⁻²¹],有时候也读前变调 [kʰɯ²¹³⁻⁵⁵],常附带有"不如意"的色彩,例如(张双庆主编 1996:161—194):

(1)伊只老鸡母分阿张三刣去了。(她那只老母鸡被张三给宰了。)

(2)撮钱分伊使了去了。(钱被他花光了。)

(3)撮绿豆放到乞伊生蚛角羊去了。(绿豆放得长了米象了。)

与之相反,"好 [ho⁵³]"有时带有"如意"的附加色彩,可能是仍未完全虚化的成分,侧重表示"过程完成",例如(张双庆主编 1996:161—194):

我想呾食猛暗好,睇电影了正转去。

广东海丰话:根据陈建民(胡明扬主编 1996a:172—183),"料 [liau²¹⁻²²]"在句中要变调,为结果补语,所附属动词必须"表示消失义",含有"消极或不满的色彩",例如(胡明扬主编 1996a:172—183):

(1)伊前年死料。(他在前年死去。)

(2)只件事你勿唔见得料。(这件事你别忘了。)

"咯、了、料"可以连用,表意强度有细微不同,"了咯、料咯、料了咯"程度依次增强,例如(胡明扬主编 1996a:172—183):

(1)只碗饭食了咯。(可能吃完,也可能刚动了筷子,还没有吃完)丨只碗饭食料咯。(一定吃光了)

(2)只碗饭食料了咯。(一点也没剩,语气更强了)

(二)特征表现

闽语的资料相对比较少。值得注意的表现主要有:从来源看,闽语里"掉"类标记多数可能与"去"有密切关系;从读音看,声母主要与 [kʰ-/l-] 有关,多数句中不读本调(仙游话除外),这是比较突出的特点;闽语中此类标记多数带有消极色彩,用在祈使句或后带量化成分,但有些只能用在句末,如福州话"咯"、仙游话"嘞 [lui⁰]";南安话"去"虚化程度最深,但是处在衰落过程中。

4.3.1.6 其他方言

粤语的完成体标记极为复杂,有些标记可能与"掉"类标记有关,但是多数方言语法特征的记录不够详细,尚待深入研究。据甘于恩(2002:64—69),粤语"亲"表示"遭遇体"(指"动作招致某种消极的结果或影响"),例如:

跌亲边度啦?(摔着哪儿了?)

另外,四邑话还有个"减"表示"消减体"("动作造成消减的结果或时间消逝"),例如(甘于恩、吴芳2005):

(1)我企唔见减只牛。(我家里不见了一头牛。)

(2)只鸡生减只蛋。(那只鸡生下一只蛋。)

另据张双庆(张双庆主编1996:143—160),香港粤语"亲[tsʰɐn⁵⁵]"侧重最近或急遽的完成,"晒[sai³³]"侧重表示全部完成、"减[kam³⁵]"附带有部分完成的意义,"晒、减"还带有类似补语的性质。彭小川(2010:40—62)认为广州话"晒[sai³³]"兼表总括的准动态助词,例如:

件衫湿晒。(那件衣服全湿了。)

相比而言,北方地区的情况较少有记录,晋语挖掘得比较多。根据郭校珍(2008)山西晋语的"佬"有些用法仍相当于"掉",用在致失性动词后,多数用在祈使句中。例如(郭校珍2008:85—86):

(1)把饭吃佬。(把饭吃完。)

(2)把空酒瓶子都扔佬。(把空酒瓶都扔掉。)

乔全生(2000)也注意到类似用法,邢向东(2005)认为陕北沿河晋语的"得、下"等仍能表示结果完成。辛永芬(2006b)注意到河南浚县"罢"[pa²¹³/pa⁰]"只表示动作行为或变化的完结",没有可能式,结果意义不显著,可与"了"共现,因此虚化不够彻底,与 D 变韵完成体用法(侧重表示事件过程的完结)有一定的互补性。例如(辛永芬2006b):

(1)吃罢了。

(2)吃罢一碗了。

(3)宣判罢还能上诉嘞。

4.3.2 总体特征

从上述情况可以看出，"掉"类标记在汉语南方方言中尤为普遍，在吴语、湘语、赣语、徽语、客家话、闽语、粤语和江淮官话、西南官话甚至北方晋语里都存在。这与《方图集》（2008）第075图的调查情况大致吻合。

就语音形式来说，不同方言之间差别很大，主要涉及 [t-/tʰ-/ɦ-/d-/k-/p-/pʰ-/l-] 等，因此这些标记很可能来自不同的语法成分。上述各大方言区都存在具有特色的优势标记，在一定程度上可以把它们作为所在区域方言的语法特征词，如吴语的"脱、爻"、江淮官话的"得"、湘语的"咖"、赣语的"吓、呱"、客家话的"撇"、闽语的"去"等。

从语法表现来看，因资料详略情况不同，只有苏沪皖地区的情况最为详细，因此我们很难根据刘丹青（张双庆主编1996：9—33）和王健（2010）的标准平行地对比所有方言点的情况，特别是涉及深层语义语用表现的情况，只能根据总体描述来判断。就语音磨损情况来说，多数方言不可重读，有些使用边音声母或零声母（如湖南岳阳方言和有些闽语、吴语、赣语方言点），已经很难求证词语来源。就语法表现来看，多数限于消除义词语搭配，常后跟数量成分，但能用在动结式后的不占多数，多数已经没有可能式或只在特定词语中保留；后面多数可以后跟普通完成体标记，有些方言甚至必须连用（如赣语和湘语某些点）。从语义语用表现来看，基本都兼表全部完成并形成一定结果，附带有消极性色彩，因此胡松柏、程熙荣（2008）才会将赣语的情况区分为"一般完成意义"和"结果完成意义"。刘丹青（张双庆主编1996：9—33）将结果补语虚化为普通完成体标记的阶段过程分为"能补谓词—唯补词—补语性体标记—纯体助词"四个阶段，按照这些标准来衡量，能够被记录的"掉"类词基本上都处于"补语性体标记"阶段，少数处于"唯补词"阶段，虚化程度普遍高于普通话的"掉"，但距离普通话"了"还有或远或近的距离。当然，该类标记的语法化过程并未终止，吴福祥（2001、2002）就发现南方方言的完成体标记（包括完成体助词或动相补语）有大量继续虚化为状态补语标记。因此，方言"掉"

类标记同时存在多个不同发展阶段的情况是很正常的，不能单纯根据功能单一化的标准来完全排除其体貌地位。

从不同标记的分布和具体使用情况也可以看出不同方言之间的相互影响和单一方言内部的词汇兴替过程。就普通话和方言的接触来看，普通话"掉"的广泛使用，本身就受到南方方言的影响（刘晓梅、李如龙 2004），但是"掉"反过来已经开始进入江淮官话、西南官话①、吴语、徽语、赣语、客家话等方言中［可参看《方图集》（2008）第 075 图的分布］，可见普通话和方言之间的影响是相互的。就某个区域来说，有些标记是跨方言区分布的，从中可以看到区域方言接触的具体情形，如吴语"脱"出现在临近的江淮官话、徽语里，表明吴语在临近区域的影响更为强势些。就单点方言来说，有些方言有多个标记，但是使用频率不同，正处在替换竞争的过程中，如兴化话"去"已经不如"掉、特"更常用，宁波话"脱"基本被"掉"替换。还有一种比较特殊的情况，"掉"类标记处于衰退中但尚未出现替换成分，是不是属实尚待深入调查，如泉州南安话"去"处在衰落中，已经不常用，新派甚至省掉不用也不影响表达，胡松柏、程熙荣（2008）也注意到赣东北吴语和徽语也有类似情况。

4.3.3 "掉"类标记的完成体地位

根据前面的总结可以知道，方言学者对"掉"类标记的体貌地位存在争议，有"遭受貌""消极"性完成体、结果完成体甚至非完成体标记等各种不同看法，不赞成的看法主要从"掉"类标记的虚化程度和造成体貌系统过于宽泛等角度考虑。实际上，这背后涉及体标记的认定标准问题，也涉及对方言"掉"类标记的整体把握。本书将结合普通话和方言的有关情况来思考这个问题。

4.3.3.1 普通话"掉"类词的体貌特征

我们把视野扩大到普通话中以"掉"为代表的虚化结果补语，可以得到一些启发。普通话中充当结果补语的动词是很多的，但已经虚化

---

① 杨育彬、齐春红（2009）调查讨论了西南官话云南方言"掉"的用法，认为已经属于与"了$_1$"并存的完成体标记。

的实际上是一个相对封闭的类，沈阳、玄玥（2012）认定的虚化结果补语只有"完、好、掉、住、成、了（liǎo）、着（zháo）、过（guò）"等，陈前瑞（2008：89—118）、孙凡（2012）等多把该类成分归入完结体（表示"彻底、穷尽地完成或结束某件事情"）或结果体（"表达的是对事件在时间的发展进程中完成并且有了结果这一阶段的观察方式"），这是从当代语法理论出发精细化研究而分出的体貌类别，从共同的语法意义来看，这些认识都与更抽象的"完成"意义有关。

这里以"掉"为代表讨论。翁姗姗、李小凡（2011）认为当前学者对"掉"的意义和用法的认识主要有三派观点：一是"表示动作的完成"（《汉语大辞典》1986；《辞海》1999；周磊磊 1999 等）；二是"表示动作的结果（包含'消失义'）"（吕叔湘 1980；叶经韬 1983；房玉清 1992；朴奎容 2000；《现代汉语词典》2005；徐时仪 2007 等）；三是兼顾前两派，认为"掉"包括"客体脱离、客体消失、事件的完成或状态变化"三种语法意义，反映了"掉"的不同发展阶段（刘焱 2007）。结合各家的研究，我们可以对"掉"的基本情况得到一些共识："掉"属于处在虚化过程中的结果补语成分，语法意义与"完成、实现、消失"有密切联系，在动词后读轻声，所搭配动词或形容词多有［＋消失/使消失］的语义特征（朴奎容 2000），"V（A）掉"结构附带有"消减、去除或不如意的消极主观义"（刘焱 2007），存在可能式"V 得/不掉"，"掉"在普通话中的广泛使用与南方方言的渗透影响密不可分（朴奎容 2000；刘焱 2007），《方图集》（2008）第 075 图中与"掉"对应成分基本限于南方地区也从侧面反映了这个情况。略举数例（均转引自刘焱 2007）：

（1）他答应母亲 2006 年一定把房子买掉，把婚结掉，把孩子生掉。（事件的完成）

（2）恐怕我们再不走老板就要疯掉了。（变化的实现）

（3）我逐渐丧失掉独立完成作业的能力。（事件的完成）

可见，至少从语法意义而言，"掉"的意义用法与完成是紧密相关的。那么，"掉"可否视为完成体标记呢？刘丹青（张双庆主编 1996：9—33）和王健（2010）提出的各项标准衡量，普通话"掉"的虚化程度是相对比较低的，还带有一定的词汇义和附加色彩，大致可把"掉"

的某些用法视为"虚化结果补语"①，如果只把动态助词视为完成体标记，"掉"显然不具备标记资格，充其量只能算作准体标记。

实际上，从语法表现和语义表达的共时系统性来看，普通话的"掉"类虚化结果补语在许多方面是与"了"形成对立互补关系的。

首先，从理论上说，"现代汉语语法系统中，有许许多多大小不同级别的子系统"（邢福义2002），这些系统都有总体趋同的动力，如"有没有X"句式系统的趋同也受到南方方言的影响，复合趋向动词系统"起去"的补位也有方言的因素。就同一系统而言，系统内成员之间的强弱态势不同，具体的语法表现和语义覆盖面也不同，强势成员涵盖面广，有可能部分涵盖弱势成员地位，出现不对称的情况，如在趋向动词系统中"起来"与"起去"用法很不对称，"起来"语法化程度远高于"起去"，但从结构互制和含义互制角度，具有不可替代的语用价值，不能因为"起去"弱势而忽视其成员地位（邢福义2002、2003）。这对于认识"掉"类标记也有启发。在多数方言中，"掉"类标记与"了"类标记有着很好的表意互补关系，是完成体子系统表达形式趋向对称分工的表现。

其次，从表达的精细化、严密化和系统性考虑，完成体实际上是有不同的意义变体的。比如Comrie（1976）根据语义解释的不同分为"表结果的完成体、表经验的完成体、表持续场面的完成体、表近过去的完成体"（望月圭子2000）。"掉"类标记多数属于"虚化结果补语"，可归入"表结果的完成体"行列。

最后，从"掉"类标记的实际表现来看，各个虚化结果补语及其与"了"之间实际上存在许多句法和语义对立。比如关玲（2003）认为"V完"表示完成体，与"了"有一系列的句法和语义对立；陈忠（2008）也认为"完"表示"渐进式终结"而"好"表示"完备式终结"，实际上"好"所搭配的动词多具有［+获得］的语义特征，附带有积极义，有学者注意到表示完成或实现的"好"实际上已经没有可能式（丁萍2012），如"售货员包好了饼干"不能变为"售货员包饼

---

① 沈阳、玄玥（2012）认为"虚化结果补语"的称呼比"唯补词、动相补语"更好些，本书予以采纳。

干包不好"。由于"汉语中的价值观集中体现在'得'与'失'的对立上"（陈忠 2008），这样一来，普通话表示"消极"意义的完成就存在表达空位，这也是"掉"能够在南方方言影响下快速泛化的重要原因。

据此，我们可以把表示实现或完成的虚化结果补语"掉"视为表结果的完成体标记行列，是常常带有消极性附加意义的完成体标记。这样也可以更好地从语义范畴角度认识汉语的完成体系统，看到汉语语法表达趋于精密化的具体表现，也能方便汉语教学（房玉清 1980）。

4.3.3.2 方言"掉"类标记的来源和共时系统表现

众多方言学者在调查方言完成体标记时，不约而同都注意到附带有消极性色彩的"掉"类标记，这本身就表明此类标记与完成体的密切关系。这里从历时来源和共时的系统性表现方面考察方言中"掉"类标记的发展和共存态势。

"掉"类标记的历史来源对认识其完成体地位也有启发。"掉"类标记的强势存在吸引了许多学者从历时来源上寻求对应成分。有些学者推测了单点方言的来源情况，共同点是从方言或历史文献中寻找音义相近的完结、消除义的动词或形容词，但是歧见纷现：潘悟云（张双庆主编 1996：254—284）认为吴语里"爻"来自形容词"爻"（只作补语，表示"消失、不再存在"意义）；陈满华（胡明扬主编 1996a：107—135）认为安仁话"嘎"可能来自"过"的音变；伍云姬（1996）认为"咖"可能来自"解"；陈泽平（1998：181—195）认为福州话"咯"本字可能是"去"；项梦冰（2002）认为连城话"撒"来自方言自身的创新成分；甘于恩、许洁红（2013）认为惠州等地"抛"的本字可能是"逋"。另外，有些学者认为某些来自不同方言的标记可能具有同一来源，以史有为（2003）和冯力（2003）为代表。史有为（2003）认为湖南方言的"嘎/咖/介/解"等和温州话"爻"可能来自近代汉语的"却"，但没有论证；李冬香（2003）认为湖南、江西、粤北等地湘语、赣语、平话、乡话以及土话方言中与"咖"有关的成分都来自"过"；冯力（2003）的论证是最有深度的，他结合这些标记大致平行对应的语义语法特征，结合音韵演变关系和语音弱化规律大胆猜测，认为湘语"咖（解）[ka]"、赣语"刮（呱）[kuaʔ]"、闽语"咯"、吴语"脱[tʰəʔ]、爻 [ɕiuŋ]"、粤语"埋"、客家话"撒"甚至壮侗语"去"都可能来自中古汉语动态助词"却（去）"，冯先生作此推测的重要依据是"却"在历史上的强势地位。根据曹广顺（1986）"却"未完全虚化时多与"击、杀"类动词组合，相当于"掉"，后来逐渐成为在中古汉语中使用最广泛的完成体标记，晚唐时与"了"并存，到宋朝后逐渐衰落。如果这种演变情况属实，一方面可以增强对当前方言中"掉"类标记的完成体地位认定，另一方面对认识"了、却"的竞争替换有帮助，虽然在北方方言"了"已经取代"却"，但在某些南方方言很可能仍处于并存阶段，尚未完成替换过程，附属的消极意义既是其语法化过程中语义滞留原则（persistence）的表现，也限制了其继续虚化的进程，只能通过语法或语义分工与新形式共存，如南宋时期《朱子语类》中"了、却、取、得"的分工并存就是如此（杨永龙2003）。前面我们也注意到闽语中"掉"类标记仍与"去"有比较明显的音义联系，可能正是这种情况的表现。这也从侧面启示，应该特别注意两者在方言中的同存态势。

从共时表现来看，方言中多个体标记共存通常会形成一定的语义或语法上的互补关系。其中以附带有积极性意义的完成体标记受到关注较多，与带有消极义的体标记形成对立互补，体现了较强的系统对称性。本书把来自虚化结果补语且带有积极性附加意义的体标记暂且称为"好$_方$"类标记，有些方言中此类标记虚化程度已经很高，也可以纳入完成体标记的观察行列。例如：

苏州话"好［hæ^{51}］"与"脱"相反，表示"成功性完成"，主要与自主动词搭配，常附带有"表示动作结果完满"的褒义，例如（胡明扬主编1996a：21—46）：

阿爹刚开好刀，住勒医院里。（爷爷刚开了刀，住在医院里。）

宁波话"好［hɔ^{35}］"是成功性完成体标记，句中多变调，与"掉"相反，多限于积极行为，例如（阮桂君2009：56—70）：

衣裳补好嘞。（衣服补好了。）

常熟练塘话"好"是半虚化的实现体标记，强调动作过程的完成，侧重自主行为，常带有积极义，例如（王健2008）：

（1）洗好手再吃饭。（洗了手再吃饭。）

（2）酒吃多哉，呕开就好哉。（酒喝多了，吐完就好了。）

温州话里与"爻"相对应的"起"（未标音）表示完成时则附有积极、增添的附加义。例如（张双庆主编 1996：254—284）：

(1) 衣裳着起望出走。

(2) 雨落起罢。（"下雨了"是新的变化情况）

常德安乡话（西南官话）"起 [tɕʰi⁰]"兼表完成和持续，用在受事主语句中，表完成时所搭配动词与"破"的情况互补，多为带有持续、保留意义的及物动词，表意大致相当于"好、上、住"等补语，多表示"达到积极的目的"，例如（伍云姬主编 2009 [1996]：61—78)：

(1) 书包挂起哒。（书包挂好了。）

(2) 伢儿怀起哒。（怀上孩子了。）

惠州话"□ [ei⁵⁵]""抛"主要与获取义动词搭配，表示积极义，例如（陈淑环 2010）：

(1) 赚□ [ei⁵⁵] 几万元。（赚了几万块。）

(2) 存□ [ei⁵⁵] 有大把邮票。（存了很多邮票。）

汕头话"好 [ho⁵³]"和"去 [kʰɯ²¹³]"相对，表示完成，前者有时带有"如意"的附加色彩，可能是仍未完全虚化的成分，侧重表示"过程完成"，例如（张双庆主编 1996：161—194）：

我想咀食猛暗好，睇电影了正转去。

相比方言"掉"类标记，"好_方"类标记被记录的较少，这里面当然有方言调查不够充分的因素。另一方面也可能反映出语用心理对标记方式的影响，通常积极、正面、肯定性的意义采用无标记表达方式，而消极、负面、否定性的意义采用有标记表达方式（沈家煊 1999；全国斌 2011），我们也注意到普通话和许多方言中表示积极意义是由普通完成体标记兼顾的，因此"掉"类标记更容易被记录和关注，很可能有这方面的原因。但是无论如何，也不能忽视该类标记的调查记录，以便于从整体上把握方言的完成体表达体系。

当然根据现实状况，从语义范畴角度挖掘这些标记成分在表示完成体意义时的分工情况是可行的。在大方言区比较方面，卢小群（2007：217—250）根据湘语的情况把完成体的意义变体区分为"完成貌（又分为一般完成貌、常规完成貌、消失性完成貌、成功性完成貌）、瞬间完成貌、已然貌（一般已然貌和肯定已然貌）"。在单点方言完成体描写方面，也应尽可能挖掘类似成分的意义分工，如吴语苏州话的完成体标记"仔（一般性完成）、脱（消极性完成）、好（成功性完成）、过（常规性完成）、着（意外性完成）"等也有类似的分工，再如蔡华祥（2008）调查发现盐城话里"脱"常"针对消极性事件"，"了"主要表示"具体事件的完成"并针对"中性的事件"（包括积极意义），"过$_1$"主要表示"抽象事件的完成"，"过$_2$"表示经历。由于盐城话的几个完成体助词句法分布较为类似，在竞争中形成对立互补的语义表达关系，体现了共时平面的系统性整合力量。这些都能够对将来的跨方言比较和单点调查提供借鉴，带来理论上的思考。

4.3.3.3 整体汉语特点对处置策略的启示

汉语方言"掉"类标记的情况也是汉语语法成分所处现实的直接反映，是汉语特点的具体表现。史有为（2003）指出汉语方言的完成体标记与结果补语有着藕断丝连的密切联系，多数标记"表达的意义不完全是非常虚化的达成，而是完结"，如果严格按照印欧语的标准来衡量，汉语的完成体标记（包括"了"在内）都只能属于"准体貌"。陈前瑞（2008：112）也指出："就体貌意义而言，分析型语言更可能拥有像完结体或完成体这样一些语法化程度较低的语法形式，而较少拥有像完整体或过去时这样一些语法化程度更高的语法形式。就包括方言在内的整个汉语而言，像词尾'了'这样的语法手段显然是后起的并且分布并不普遍，而完结体的形式不仅数量多而且分布也很广。这一特点是与汉语整体形态不发达的特点直接相关的。"① 面对这样的现实，就需要根据汉语完成体的实际情况调整处理措施。

从研究策略而言，刘丹青（张双庆主编 1996：9—33）很早就指出"虚化到什么程度可以算体标记，这个问题远没有解决"，并提出"适当考虑意义对应"，"意义范畴的建立则不妨稍稍放宽，只要有虚化倾向的都可以纳入同一意义范畴的比较框架中"。鉴于汉语虚化结果补语属于相对封闭的类别，根据实际情况，把虚化结果补语纳入完成体标记比较行列是相对可控的。目前，学者对普通话里虚化结果补语的体貌特

---

① 需要注意史有为和陈前瑞所用术语与本书有所不同。

征表现的挖掘远不如"了、过"等，某种程度上正是受制于以往对体貌标记的认识局限于印欧语的形态标准，将来需要首先解决这个问题，才能为方言语法调查时关注该类对应成分提供便利。

　　实际上，在跨方言比较时，单纯地着眼于语法性质和语义虚化程度来认定体标记，采用一刀切的办法，已经很难应对汉语里多数语法成分具有多功能性的现实。这不仅会导致在方言调查中遗漏许多重要的完成体现象，即使对于虚化程度最高的"了"也说不过去，吴福祥（2013）指出"了"实处于多功能性状态，兼有"完毕义动词、结果或动相补语、能性傀儡补语、完整体助词、完成体助词"等多种不同发展阶段的用法，这与多数"掉"类标记虚实意义并存的情况极为类似（翁姗姗、李小凡2011），因此最好一视同仁。方言中"掉"类标记普遍虚化程度远高于普通话"掉"，自然可以视为完成体标记。另一方面，"完成体作为一个范畴，其内部成员的地位并非整齐划一"（杨永龙2003），从共时系统性考虑，考察不同虚化程度的体标记的选择分工情况，实际价值可能更大一些。

4.4　本章小结

　　针对南北方言的后标记突出特点，本章选择其中的"了"类和"掉"类标记为考察对象，思考相关问题。

　　本章首先根据句中和句末的读音形式是否相同，把普通话和方言的"了"类标记分为同形类和异形类，通过《方图集》发现北方地区异形类恰好处于同形类的包围圈中，针对这个特殊的地理分布特点，我们采用"点面结合、单点透视"的处理办法梳理了异形类地区的具体情况，发现异形类方言中"了$_1$"和"了$_2$"对应成分的形义匹配关系基本不能与普通话"了$_1$"和"了$_2$"的功能区分形成十分整齐的一一对应关系，加之好些异形类方言中存在弱化音变或继续分化现象，两者实际上处于形义错配状态，这种状态表明我们不能根据异形类方言的情况来判定普通话"了"应该怎样分化。造成形义错配的原因来自方言系统内部的功能分化和外部的语言接触。内部原因涉及语法意义上已然与未然、主观与客观的不同，或者附属意义的区分，也涉及句法搭配上的动因。外部原因可能与历史上该区域不同的语言接触状况有关系，北方同形类方言可能受到满语、蒙古语等 SOV 型语言的强势影响，而北方异形类方言可能与该区域东西横向互迁的移民历史有密切关系。

  方言"掉"类标记在汉语南方方言中尤为普遍，特点突出。本章采取分区分小类依次归纳对比的办法，总结了该类标记的多项共性特征和不同细节表现。比如多数方言已经不可重读，限于消除义词语搭配，常后跟数量成分，但能用在动结式后的不占多数，多数已经没有可能式或只在特定词语中保留，可以后跟普通完成体标记，基本都兼表全部完成并形成一定结果，附带有消极性色彩。笼统而言，"掉"类标记基本上都处于"补语性体标记"阶段，少数处于"唯补词"阶段，虚化程度普遍高于普通话的"掉"，但距离普通话"了"还有或远或近的距离。最后根据普通话"掉"类虚化结果补语的体貌表现、方言"掉"类标记的历时来源情况和汉语特点等依据综合判定多数方言"掉"类标记可以纳入汉语完成体系统当中。此外，从具体标记的分布和使用情况也可以看出不同方言之间的相互影响和单一方言内部的词汇兴替过程，观察到普通话和方言之间相互影响的实际状况（刘晓梅、李如龙 2004），或者从中可以看到区域方言接触的具体情形。

第 5 章　变音型标记辨察

变音是相对于原来的读音（本音）而言的，可以是汉语语词在特定条件下声母、韵母或者声调任何一项单独发生变化，也可以是其中几项一起发生变化。在一定条件下，汉语方言可以通过动词性或形容词性成分自身采取变韵（如儿化）、变调、长音或者混合变音（变韵＋长音＋变调）等多种具有规则性的变音手段来表达完成体的语法意义。本书总结为儿化、D 变韵、变调、混合变音四种主要标记类型，统称为变音型标记。

5.1　儿化类

5.1.1　基本情况

儿化也是一种变韵，有些北方方言通过动词末尾音节儿化的方式表示"动作的完成或实现"，大致相当于普通话中"了₁"的作用，后文简称"儿化完成体"。据钱曾怡（2010：389—406），北方方言的儿化根据儿化韵尾的不同特点，可以分为卷舌韵、ɭ尾韵、平舌韵。就目前来看，儿化完成体基本都属于最普遍的卷舌韵，只有少数儿尾自成音节。儿化通常在相关动词或形容词韵尾加标 [r] 表示，为方便起见，本书例句直接在动词后用"儿"标示，有多个"儿"时在表示完成体的"儿"下方用下划线标明。

5.1.1.1　胶辽官话区

目前山东东部的胶辽官话所调查记录的情况最多，大都可通过卷舌儿化来表示，其中又以烟台话的调查最为充分。例如：

烟台海阳：（1）上儿山。|红儿眼。（2）踢儿一脚。（类编 1996：

177）。

烟台牟平：牟平动词儿化不能出现在句末。例如（类编 1996：177；罗福腾 1997：17）：

（1）裁缝掉儿剪子了。
（2）尝儿个七八十拉遍。
（3）图贱吃穷儿人。
（4）省儿不知，费儿不觉。
（5）我把这个褂子改儿穿儿吧。（我把这件褂子改改穿上了吧。）

烟台栖霞：刘翠香、施其生（2004），刘翠香（2005）对栖霞方言儿化的情况调查非常细致，可以看出栖霞动词和形容词的儿化（包括"儿［·ɚ］"和"［·ə］"）的用法与"了₁"大致对应，表示"动作的完成或变化的实现"，通常不能单独用在句末，后面需要带有宾语、语气词或复杂谓语。例如（转引自刘翠香 2005）：

（1）他头发白儿一大半儿。（他的头发白了一大半儿。）
（2）我们把作业写完儿吧！（我们把作业写完吧！）
（3）我叫他去买儿桶油。（我叫他去买了一桶油。）

综合统计钱曾怡（2001：261）、唐娟华（2004：25—29），刘翠香、施其生（2004），刘翠香（2005），高晓虹（2010）等学者的调查结果可知（按由东向西、由北向南顺序），目前山东威海、荣成、文登、乳山、（烟台）牟平、烟台、福山、长岛、蓬莱、龙口、招远、栖霞、莱阳、海阳、（青岛）莱西等地都有儿化表示完成体的情况（有些地点尚未看到具体调查材料），已经涉及威海、烟台、青岛三个地级市，都是胶辽官话登连片的核心地带。略举数例：

烟台：抬儿上山。（转引自唐娟华 2004：25）

长岛：（1）跳儿黄河也说不清。（2）一个小匣，盛儿两个老鸹儿。（同上）

莱西：他早就上儿山了。（同上）

威海：多儿管饱，少儿管了。（转引自唐娟华 2004：26）

文登：把那点儿东西儿吃儿它吧！（转引自唐娟华 2004：27）

蓬莱：买儿斤辣椒炒儿吃。（转引自唐娟华 2004：29）

荣成：（1）下儿雨了。（2）他红儿脸了。（3）烤儿完火了。（王

淑霞 1995：218）

唐娟华（2004：26）发现山东东部地区的儿化可以出现的句式主要是"V/A＋儿＋O＋（了）""V/A＋儿＋C""V/A＋C＋儿＋O＋（了）""V1＋儿＋O＋V2＋C"等，最常见的类型是"V/A＋儿＋O＋（了）"，充当补语成分的多数为数量补语或处所补语，例如（转引自唐娟华 2004：27）：

(1) 去儿三趟。（数量补语）（长岛）

(2) 送儿墙头上（处所补语）（牟平）

通常认为，这些儿化都是"了"脱落声母逐渐弱化卷舌化（"[lə＞ə＞ɚ]"）而来。

另外，据厉兵（1981）调查，辽宁大连的长海方言也属于胶辽官话，也有儿化表示完成体的情况，例如（厉兵 1981）：

宰儿头猪｜刮儿一阵子风｜车开儿走了。

长海方言的动词儿化还可以相当于"动词＋着/在/到/得"等格式的语法作用。

5.1.1.2　冀鲁官话区

山东淄博：属于冀鲁官话石济片。据钱曾怡（1993：14），淄博博山方言特殊语缀 [·ə] 有时候相当于"了"，可表示动作完成；央化的元音 [ə] 实际上是"了"脱落声母的结果，只是尚未与前面动词发生卷舌化合音，成为儿化韵 [ɚ]，例如：

(1) 吃 [·ə] 饭就来。

(2) 去 [·ə] 三回。

孟庆泰、罗福腾（1994：46—47、236）发现淄川方言中"了₁"随着前一音节韵母读音不同而多数变读为 [ə]，钱曾怡（2001：261）也记录了这个情况。孟淑娟（2001：58）调查张店方言时，认为这种弱读现象在淄博各区县都存在，只是博山话更明显，有时候"甚至虚化以致脱落，语感上只是前面的动词有一个较长的拖音"，"着、里、在、到、子"等也会变读为 [ə]。淄博方言里这个特殊的语缀 [·ə] 会不会进一步卷舌儿化尚需观察。

河北昌黎：属于冀鲁官话保唐片。据《昌黎方言志》（1984[1960]：25—28），昌黎话的动词卷舌化（即儿化）大部分相当于动词

加"嚠"(相当于"了₁",读音[liou⁰/lou⁰]),如:

(1) 剃儿头咧。
(2) 喝儿酒咧。
(3) 跑儿两回。｜放儿桌子上。
(4) 坐儿车来咧①。

形容词卷舌化相当于加"嚠",只能用在"去咧"前头,例如:

(1) 白儿去咧。
(2) 美儿去咧。
(3) 远儿去咧。

昌黎话表示完成体以"嚠""咧[lie⁰]"(相当于"了₂")为主,动词或形容词的卷舌化受到特定限制,"都不能用在停顿的地方,后面必须带有别的成分",就所举例句来看都是单音动词或形容词。我们注意到,《汉语方言地图集》第063图"我吃儿一碗饭"分布点不包括昌黎。

河北唐山:属于冀鲁官话保唐片。根据张文光(2000),唐山方言动词儿化也可以表示完成状态,主要用在"V儿+数补""V儿+宾+数补"和"V儿+宾"格式中,相当于"了"。例如(张文光2000):

(1) 刚才他让大家打儿一顿。(刚才他让大家打了一顿。)
(2) 这破东西,快扔儿它。(快扔了它。)

据李巧兰(2007),河北方言中唐山、丰润、丰南、遵化、玉田、滦县、滦南、乐亭、昌黎、秦皇岛、青龙等地方都有类似语法现象,主要是用在"X儿去咧"结构中("X"包括动词、部分形容词),表示相当于"了₁"的意义。例如(李巧兰2007:154—159):

(1) 东西他拿儿去咧。
(2) 屋里凉快儿去咧。
(3) 他做得可好儿去咧。

5.1.2 总体特征

从上述情况来看,在胶辽官话、冀鲁官话的其他地区或者其他官话方言中是否存在儿化完成体的情况,也很值得期待。据《汉语方言地图

---

① 最后两例还可以理解为"放得(到、在)桌子上""坐着车来咧"。

集》第063图"我吃儿一碗饭"的分布推测,在辽宁岫岩、沈阳、北镇、朝阳、兴城、凌源和河北唐海、山东荣成8个点也可能存在儿化的情况,这些地点都是受胶辽官话和冀鲁官话区明清移民影响较大的区域,但具体归属有所不同:岫岩属于胶辽官话区,沈阳、北镇、兴城属于东北官话区①,朝阳、凌源属于北京官话区,唐海属于冀鲁官话区。另外,我们注意到《汉语方言地图集》第065图"了(他来了)"中零声母类的[ə]类大都散布在长江以南地区,是不是属于儿化类似的性质尚待查证。

总体而言,类似山东东部胶辽官话的儿化完成体可能分布地域相当广泛,多数调查材料只是指出了儿化事实的存在,各地儿化所处的实际发展阶段和具体的用法还需要细致的调查和验证。从以上调查材料大致可以看出儿化完成体的几个共同特点:

5.1.2.1 儿化所表语法意义具有多样性

各地儿化并非专门表示完成体意义,都还兼有多种与普通话儿化类似的用法,名词、指示代词、副词、量词等都可以儿化,表示不同语法意义。就体貌意义而言,长海方言儿化可以表示持续意义,栖霞方言"[·ə]了"也可以用于持续体(刘翠香、施其生2004),淄博话的表示持续的"着"也会变读为[ə],这说明其他类似的助词成分都可能发生儿化音变。从共时层面看,这样不可避免地使儿化以单一语音形式兼有多种语法意义,造成标记交叉混用的现象(孟淑娟2001:58)。因此,应认识到这些表面相同的儿化应是从不同虚化成分的分别弱化变音而来,在调查时注意发现那些可以把不同语法意义区分开来的语法形式或句式框架。

5.1.2.2 儿化完成体的来源和演变情况

目前多数认为儿化完成体是从"了"弱化合音而来的,如史有为(2003)等都这样认为。具体来说,实际上是"了₁"脱落声母后与其前成分卷舌化合音而来的,即具体经历了"lə > ə > ɚ"的音变过程。从上面的情况可以看出,"儿"出现的句法位置都是普通话"了₁"可以出现而"了₂"不能出现的,因此,各地"儿"的语法功能大致可涵

---

① 钱曾怡主编(2010)把东北官话区归并到北京官话区。

盖在"了₁"的基本句法功能之内，当然各地儿化的扩散情况不尽一致，在具体方言中的分布范围也有大有小，在语法细节上可能不尽一致；总的来说，山东东部胶辽官话的儿化的适用句法范围比冀鲁官话要更广些。从音变的发展情况看，山东东部胶辽官话多数已经完成卷舌化，与前面的谓词性成分融合，但是也有些地区还存在类似后缀的"儿"，有一定的独立性，像栖霞方言应该处于后缀"儿［·ə］"和儿化韵"［·ɚ］"并存的阶段（刘翠香、施其生 2004），淄博博山等地方言的"［ə］"还是具有独立性的后缀，尚未与其前成分在语流中融合儿化。总的来说，山东东部胶辽官话的儿化完成体在发展程度上可能高于冀鲁官话等其他官话方言。

5.1.2.3 儿化可被方言完成体系统整合

当前的调查多把儿化作为特殊现象记录下来，要全面认识儿化完成体的情况，还需要放在方言体貌系统中细致考察儿化与"了"等体标记的分工和竞争情况。刘翠香、施其生（2004）系统调查了栖霞方言的儿化在完成体子系统中的具体情况。为方便起见，我们结合文章内容整合简化为下表：

	句法分布					语法意义
	动词后	体宾前	谓宾前	宾语前	宾语后	句末	（与"了"对应情况）
儿［·ɚ］	+	+	−	+	−	−	动作完成［了₁］
［·ə］	+	−	+	+	−	−	动作完成（了₁）
了［·lə］	+	−	−	−	+	+	新情况出出（了₂）
［·ə］了	+	−	−	−	−	+	动作完成+新情况出现（了₁₊₂）

注："宾语前"包括"体宾前"与"谓宾前"，单列出来便于比较；"谓宾"实际上是连谓句或紧缩句后一谓词。

从这个表格可清晰地看出，栖霞方言中"了［·lə］""［·ə］"、"儿［·ɚ］"和"［·ə］了"（实际上是"［·ə］"和"了"并用）四个不同语音形式既占据不同的句法分布位置从而形成对立，同时又各附带有具体而微的不同语法意义从而形成互补，最终被整合到一个系统当中，达到了形式和意义的一一对应，实现了语言表达精密化、系统化。刘翠香、施其生（2004）还具体展示了这个整合过程，转引如下图：

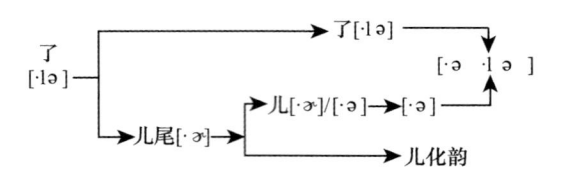

```
了                    ┌──→ 了[·lə]──┐
[·lə]─┐              │              ↓
      ├──→ 儿[·ɚ]/[·ə]──→ [·ə]  [·ə ·ə]
      └──→ 儿尾[·ɚ]─┘
                     └──→ 儿化韵
```

结合图示来看，儿尾在演变中又发生了卷舌化和非卷舌化的不同演变，这丰富了对儿化发展的具体认识。刘翠香（2005）在此基础上还发现儿化在"赶儿跑、搬儿来、撕儿烧"三种"V₁儿V₂"格式中与"V₁了V₂"不尽相同，反映了栖霞方言和普通话的动结式和动趋式处在不同的演变阶段。从这个案例，可以得到几点启发：

（一）关于助词"了"在山东方言中的对应形式

关于助词"了"在山东方言中的对应形式，高晓虹（2010）认为存在合一型和二分型两种情况。合一型主要分布在山东东部的胶辽官话区，如果考虑到栖霞的儿化情况，这就值得重新考虑："了₁"如果发生儿化，那么就已经与句末"了"的语音形式不同，实际上属于分化型了。这样的话，有些地区归为二分型可能更合适。实际上高先生也考虑到了山东东部的儿化情况，但她认为"了"与儿化并存也可以替换儿化形式，儿化尚未取得独立的语法地位，这可能是儿化完成体早期的情况。因为高文主要参照山东各地方言志资料，调查时间以20世纪80年代和90年代为主（18部方言志有12部在1990S出版），考虑到这一点，栖霞方言的情况可能反映了儿化完成体进一步的发展情况。当然，各地方言志的语法调查毕竟是不够深入和细致的，山东东部类似栖霞的情况还有哪些地点，需要深入调查核实才能确认。

（二）应重视从系统中考察语法形式的作用

这实际上是重视"句法管控"的考察。上述北方方言中儿化完成体实际上是方言中相当于"了₁"的成分自身发生语音演变的结果，最终演变的结果可能是儿化形式完全取代"了₁"。栖霞方言中儿化实际上已经取代"了₁"，成为具有独立语法地位的语法形式或手段，这是从体貌系统考察得来的结论，应该是可信的。这也为认识其他官话方言中儿化的语法地位提供了参照。其他官话方言中的儿化是否已经取得正式的语法地位，仅仅从目前所调查的事实来说，还是不能够得出肯定的答案的。多数调查只是描写了"了₁"出现儿化音变的静态事实，没有通过对比说明它在具体方言的体系中处于怎样的位置，给人的感觉是，这至多属于快速语流中便于发音的临时性音变，而非具有独立句法作用的固定语法形式。因此，有些论著直接把儿化认定为相当于印欧语言的屈折形式，是经不起认真推敲的。

5.2　D 变韵类

5.2.1　基本情况

按照通常说法，"D 变韵"是指方言的基本韵母逢动词、小地名、形容词、副词等所发生带有一定规律性的音变现象（贺巍 1983，王自万 2011），主要分布在河南北部和山西南部地区。这些地区的句中动词等发生 D 变韵时，能够表达动作完成或状态实现的语法意义，类似普通话"了₁"的作用，后文简称"D 变韵完成体"。与儿化现象相比，D 变韵的变化规律就显得极为复杂，目前相关调查材料较多的地区主要是河南北部。D 变韵通常在相关动词或形容词上简标"D"表示，本书所引例句除个别原文没有标注的上标"D"外，均注明详细的语音变化，如"买 [mai⁵³→mɛ⁵³]"。

5.2.1.1　河南晋语区

获嘉（河南北部）：获嘉属于河南新乡市管辖，获嘉方言属晋语邯新片。贺巍《获嘉方言研究》(1989) 详细描写了获嘉方言的变韵，47 个基本韵母中 32 个遇动词发生 D 变韵并简化为 24 个（1989：10—16），动词 D 变韵母可用在 27 类句式，其中有 22 类可以变韵表示"已然（已成事实）"（贺巍 1989：54—76），相当于"动词 + 了"的语法意义，分布范围比较广泛，可大致涵盖普通话"了₁"的基本用法。略举数例（贺巍 1989）：

(1) 你买啥？我买 [mai⁵³→mɛ⁵³]。葱（我买了葱。）
(2) 我去 [tɕʰy¹³→tɕʰyɛ¹³] 两趟。(我去了两趟。)
(3) 那个车是他装 [tʂuaŋ³³→tʂuɔ̃³³] 的。(那个车是他装了的。)

其中还有些类别的句式相当于"得、着、到"等虚字的语法意义,最后5类与时体意义无关。

卫元军:河南卫辉方言同属晋语邯新片。据《卫辉市志》(1993:625—626、650)方言部分的简略记载,其中有22个D变韵母(50个基本韵母)相当于普通话"动词+'了、着、到'等"。例如(《卫辉市志》1993:625—626、650):

(1) 我犁^{D}二亩地。(我犁了二亩地。)

(2) 我看^{D}一会儿书。(我看了一会儿书。)

(3) 屋里点^{D}灯哩。(屋里点着灯。)

5.2.1.2 河南中原官话区

浚县(河南北部):(鹤壁市)浚县方言属于中原官话郑曹片,在获嘉县东北位置(不接壤)。辛永芬《河南浚县方言的动词变韵》(2006b)发现浚县方言42个基本韵母有29个遇到动词会变韵并变为25个,"系统趋于简化",动词变韵"表示动作的完成或变化的实现"时,与普通话"了$_1$"的句法表现基本对应但不能完全等同,但更具强制性,只要表示完成体意义就必须变韵,比如动词重叠表示动作完成时,每个重叠形式都要变韵;在一些句式中常要求"了$_2$"必须同现。此处仅举两例:

(1) 买 [mai^{55}→mɛ^{55}] 一斤盐。

(2) 洗洗 [ɕi^{55}·ɕi→ɕiɛ^{55}·ɕiɛ] 衣裳。

据辛永芬《浚县方言语法研究》(2006b:70—74)补充调查,浚县方言的形容词D变韵时表示"状况实现",跟动词D变韵的句法表现具有同一性。此外,浚县方言的动词和形容词的D变韵还可用作持续体标记、终点格标记等,语法意义大致相当于普通话的"着""在""到"等。

郑州荥阳(广武):属于中原官话郑曹片北部边缘地带,在获嘉以南位置(不接壤)。王森《郑州荥阳(广武)方言的变韵》(1998)主要考察荥阳广武方言的句法变韵(K化韵)①,41个基本韵母有29个与

---

① 根据王森(1998):"K化韵"是指"在句法中动词、形容词、介词、名词四类词的大部分韵母的后一个元音或鼻尾韵由开口度小向开口度大变化的有规律的音变倾向","是一种开化的句法变韵"。从具体分析看,与获嘉、浚县的情况类似,因此本书也纳入D变韵之列。

动词和形容词的变韵有关并简化为 13 个，其中在"动 + （宾）/（补$_{数量}$）"格式可以表示相当于"了、过、着"的语法意义，发生变韵后的词语不能再同时后附"了、过、着"，相当于"了"时必须后有宾语等成分出现。与"动作的实现"意义有关的例句（王森 1998）：

他卖菜卖 [mai³¹→mɛ³¹] 十块钱（他买菜买了十块钱）。有的语法作用两可（王森 1998）：

（1）他背 [pei¹³→pɛ¹³] 袋儿面（背着/了）。
（2）那个电影我看 [kʰan³¹→kʰɛ³¹] 三遍儿了（看过/了）。

前一例若"着眼于动作的持续"，相当于"着"，若"着眼于动作的实现"，相当于"了"；后一例若"着眼于动作的经验"，相当于"过"，若"着眼于动作的实现"，相当于"了"。

长葛（河南中部）：属郑州以南许昌市，属中原官话区洛徐片。据赵清治《长葛方言的动词变韵》（1998），长葛方言动词变韵主要"表示过去完成"，43 个基本韵母有 31 个可以变韵并简化为 10 个，变韵后只有三个主要元音 [ə、ɛ、ɔ]。与"了"的区别主要是：变韵更口语化，用"了"显得语气"稍微郑重一些"。两者在口语中不能共现。所调查实例大都属于"动词 + 数量宾语/补语"的情况，例如（赵清治 1998）：

（1）买 [ᶜmai→ᶜmɛ] 点儿菜。
（2）吃 [ᶜtʂʅ→ᶜtʂʅə] 个馍。｜晾 [liaŋ→liɔ] 件儿衣裳。

不变韵动词表示完成必须加"了"，如长葛方言 [a] 不变韵，相关动词就必须用"了"表示完成，例如"他刚打了孩子一顿"（赵清治 1998）。

5.2.2 总体特征

可以看出，D 变韵完成体主要分布在河南北部地区。另外，据王自万（2011）考察发现河南开封方言的变韵与时体意义无关。综合这些调查可以看出，目前 D 变韵完成体的句法分布范围沿"新乡（获嘉、卫辉）→浚县→荥阳→长葛→开封"逐渐变窄以致缺失，构成一个渐变的演化链条。辛永芬《河南浚县方言的动词变韵》（2006a）就认为河南地区动词变韵现象在地理分布上的渐变特征值得注意，其分布范围和源头等非常值得继续调查和思考。根据上述材料，D变韵的以下表现值得特别注意：

5.2.2.1 D变韵所表语法意义具有多样性

与儿化变韵类似，河南地区的D变韵也非专门表示完成体意义，从所表示的不同语法意义来看，有时候还相当于"着、在、到、过"等虚化成分，这说明其他类似的虚化成分都可能发生D变韵，这也预示着D变韵内部很可能有着不同的来源。从共时层面看，D变韵可以兼作持续体、经历体等不同语法范畴的表达手段，这样不可避免地造成单一语音形式兼有多种语法意义的局面。因此，在调查时注意可以把不同语法意义区分开来的语法形式或句式框架，如辛永芬《浚县方言语法研究》（2006b：89—90）就说明了D变韵的不同语法意义在句法分布上的区别；或者说按照赵日新（2007）的看法，按照不同词性来分类，可能更有利于后期探察各自的演变来源。

5.2.2.2 D变韵后的方音系统趋于简化

根据调查材料可知，河南地区的D变韵具有系统的对应变化规律，能够从中看出语音弱化演变的总趋势。从变韵和本韵（基本韵母）的对应规律来看，尽管各地范围大小不同，变韵后的韵母系统简化并倾向于央化是一致的。王森（1998）把荥阳（广武）的变韵称为"K化韵"，认为带有开口度变大的倾向，但是有些包含[a]的韵母实际上开口度稍微变小或者根本不变韵，因此用"K化韵"来概括可能会忽视部分情况。综合获嘉、浚县、长葛、荥阳等地情况看，变韵后韵母基本都离不开央元音[ə]或接近央元音的[ɛ、ɔ、o]等中等舌位元音，这与赵日新（2007）以获嘉方言变韵材料为基础分析得出的"条条道路通央[ə]"的判断是一致的，也能为D变韵完成体可能来自"了"的弱化音变的推测提供很好的语音条件依据。

5.2.2.3 D变韵完成体的来源和语法地位

河南方言中许多虚化成分都可以发生D变韵，因此从来源看，实际上是不同成分音变后演变为同一语法形式。这里只讨论D变韵完成体的来源。从语法表现来看，D变韵完成体不能在句末发生，后面必须有宾语、补语、语气词或复杂谓语等条件限制，这些在各地是相同的，与普通话中"了₁"的句法表现是大致对应的。这可启发我们进一步探究 D 变韵的来源和发展情况，目前多数认为 D 变韵完成体可能是从"了"弱化合音而来的。据此可以更进一步把范围缩小，即实际上是"了₁"脱落声母后与其前成分合音变韵而来。以浚县方言为例，辛永芬《浚县方言语法研究》（2006b：83—90）在陈鹏飞（2003）的研究基础上，发现河南地区"了₁"与 D 变韵完成体在句法上平行对应，在共时的地域分布上构成渐变链条（"D"代表 D 变韵）："安阳（læʔ/æ/næ/lɐn/ɐn）＜汤阴（lɛʔ/ɛ/nɛ/nɐn/ɐn）＜鹤壁（ləʔ/ə/ɐ）＜卫辉（ləʔ/D）＜内黄（o/ə/D）＜濮阳（lə/D）＜淇县、浚县、滑县、延津（D）"，从共时分布和历时发展等角度令人信服地论证了 D 变韵完成体实际上来自"了₁"的合音音变。

当然，结合语法分布来看，各地的发展情况并不一致：据赵清治（1998），长葛方言中"了₁"必须出现在不变韵动词后，可见"了₁"尚与 D 变韵完成体共存；据王森（1998），荥阳（广武）本韵句和变韵句并存，说明"了₁"可能尚存；据辛永芬《浚县方言语法研究》（2006b：169—170、323—324）认为浚县没有"了₁"，浚县 D 变韵完成体和"罢、过"等完成体标记句法分布大致互补，但有时候也有交叉替换；贺巍（1989）没有明说获嘉的情况，我们细致查看正文例句和后附语法例句部分，没有看到获嘉方言中"了₁"位置上有不变韵的情况，当然这还需要在更大语料范围内确认。根据这些调查，暂时可归纳为两种情况：一是 D 变韵与"了₁"共存，但在语用意义上已经形成互补，比如长葛和荥阳（广武）方言中的 D 变韵都存在口语化特点，比较随意，而用"了"显得"稍微郑重一些"（赵清治 1998）或"文绉绉的"（王森 1998）；二是 D 变韵可能已经完全取代"了₁"，成为唯一的句中完成体的标记形式，获得与"了₁"完全相同的语法地位，获嘉方言和浚县方言的情况可能如此，但是在普通话日益强势的情况下，如何发展需要持续关注。

可以看出，在以上两种情况中，尽管具体演变情况不一致，D 变韵完成体均具有相对独立的语法地位，可以视作完成体的标记方式。无论如何，以上只能推论，当务之急是把 D 变韵的情况放在各地方言的体系中加以审视，着重弄清楚不变韵动词表示完成体的情况，才能有一个更清晰、更确定的结论。

5.3 变调类

5.3.1 基本情况

有些方言通过动词变调的方式表示"动作的完成或实现",大致相当于普通话中"了₁"的作用,后文简称"变调完成体"。有些方言的完成体标记本身在入句后发生变调,不在讨论之列,如闽语汕头方言的完成体标记"了₁、去"等句中通常变调(施其生 1996,张双庆主编 1996:161—194)。此类情况南北都有发现,分布比较广泛。下面由北向南依次说明。

5.3.1.1 山东地区

山东德州等地:属冀鲁官话。据曹延杰(1991:204)、钱曾怡(2001:261)唐娟华(2004:29—31)等,德州话助词"溜"[liou⁰]表示动作完成,在口语中常省略,但动词末音节仍要像位于轻声音节前一样变调,读阳平调动词则要重读并延长读音。例如:

(1) 我吃[tʂʰʅ²¹³⁻²¹]饭俩。(我吃了饭了。)
(2) 他买[mɛ⁵⁵⁻²¹³]菜俩。(他买了菜了。)
(3) 我到[tɔ²¹⁻⁴²]南边儿。(我到了南边儿。)
(4) 他移([y⁴²]重读并延长)白菜秧子俩。(他移栽了白菜苗子了。)

类似情况还分布在德州市乐陵、陵县、临邑、平原和(聊城)临清等县市区,如临清话(张鸿魁1990:27—28、163)里表完成的"唠"可脱落为零音节,原"唠"前动词发生变调,有时候还延长发音,主要用在"比较随便的非正式场合",例如(转引自唐娟华2004:31):

小赵给家里写[ɕiɛ⁵⁵⁻²⁴]封信①。

山东阳谷:属中原官话郑曹片(位于中原官话与冀鲁官话的交界之处)。据董绍克(2005:60—61)介绍,阳谷方言完成体标记"唠"(相当于"了₁")与临清方言类似,可以脱落,仅留变调和长音形式,例如(董绍克2005:60—61):

---

① 张鸿奎(1990)未标音,这里引用唐娟华(2004)调查资料便于说明。

玩□一天（弱化）＝玩唠一天（非弱化）。

山东平度等地：属胶辽官话。据于克仁（1992：234）调查，（青岛）平度方言的"了$_1$"可以"通过重读并延长前面动词的读音而加以省略"，所举例句基本只是单音动词（或参考钱曾怡2001：261—262）。例如：

　　炒（了）吃了。｜倒（了）油瓶也不扶。｜照（了）一张相。

唐娟华（2004：31—33）发现山东烟台市沿海的龙口、招远、海阳、莱州等地也存在类似情况，认为这些都属于"用音强、音长表示完成体"。果真如此，这很可能只是一种依赖具体语境的临时性语流音变，唐文所归总的实例多为连动句、兼语句、句中有表过去的时间词语（如"夜来、上个月、上星期"）或句末有类似"了$_2$"（"啦"）的成分，这类句子里"了"类标记通常都可消隐，重读或延长读音只是强调的手段而已，还很难固定下来成为规律性音变。如"他写（了）作业啦。"这样的句子表示完成或已然对语境的依赖性很强，在普通话里也可以这样说。李仕春、艾红娟（2009）认为"变调主要是直调（包括平调、升调和降调）变为曲折调，变为曲折调后给人感觉就是音节拖长了，所以说它是变调更合适一些。"据此，山东平度等地的情况很可能与变调有关，延长发音可能是变调给人的粗略听感印象，我们暂时归入变调来看待。

山东（日照）莒县等地：属胶辽官话[①]。李仕春、艾红娟（2008）发现莒县话单音动词后跟"了、着、到"等动态助词同时存在轻声变调和合音变调[②]，合音变调的规律是"阴平213变为321，阳平53变为353，上声44变为424，去声31变为551"。例如（李仕春、艾红娟2008）：

（1）我栽了［tsɛ$^{213\sim32}$lə^1］五棵树。（轻声变调）
（2）我栽［tsɛ$^{213\sim321}$］五棵树（我栽了五棵树）。（合音变调）

---

① 在《中国语言地图集》（1987）中归属于带有胶辽官话性质的冀鲁官话，钱曾怡主编（2010：11）确认归属于胶辽官话。
② 按照李仕春、艾红娟（2008、2009）：轻声变调应指"了"等动态助词读轻声并音长变短，同时使其前面的动词或形容词发生变调的现象；合音变调应指"了"等动态助词完全脱落，其轻声调与其前动词声调融合的变调现象，属于一种语法变调。

不过，莒县话口语里合音变调更常用，还可以表示持续体和终点格等，作者认为这与河南的动词变韵的语法作用类似。李仕春、艾红娟（2009）在对比考察莒县、（淄博）博山、（济南）济阳三地情况基础上总结了该类语法变调在山东各地的句法分布情况。李仕春、艾红娟（2008、2009）指出山东青岛、（滨州南部）邹平、日照等地也存在该类情况。

综合目前的情况来看，这类语法变调已经跨越了山东境内胶辽官话、冀鲁官话两大区，在临近的中原官话区也存在，但调查资料不多。

5.3.1.2　客家话和赣语区

江西赣州石城（高田）等地：石城方言属客家话宁龙片（温昌衍2003）。温昌衍《江西石城（高田）方言的完成变调》（2006）认为石城方言动词后成分可通过变调表示"动作已经完成（或结果已经出现）"。主要存在于动态助词"过"、结果补语和趋向补语中，具体规律大致是"阳平调（24）和上声调（21）变为阴平调（43），去声调（54）和入声调（2）各变为较短和较促的阳平调（大致为34）"，例如（温昌衍2006）：

(1) 爬上来［lei$^{24\sim43}$］。（爬上来了。）

(2) 看过［kɔ$^{21\sim43}$］（看过了。）

(3) 打烂［lan$^{54\sim34}$］。（打烂了。）

(4) 浸湿。［səp$^{2\sim34}$］（浸湿了。）

石城话"呃［ə^{43}］"相当于"了"，可不变调，作句末语气词时，"呃"也可以配合完成变调使用（带有强调意味）。例如（温昌衍2006）：

(1) 补好［hau^{21}］呃（补好了）。

(2) 做正［tsaŋ$^{21\sim43}$］作业呃。（作业做好了。）

他还发现谢留文《于都方言词典》（1998）记录了于都方言（客家话于桂片）里同样类型的合音音变，只是变调规律是统一变调值为42，例如：

寻到［tɔ$^{22\sim42}$］（哩）。（找着了。）

广东河源水源音：属客家话粤中区。据练春招等（2010：234）河源水源音还可以通过动词的变调来表达完成体，大致是"拉长语音，先降后升"，例如（练春招等2010：234）：

渠食［sit$^{3\sim314}$］饭就出去噜。（她吃了饭就出去了。）

江西抚州黎川：属赣语抚广片。颜森（1993：22—23、25）记载了黎川方言的降变音（变为阴去调的调值53）可用于动词"来"表示完成，例如：

来［lɛi³⁵⁻⁵³］了。

黎川"了［·ɛ］"根据前面词语韵尾的不同可有［ɛ, iɛ, uɛ, mɛ, nɛ, ŋɛ］等读音变化，在阳去调后不读低轻声而读中轻声。例如：病了［ŋɛ⁰］。｜打败了［iɛ⁰］。据此推测黎川方言可能兼有变调和变韵，只是尚需将来详细调查确证。

5.3.1.3 粤语区

高华年（1980：51—52）注意到广州话里动词的"高升变调"可以表示"动作已经完成"，例如：

我食（［sik²²⁻³⁵*］）咯！（我吃了！）

袁家骅等（2001：218；类编1996：176）也列举了类似情况，例如：

佢来（［lai²¹⁻³⁵］）啦。（他来了。）

实际上，粤语的变调情况比较复杂。甘于恩《粤方言变调完成体问题的探讨》（2012）全面总结探讨了粤语的情况，分为谓语动词本身的变调和完成体标记的变调两大类别：

（一）前者涉及的粤语方言点包括广州（海珠、黄埔）、增城（何伟棠1987）、肇庆、佛山（禅城）、南海（桂城）、顺德（大良）（林柏松1990）、中山（小榄、石岐）、台山（淡村）、德庆（高良）、番禺（市桥）、高要（白土）、怀集（上坊）、连南（三江）、清新（龙颈、太和）、香港（市区）、澳门等不下于20个点，各地具体情况有些差别，但都属于高升变调。其中，中山小榄话的变调比较普遍（郑伟聪1990），"分布在阴平（53）、阴入（5）、阳平（32）以及去声（22）、阴上（35）、阳上（13）、中入（34）、阳入（2）各调，阴平、阳平、阴入调变为超高平变调（记为5*或55*），其余变为25调"（甘于恩2012）；台山淡村话（余霭芹2002：381）变调可兼表实现态和持续态。略举数例（甘于恩2012）：

（1）咬［ŋɐu¹³⁻²⁵］佢一啖。（咬了他一口。）（中山小榄话）

（2）我食［sik³³⁻³⁵］喇。（我吃了饭了。）（澳门、广州海珠、南海桂城等）

（二）后者包括两类：一是"从经历体到完成体的变调"，肇庆鼎湖的经历体标记"过"高升变调为"姑⁼"后表示完成体，例如：

我冲姑⁼凉。（我洗澡了）。

二是"完成体标记'咗'强调性变调"，用来特别强调"完成"，黎纬杰（1990：182—184）记录了该情况，例如：

讲咗［tʃɔ³⁵~³⁵⁵ *］嘞。

黎纬杰（1990）还注意到有时候变调不是发生在动词或体标记上，而是相邻成分上。

5.3.2 总体特征

通过上述材料可知，变调完成体的情况地理分布比儿化、D变韵要广泛，北方以山东中西部的冀鲁官话以及靠近冀鲁官话的胶辽官话部分地区比较突出，据此推测整个山东地区可能都有分布，但是调查尚不充分；南方方言里以粤语里的变调最为普遍，调查也比较充分，客家话和赣语目前调查的地点较少。汉语属于有声调语言，变调现象极为普遍，有时候听感上不如儿化等现象显豁，因此变调中与语义、语法有关的情况更难调查。变调完成体的情况尤为特殊。

5.3.2.1 变调完成体的来源和发展

据李小凡（2004a），连读变调可分为语音变调和音义变调，"音义变调是从语音变调演化而来的"。变调表示完成体的情况比较特殊，与音义变调密切相关是毋庸置疑的。当前，多数学者认为各地方言的变调均来自相关体标记与其前词语的合音变调（或"音变"）。

（一）首先来看山东方言的情况。李仕春、艾红娟（2008）调查分析莒县方言的变调时，提出了"合音变调"，以区别语音变调中的"轻声变调"，李仕春、艾红娟（2008）直接称为语法变调。莒县方言中"了、着、到"等虚词可以失去"音节身份和所有音段"，只留其轻声调与其前动词声调融合而发生合音变调，它在语法意义和句法表现上与"了、着、到"等轻声变调大致平行，变调后的调值约等于两字调值之和。可见，合音变调表示完成体很可能来自"了"的轻声变调。李仕春、艾红娟（2009）在对比考察莒县、（淄博）博山、（济南）济阳三地情况基础上总结了该类语法变调在山东各地的句法分布情况，发现

"着、了、过、在、到、给、里"等脱落和单音动词、形容词、名词等变调情况不尽一致，我们总结为下表：

	"着、了"等脱落情况	单音 V、A、N 变调情况
博山话、长山话	完全脱落	完全变调
莒县话、安丘话	基本脱落	单音 V、A 为主，N 很少
济阳话	"着、过、到"未脱落	单音 V、A 变调范围小

可见，山东方言中各地的变调适用范围不一致，发展速度也不同。总的来说，山东方言的变调主要限于单音词，双音词并不变调，带有很强的口语化特征。张鸿魁（1990：27—28、163）认为临清话变调主要用在"比较随便的非正式场合"，也说明了这一点，其他地区的情况虽未言明，据此推测大概也极为类似。果真如此，那么变调完成体的情况很可能会与"了₁"首先形成语体或语用色彩上的差异，一旦固定下来，就有可能在方言语法系统中取得独立的语法地位。但是，目前的调查资料还无法充分证实这个推测。

（二）关于粤语变调的使用情况和发展趋势，甘于恩（2012）认为这些变调"相对集中于少数一些动词（如'食''搬'等），其类推功能稍弱，我们推测早期粤语可能较多使用这种表义手段，但目前逐渐退缩，让位于'咗''休'等显性的完成体标记"。关于粤语变调的来源，李新魁等（1995）、彭小川（2010：40）等认为来自完成体标记"咗"在语流中快速连读导致声韵脱落声调融入前面词语的合音变调，甘先生指出有些地方（如四邑话①）的完成体标记的读音就不是"咗"，因此不能说粤语变调全部来自"咗"的音变。

（三）关于江西客家话完成变调的来源，温昌衍（2006）认为石城方言变调来自"呃₁"（相当于"了₁"）与其前词语的合音音变，即"呃"只把自身的阴平调融合进前面词语而导致其变调。温昌衍

---

① 据甘于恩《广东四邑方言语法研究》(2002：64)，四邑话完成体用零声母助词，各方言点的具体读音不同，有［ə³³，e³³，a³³］等；广州话为［tsɔ³⁵］，但两地的本字都可能与"着（著）"有关。

（2006）还认为于都方言的完成变调是"哩[li³]"（读轻音，简化调值为3，实际调值为31）的声调融入或替换其前词语的声调发生合音音变而造成。他还认为河南长葛方言的动词"完成变韵"、陕西商县动词完成体的内部屈折①实际上都是助词"了"的"合音音变"，只是具体表现方式不同而已。此外，他不赞同把汉语方言中"合音音变"认定为"内部屈折"，因为"音变后表达语法意义的手段仍然是词或词缀"。

（四）就变调完成体而言，目前还没有看到把变调形式与方言体系统中其他完成体标记的详细比较材料，因此，变调完成体的存在价值，特别是其在语法系统中的位置还不好判断。类似变调方式也常发生在其他虚化成分上，因此变调实际上也兼有多种语法意义。

5.3.2.2 变调完成体的语音特征

各地方言采用变调表示完成体时，给人的总体印象是变调后调值比原调值要高一些或发音变长，借鉴粤语学者的说法，我们也称为"高升变调"。由于方言中的完成体标记基本都是轻声词，变调时为了有所区别，必然会采取提高调值或延长发音的办法。实际上，变调方言中有些调类的调值可能有所下降，如石城客家话里变调时"去声调（54）和入声调（2）各变为较短和较促的阳平调（大致为34）"。就语法意义的传递而言，一旦方言完成体标记的音段成分完全脱落，不能通过变韵方式来承载，相应语法意义就只能借助变调来形成新的语音对立，借助音境构造出新的语音形式来表达。因此，严格来说，变调后调值实际上是完成体标记与其前词语的调值相互协调整合而来的，变调后调值必须与原调值形成一定的区分度，才能形成语音形式上的对立。前述儿化、D变韵等变韵手段会造成具体音境中的词语读音比较大规模的临时变动，而变调只改变超音段层面的调值就形成语音对立，且不改变词语的基本音貌，对语言系统而言，确实是更为经济有效的表达形式。这也可能是语法变调南北皆存的重要原因。

当然，从整体趋势看，仍然可以认为变调具有"高升"趋向，相比轻声、儿化、D变韵等"弱化"方式，这种"高升变调"尽管也来

---

① 温昌衍（2006）结合王福堂（1999：77—178）认为陕西商县话"内部屈折"实际上是"了"[lao²]与前面词语的合音音变，"合音后形成变调和变韵"。

自弱化合音，但实际上给人的感觉更像是一种"强化"，即通过高升改变调值的办法来提高发音强度和显著度，增强变调形式的地位和作用，提高语义传输的效度。就此而言，变调实际上是一种针对原形式的音义趋于退化脱落现状的功能性补偿手段。

5.4 混合变音类

5.4.1 基本情况

有些方言兼用动词变韵、变调和长音的方式表示"动作的完成或实现"，大致相当于普通话中"了$_1$"的作用，本书参照史有为（2003）称为"混合变音"。目前，掌握的资料主要与中原官话关中片有关。具体来看：

陕西商县：今为商州市，属中原官话区关中片。据张成材《商县方言动词完成体的内部屈折》（1958），商县方言口语中可以兼用变调和变韵表达完成体。具体来看，商县 51 个韵母（［ɯ］韵无动词）中有 29 个是用变调和长音表示完成体，另 21 个兼用变调和变韵（包括全部韵母延长）表示。变调规律是"阴平 21 变为 3231；阳平 24 变为 2141；上声 53 变为 5231；去声 55 变为 551"，后来学者多认为变调后调值是"了［lao²］"（实际调值为 21）与其前词语的声调之和，至于变韵，温昌衍（2006）认为实际上是"非央元音变央元音，较高的元音变为较低的元音，单元音变复元音"，艾红娟（2012）认为"从底层音位的层次看，可以统一处理为单字韵后加 a"。也就是说，变韵后的韵母系统简化了。例如（张成材 1958）：

(1) 刮［kua²¹→kuaː³²³¹］多少芋头啦。（变调兼长音）

(2) 两个人夺［tʰuo²⁴→tʰuoː²¹⁴¹］半天啦，谁也不让谁。（变调兼长音）

(3) 他起［tɕʰi⁵³→tɕʰiɛː⁵²³¹］床啦，你还不起。（变调、变韵兼长音）

陕西西安：与商县同属中原官话关中片。黄伯荣主编（1996）只收录了西安方言变调表完成的情况，例如（类编 1996：176）：

(1) 我洗澡咧，你洗［ɕi⁵³⁻⁵²³¹］没有。

(2) 我搬［pæ̃²¹⁻³²³¹］家，有空浪来。

据孙立新（2007：191—192）最新调查，变调规律是"阴平31变作42，阳平35变作242，上声53变作31，去声55变作553，上声字变调后要带'咧'字"。例如（孙立新2007：191—192）：

吃［tʂʰʅ³¹⁻⁴²］饭走［tsɤu⁵³⁻³¹］咧。

另有少数韵母还可以通过变韵并变读长音表示完成，例如：

吃［tʂʰʅ³¹→tʂʰɛː³¹］饭走咧。

此外，西安话的"着"也可用类似变调表示进行体。

据孙立新（2001：69—70），西安西南部的户县也有类似西安的情况，只是变调的具体调值略有不同，户县方言为"阴平31变作42，阳平35变作353，上声51变作31，去声55变作553"，例如：

吃［tʂʰʅ³¹⁻⁴²］饭走［tsɤu⁵¹⁻³¹］咧。

户县方言的"着、到"等也有类似的变音现象。

山西祁县：位于山西中部，属晋语。据王艾录（1992），祁县话"V+上（下）"可以表示动作行为达到了应有的行为目的或结果的结果体，"上（下）"（可通读为［ɑ］）实际上是结果补语成分，在口语中以变韵为主，变韵有"替代法、嵌入法和渗透法"等不同方式，去声字还要发生变调（调值由34变为51），非去声字不变调但其后出现的句末语气词"了［li］"发生变调（升调35或降调31）。结果体与完成体密切相关，本书在此简介以供参考。例如（王艾录1992）：

(1) 你给他舀上［iu²¹³+ɑ→iɑu²¹³］一碗水。

(2) 他们把货物从车上卸下［ɕi³⁵+ɑ→ɕiɑɑi⁵¹］来了。

5.4.2 总体特征

目前，类似商县和西安的混合变音情况尚不清楚范围有多大。仅根据这几个方言的情况看，陕西混合变音的分布地域在地理位置上与山西晋语比较接近，其来源可能与河南的D变韵类似。河南地区的变韵可能与山西移民南下造成晋语和中原官话的接触有关（辛永芬《浚县方言语法研究》2006b；王自万2011），陕西关中地区会不会也与此有关尚需查证。如果有关系，为什么河南和陕西的音变情况会出现不同表现，就值得探究其中缘由。把混合音变中变调和变韵分开来看，前面单独归纳的变调和变韵的地理分布范围自然相应地扩大至陕西中原官话。

就混合音变的语音特征来看，变调似乎比变韵稍占优势，使用范围更广些。变调的总体特征与前述变调地区类似，变韵与河南地区的 D 变韵总体特征类似，不再赘述，至于为什么要兼用变调和变韵两种方式尚需进一步思考。就混合音变的来源看，王福堂（1999：177—178）认为陕西商县的内部屈折"实际上是合音的结果"，温昌衍（2006）在此基础上认为实际上是合音音变，"合音后形成变调和变韵"。孙立新（2001、2007）没说陕西西安和户县的音变是什么情况，既然属于同一方言小片，推测情况也应类似。

5.5　变音型标记性质辨察

5.5.1　当前的争议

表示完成体的变音形式是不是类似内部屈折的形态变化现象，目前的看法也很不一致。有些学者认为变音完成体不属于屈折形态，温昌衍（2006）不赞同把汉语方言中"合音音变"认定为"内部屈折"，因为"音变后表达语法意义的手段仍然是词或词缀"；张占山、李如龙（2007）认为合音是汉语的"独具特色的语法化模式"，不同于印欧语言的屈折形态。大多数学者认为方言中的变音形式是可以归属为屈折形态的，有代表性的看法如江蓝生（2000），汪国胜（2004a），刘丹青（2009），艾红娟（2012），张慧丽、潘海华（2019）等。近来有关看法在深入，主要是受到研究需要和理论背景不同的影响。其中，李小军（2014）认为，从共时角度看认定为屈折现象无妨，但为了历时演变研究需要，则可以不看成是屈折现象。杨锡彭（2015）认为："一般说汉语缺乏形态，主要是说汉语缺乏词形变化构成的表示语法范畴的构形形态。""有关著述报道的汉语方言形态都只是构词形态，而所谓构形形态的报道和分析都是不能成立的。"柯理思、太田斋（2017）结合部分完成体变音现象思考了汉语的形态类型问题，总体持较为辩证的看法，认为这些变音现象不会影响汉语类型特征的判断。在我们看来，当前尚缺少专门针对变音型标记的系统性论证，加之调查资料参差不齐，也阻碍着认识的深入。针对上述情况，要认识变音形式的语言性质，须持动态开放的辩证观念才能得出正确的看法。

5.5.2 本书的看法

自索绪尔以来,"语言是一个系统"已成共识,一定的语言形式必须有对应的语法意义,在系统中具有独特的存在价值,才能成为语法系统中有独立地位的成员。李如龙(2007：130—135)指出："(语音的)变异是否成功,必须受制于另一种力量,那就是整合。""有序的成系统的整合来自语言的两个基本性质——语言结构的系统性和语言功能的社会性。"对于表示完成体的变音形式而言,它们在特定方言中有没有区别于其他完成体标记的语法意义,当前多数调查并没有直接指明;有没有独特的语用价值,这个从上一节的讨论中已经知道,基本都带有口语化的随意色彩,有时候可以与来自共同语的"了"形成语用价值互补态势,显然这个随意性的状态是不够稳定的,一旦受到普通话强势冲击,很容易趋向萎缩以至消亡。

根据温锁林(1999),内部屈折(internal flexion)"是词形变化的一种,指用词内部词根中的语音的变换方式构成语法形式的一种语法手段。语音变换可以是元音,也可以是辅音,在有声调的语言中还可以是声调"。杨锡彭(2015)认为："一个词可以通过不同的词形表示不同的语法范畴,这是严格意义上的屈折形态。"针对这个情况,认识变音形式的语言性质时,从严认定,能够归属为屈折形态的就极少,栖霞方言和浚县方言的调查比较充分是可以认定的,其他的都不太好下结论;从宽出发,变音形式都具有独特的语用意义,有着特定的系统价值,或者只从方言口语来认识,变音形式在某些方言口语中居于绝对强势地位,认定为屈折形态自然无妨,如河南获嘉方言的 D 变韵类标记。这里还需要指出,讨论变音形式的语言性质实际上是从音变后的静态结果来看待,如果着眼于音变的来源和过程,把原形式纳入考虑范围,就很难得出恰当的认识,因此我们不太赞同温昌衍(2006)和张占山、李如龙(2007)等以"合音音变"取消"内部屈折"的具体做法。

吕叔湘《汉语语法分析问题》(2001[1979]：126—128)说道："汉语有没有形态变化?要说有,也是既不全面也不地道的玩意儿,在分析上发挥不了太大的作用。"这代表了汉语语法学界对汉语形态的基本共识。因此，承认汉语方言存在屈折形态，并不意味着可以把音变形式完全等同于印欧语言的形态变化，汉语方言的内部屈折毕竟"广泛性不足"（温锁林 1999），汉语方言的变音型完成体标记能够表达特定的语法意义，具有汉语自身的特色，即在使用范围上不具有极大的普遍性，基本局限于口语中单音词语，但是强制性方面比"了₁"要强些，"了₁"在有些情况下可以省略不用，而音变则必须发生，如浚县和栖霞等方言里的音变形式都是如此。

5.6 各类标记的整体表现

总体来看，变音型完成体标记有变韵（如儿化）、变调或者混合变音（变韵+长音+变调）等几种主要方式，也有个别比较独特的情况，似乎不好归到上述单独的某类中去，这里单列出来，供参考。

江苏泰兴：属江淮官话。泰兴话动词的衍音方式"由于连音变化，在开尾或元音尾韵后面读 a，在鼻尾韵后面读 ŋa，在入声韵后面读 ka，是个轻音节"。例如（李人鉴 1957；袁家骅等 2001：52；詹伯慧 2001：271—272）：

睡 a 一觉｜念 ŋa 五遍｜踢 ka 一脚（[a, ŋa, ka] 相当于"了"，表示完成）。

这些形式还可以表示持续（静态）、结果等语法意义。泰兴临近县市如皋、泰州、泰县、南通等也有类似用法（李人鉴 1957）。

湖南江永桃川[①]：属于湖南南部永州市。卢小群（2010）注意到桃川土话的完成体标记"□[ei^{33}]"用本调表示完成体，而用变调"□[ei^{35}]"表示进行体和持续体，这个变调具有区别语法意义的作用，十分特殊。例如：

完成体：（1）吾瞧□[ei^{33}] 半日书。（我看了半天书。）

（2）脑毛白□[ei^{33}]。（头发白了。）

（3）瞧□[ei^{33}] 戏就回归。（看完戏就回家。）（卢小群 2010）

[①] 据黄雪贞《江永方言研究》（1993）和张晓勤《永州方言研究》（2002），湖南江永属于典型的西南官话和土话双方言区。

进行体：食口［ei³⁵］饭。（吃着饭）（同上）

持续体：屋里口［ei³⁵］灯。（屋里点着灯）（同上）

这里"本调"和"变调"是根据作者的说法来概括的，根据卢小群（2010），"口［ei³³］"或"口［ei³⁵］"的本字尚未确证，怎样认识还有探讨的余地。

根据实际情况，本节主要总结上述四大类变音型标记的地理分布特征，借此推测可能的几种竞争演变趋势。

5.6.1 变音类型南北有别

汪国胜（2011）指出："方言里有着丰富多样的变音式语法手段，我们对其语法地位应有充分的认识。它不光显示了方言语法的特点，也从一个方面展现出'整体汉语'的面貌。"桥本万太郎（余志鸿译1985）曾注意到汉语方言在句法结构、基本词汇、音韵结构等层面的几项大的南北对立，令人瞩目。从本书的总结归纳来看，变音型标记的具体表现南北不同，北方方言里变韵、变调、混合变音等各种变音方式都比较普遍，而南方方言里似乎只有变调较为常见，这就显示了汉语方言的南北差异。我们注意到《汉语方言地图集》第065图"了（他来了）"中零声母类大都散布在长江以南地区，主要散布在吴语、赣语、闽语、粤语、客家话等东南方言里，这是不是反映了南方方言完成体标记的声母弱化脱落情况，将来会不会继续发生像北方方言这样的发展，有待观察。

为什么会如此？赵日新（2012）认为："就官话来说，双音节词占据优势，这就为其丰富多彩的词内音变提供了更多的可能性：同化、异化、弱化、合音、'吞音'、变韵、脱落等诸多变化虽然也见于南方方言，但相比之下，官话方言[①]此类现象显然更为丰富、更为复杂、表现更为突出。""今后，如能从官话方言与东南方言的不同变化这一角度切入，进行宏观研究，一定可以总结出一些汉语方言的不同演变模式。"[②] 赵先生从宏观上看到了汉语方言出现南北差异的重要原因，可

---

① 据钱曾怡主编（2010：1），"官话方言"是地域方言的一种，"官话"是共同语的旧称，两者不等同；"北方方言（北方话）"是着眼于主要分布地域的称呼。

② 赵日新：《官话方言研究的意义》，《中华读书报》2012年2月15日第15版。

以启发我们思考变音型体标记的形成动因和相关语音演变机制。那么，南北方言的音节韵尾不同有没有影响？东南方言里都保留了入声韵尾，会不会影响到音变方式？历史上的大规模移民（比如山西"大槐树"移民、山东和河北的"闯关东"移民）带来的方言接触影响有多大？

对此，我们注意到李如龙（2002）在讨论汉语方言的语流音变规律时曾认为"现代方言中，凡是完整地保留塞音韵尾的方言，变调、轻声都很少（如粤语和多数客赣语）。如果说，入声韵尾的消失是促成连读音变的有利条件，应该是有理论和事实的根据的。从外部因素来说，现代官话方言中，北边、东边的'中心区'普遍连读音变（变调、轻声、儿化）多，南部的西南官话变调和轻声都不太多，变调往往只见于叠音词，有些点有儿尾，只有少数点有儿化现象。江淮官话变调和儿化也少。这可能和语言接触的不同环境有关。北方官话长期与单音词很少、又有轻重音的阿尔泰语系语言接触；而南部的官话和方言则与单音词多、音变少的壮侗语接触，南边的非官话的音变也显然较为后起。说汉语方言的语流音变是从近代到现代、从北到南地扩展和推进，应该是可信的"。结合这段话来看，汉语方言完成体标记的音变类型和地理分布情况是大致吻合的，至于更深层次的具体动因，还需要结合语音变化的原理和语言接触的具体情况来深入思考。

5.6.2 共时差异与演变趋势

汪国胜（1998）指出："方言的共时差异反映着语言历时演变的轨迹。"根据 Bernd Heine 和 Tania Kuteva 合著《语法化的世界词库》（龙海平等译 2012：2），语法形式的语法化过程往往伴随着语音实体的不断销蚀。汉语方言中表示完成体的音变形式本身就是完成体标记在语法化过程中声韵成分不断销蚀的表现，它们在地域上的共时分布情况也可以反映出完成体标记历时演变的轨迹。

5.6.2.1 从地域分布看历时演变链条

从共时的地域分布来看，四种变音方式都有各自的核心分布区，除山东地区外，多数并无交错叠置关系。就目前的调查资料来看，山东方言已经兼有儿化和变调两种音变方式，两者的核心区域各有侧重：儿化在东部胶辽官话区更为显著，变调似乎在中西部的冀鲁官话或毗邻的部分胶辽官话地区里比较普遍。尽管如此，两者的分布地域的叠合程度是非常高的，至少有些地区目前已经可以确认，如淄博博山方言中就兼有语缀［·ə］和变调完成体的情况；张占山、李如龙（2007）发现烟台方言同时存在合音变调和儿化，但合音变调没有表示完成体的用法。根据这些事实情况，大致可以推测：（1）山东某些方言在变调之前是不是经历了类似儿化的弱化阶段？也就是说，变调很可能是官话方言口语中"了₁"的语音进一步弱化的具体表现；（2）合音变调也可能是独自发生的，与儿化无关，两者各有分工，鉴于汉语变调现象的普遍性，这并非没有可能。目前，这些都只能是推测，需要详细调查山东方言中变调和儿化同存的具体情况方可定论，特别是变调，目前还不能确信它在方言体貌系统中的语法地位。

无论如何，上述山东地区的情况启发我们可以从整体上宏观思考四类不同的变音方式的历史演变关系，构拟出"整体汉语"中"了"类完成体标记和四种变音方式之间是否可以构成历时的演变链条。关于汉语语法化历时演变的语音表现问题，江蓝生《语法化程度的语音表现》(2000：157—167) 有过很好的思考。江先生以持续体标记"着"为例构拟出了相应的演变链条："动词（著）→介词（着/的）→词缀（ə）→零形式（：/ø）"。艾红娟（2012）根据汉语方言完成体标记的情况扩展为"动词→介词→词缀→屈折词缀→零形式（：/ø）"，加入了"屈折词缀"阶段。根据方言变音型体标记的具体情况，我们认为可以具体化为"动词（'了、过'等）→动态助词（'了、过'等）→词缀（ə）→屈折化阶段（儿化、D 变韵、变调等）→零形式（：/ø）"。根据这个构拟的演变链条，可以看出各地的演变是不平衡的，所处的发展阶段并不一致。这也表明汉语的语法化在整体上同样遵循单向循环的语法化模式。

5.6.2.2 从口语和书面语互动看演变趋势

根据邢福义、吴振国主编《语言学概论》（2010 [2002]：247)，语言中口语和书面语的相互影响也是影响语言演变的重要内部动因。就汉语而言，普通话和方言在很大程度上实际代表了书面语和口语的分野。普通话的语法标准是"以典范的现代白话文著作为语法规范"，也就是说主要是依据书面语（文学语言）的情况，实际交际中使用的活语言主要是汉语方言、带有过渡性特征的各种地方普通话以及习得程度不充分的普通话。"方言研究的本质是对活的语言进行调查研究。"①（李蓝 2016）汉语方言语法调查实际上是调查各地口语语法，能够在最大程度上反映汉语口语语法的实际整体状态，可以看到"整体汉语"在各地具体存在形态，以及共同语与方言的互动状态。

根据上述调查资料可知，除粤语用"咗"外，实际上"了"在发生音变的方言中与变音形式同时使用，这必然出现竞争关系，形成互补态势。调查资料显示，各地的变音型体标记都是发生在单音词上，双音动词不会发生音变，汉语方言口语以单音词为主，这表明变音是发生在各地方言口语的实际使用当中，有些调查已经直接点明变音形式是在日常口语中更为常用的。我们知道，口语往往带有比较随意的色彩，书面语比较正式严肃，来自共同语的"了"与变音形式很可能因此形成语用或表意上的互补关系。这一点，有些调查已经直接指明，如临清方言的变调主要用在"比较随便的非正式场合"（张鸿魁 1990：27—28、163）；长葛方言的动词变韵更口语化，用"了"显得语气"稍微郑重一些"（赵清治 1998）；商县方言动词完成体的混合变音"都是指口语而言"，"如果要是把这些话写到纸上，那么一定得用'动词+了'的形式"（张成材 1958）。

当然，随着普通话越来越强势，将来的演变趋势或可推测。一种可能情况是"了"类助词标记日益强势，变音形式逐渐退缩。以上官话方言的调查材料大都没有言明，但在某些强势的地域方言中，比如粤语就有类似情况，根据甘于恩（2012）的研究，粤语助词"咗"充当完成体标记越来越广泛，变调完成体的使用范围在退缩，当然"咗"也会面临普通话的"了"的竞争。官话方言里的音变形式也有口语随意性的一面，使用范围有没有退缩需要调查时特别注意。另一种可能情况是普通话"了"在书面语中保留相对完整形式，而在地方普通话和方言口语中以音变方式继续发展，并整合进入当地的方言语法系统中，使口语表达更为精密。各地方言尽管受到普通话的强势影响，但是也有来

---

① 李蓝：《方言语法研究中的本字考》，丁邦新、张洪年、邓思颖、钱志安主编《汉语研究的新貌：方言、语法与文献——献给余霭芹教授》，香港中文大学出版社（CUHK Press）2016 年版，第 61—71 页。

自方言系统内部的发展动因和整合力量，这是不能忽略的。根据前面的探讨，许多方言中的变音形式很可能都是来自"了₁"等完成体标记（粤语用"咗"等）与其前词语的合音音变，来自共同语的"了₁"位于句中位置，较难受到外来影响，因此主要是自身出现语音弱化，重新形成语音形式和语法意义的对应，比如栖霞方言（刘翠香、施其生2004）里对应"了₁"的成分语音上不断弱化，"了₂"有条件留存，都可以分别表示不同的语法意义，这样就通过叠置兼容的方式都被整合进栖霞方言的完成体系统当中。无论哪种情况，都可发现共同语的完成体标记对方言的渗透越来越强势。如单韵鸣（2013）通过问卷调查就发现广州话里"咗"和变调的选用与说话人的文化水平密切相关，文化程度越高越倾向于选用"咗"，背后的制约因素正是共同语借助教育向方言口语的强势渗透。

根据材料显示，位于句末的"了₂"的发展可能不同于"了₁"，句末位置常受到语气、情态等因素影响，比较容易出现分化情况，郭小武（2000）就发现普通话口语中"了、的、呢"等成分存在强弱两套发音，"需要强化语气表现力"时会发生"a化变韵"（由［ə］变读为［a］等），即开口度变大。关于"了₁"和"了₂"的情况，郭先生（2000）认为："最大的可能性是'了₂'以 a 套发音为主，e 套发音为辅，而'了₁'以 e 套发音为主，a 套发音为辅。"结合史有为（2003）和高晓虹（2010）来看，方言中"了₂"位置上确实会受到主观性影响而出现分化。李小军（2014）则认为"了₂"的音变主要参与合音的句末语气词有关。据此或许可以大胆推测：汉语方言（特别是官话方言中）的"了₁"类成分的演变遵循系统内语音弱化的路径，"了₂"类成分遵循按情意表达而分化的路径。当然，这还需要大规模的跨方言验证。

5.7　本章小结

本章把变音型标记分为儿化类、D 变韵类、变调类、混合变音类四种主要类型，分别总结了每类方式的语音特征、语法意义和地理分布情况。可以看出，变音形式都具有很强的口语色彩，受到的限制较多，通常都有特定的变音规则，主要发生在单音节动词或形容词身上，而且南北方言采用变音方式的总体表现有所不同：北方方言里变韵、变调、混合变音等各种变音方式都比较普遍，而南方方言里似乎只有变调较为常见。本章认为应从是否在方言语法系统中表达了独立的语法意义来认定其完成体标记性质。此外，还可结合语法化程度的语音表现将汉语方言完成体标记的语音弱化链条具化为"动词（'了、过'等）→动态助词（'了、过'等）→词缀（ə）→屈折化阶段（儿化、D变韵、变调等）→零形式（ː／ø）"。我们也从口语和书面语互动角度推测了变音型标记和普通话"了"之间竞争发展的可能态势。

  关于汉语方言完成体标记的音变现象，可谓问题多多。对于汉语方言的变音型完成体标记而言，当前多数调查材料只是描写了变音形式的静态事实，没有通过对比说明它们在具体方言的完成体系统中处于怎样的位置，给人的感觉是，这至多属于快速语流中便于发音的临时性音变，而非具有独立句法作用的固定语法形式。汉语的完成体标记本来就强制性不足，影响因素复杂，调查材料不充分说明语法条件就很容易引来质疑。如杨锡彭（2015）就对张成材、何伟棠、李仕春、艾红娟等关于方言变调的调查材料提出了不少疑问："到底是动词变调表示了完成的语法意义，还是结构中本来就不一定需要动态助词表示完成，或是句子中或上下文中的其他因素起作用，或是动词所在句子中别的虚词所表达的语法意义。"诸如此类的问题还有很多。表示完成体的变音形式也出现在名词、代词、副词、介词等其他常见词类，但多数调查缺少必要的横向对比以致无法相互区分。再比如，解释方言音变的来源和发展趋势难度很大，特别是失去音段成分的音变现象。有些论文在解释音变成因时喜欢套用语法化理论，解释过于随意，或者只是依据句法分布上的平行性来认定，未考虑音变能否独立发生。比如甘于恩先生发现的粤语四邑话的变调情况（甘于恩 2002：64）就启发我们需要重新思考"变调直接源自合音音变"的可能性。

  总之，要科学地、客观地认识变音现象的语言性质，就要充分注意方言语法现象具有"动态性、可变性和异质性"的事实状态（刘丹青 2009），重视"句管控"（邢福义 2001），深入发掘与方言完成体音变现象相关的句法机制，才能提高令人信服的方言语法事实，而不是急着套用理论来简单认定，毕竟这是关乎汉语语言类型归属的大事。

第 6 章　结语

汉语方言完成体标记是方言语法调查研究的热点和难点。本书从语义范畴主体视角出发，更加关注各方言完成体范畴自身的系统性表现，通过跨方言比较，得到了许多具体的研究发现，这些可以参看各章小结部分。这里主要概括说明比较突出的共性表现，谈谈进行跨方言语法比较的一些体会。

6.1　共性表现

6.1.1　类型分布南北有别

汉语方言完成体标记虚化程度不均，这对跨方言比较是个很大的障碍。刘丹青（张双庆主编 1996：9—33）曾说"虚化到什么程度可以算体标记，这个问题远没有解决"，因此需要"适当考虑意义对应"，"意义范畴的建立则不妨稍稍放宽，只要有虚化倾向的都可以纳入同一意义范畴的比较框架中"。根据实际情况，本书采取相对宽泛但可控的做法，结合句法位置和语音特点，把汉语方言完成体标记的总体类型分为前置型标记、后附型标记和变音型标记三大类型。

前置型标记以来自东南方言的"有"最受关注，正以日益强势的姿态对普通话和其他方言产生影响，成为观察普通话和汉语方言接触的活样本，受到许多学者关注。

后附型标记是汉语方言完成体标记的最主要标记类型，具体的语音形式极为繁杂，南北方言的总体表现不同：北方方言里声母类型以[l-]类为主，区域一致性程度很高；南方方言则有数十种不同的声母类型，地理分布总体上呈现为跨区串片、交错混杂的状态，同时每个方言区都有一两种占据主导的优势标记,可以成为各区方言相互区别的语法特征词。结合语法语义特征来看,北方方言"了"类标记同形类和异形类的分布对立现象、南方方言普遍使用"掉"类标记等现象都很有特点。

变音型标记采取儿化、D变韵、变调、混合变音等多种不同的变音方式,同样存在南北方言的地域差别,北方方言里变韵、变调、混合变音等各种变音方式都比较普遍,而南方方言里似乎只有变调较为常见,这或许与李如龙(2002)、赵日新(2012)等所说南北方言的词汇音节模式不同有关。这也是以往关注较少的地方,值得继续深入探讨。

桥本万太郎(余志鸿译本1985)曾注意到汉语方言在句法结构、基本词汇、音韵结构等层面形成几项大的南北对立。从完成体标记来看,汉语方言也在有关的语音形式和语法语义表现上存在类似的南北差别。

以上只是就总体的分布面貌而言,实际上方言完成体标记在地域分布上的"跨区串片"现象是极为常见的。不只北方"了"类标记跨区强势进入南方方言,实际上,南方方言里好些标记成分不仅各有通行地域,能够与当前的方言分区吻合,同时又不局限于本区域内,出现在其他方言区中,出现跨区分布现象,这与特定区域内不同方言之间的强弱态势有关,也与历史上的移民情况有关,因此从"跨区串片"的具体表现可以窥见方言接触和历史移民的痕迹。比如说吴语"脱、仔"类标记出现在相邻的江淮官话、赣语某些方言里,可见吴语的强势;赣语、湘语和西南官话的"咖/呱"类标记比较普遍,可以窥见"江西填湖广"移民带来的方言接触影响。再就北方地区而言,北方方言"了"类标记同形类和异形类的分布对立现象,也能看到北方历史上的满语、蒙古语对汉语的影响,以及可能来自山西洪洞移民、河北枣强移民等历史移民的影响。

6.1.2 一标多用现象突出

由于受语法成分演变速度不一致和外部方言接触等影响,普通话和方言之间的形义对应关系基本呈现为"大同小异"的错配状态,汉语虚化语法成分的多功能性本来就很突出,汉语方言完成体标记的特殊性在于它们常常兼表持续体或进行体等其他体貌意义。罗自群（2006：298）曾说："不能简单地把语法化程度高和语法功能单一、语音形式弱化等同起来，它们之间并不是一个简单的成正比的关系，因为在汉语方言里，有不少语音形式已经弱化，但语法功能并不单一的情况。"我们注意到，不仅南方方言里"之/子/仔、倒、哒、底、得"等后标记都可以兼表持续和完成意义，而且儿化、变调、D变韵等变音方式同样可以发生在"着、在、过"等其他语法成分身上，这样就会导致同一形式承担多种语法意义，因此有时候只能根据语境来判断标记成分是否表达完成体意义。这样一来，势必造成形式和意义对应关系极为错综复杂，使完成体标记的认定更为困难，有时候采用"意义的虚化、结构关系的粘着、功能上的专用、语音的弱化"等标准来认定狭义的体标记就变得极为困难。

可以说，怎样采用比较合理的方式处理体标记的多功能问题是将来需要突破的难点，如当前的语义地图理论就开始关注这个问题。

6.1.3 演变趋势同中有异

从整体的演变趋势而言，汉语方言完成体标记处于语音弱化的大趋势当中，但是具体表现极为不均衡，这体现为各类后标记在韵母弱化、声母弱化、声调变化等方面的不同表现和方言差别，当然也可以从变音型标记的具体表现窥见一斑。汪国胜（1998）指出"方言的共时差异反映着语言历时演变的轨迹"，这从完成体标记的情况可以得见。本书根据江蓝生《语法化程度的语音表现》（2000：157—167），把方言完成体的具体情况概况为"动词（'了、过'等）→动态助词（'了、过'等）→词缀（ə）→屈折化阶段（儿化、D变韵、变调等）→零形式（：/ø）"。根据这个构拟的演变链条去比照具体方言的情况，可以看出各地的演变是不平衡的，所处的发展阶段并不一致。

此外，"了"弱化时介音是否丢失的两种可能性、有些方言保留调值而并未彻底轻声化等情况都对已有的语音弱化理论和体标记判定标准提出疑问。这说明语音变化情况受制于具体方言的语音系统，因此需要具体情况具体对待，必须结合句法语义表现来综合认定体标记。

6.2 几点思考

6.2.1 灵活处理间接的方言语料

当前大范围的跨方言比较主要以间接的方言语料为主，方言语料的选择和分析如何兼顾"质量"和"数量"一直备受关注。如彭小川、林奕高（2006）就提出通过追求方言语料的"准确度"和解释的"深度"来提高方言语法比较的"效度"。方言学界的传统是强调第一手资料的重要性，认为第一手资料的可靠性、均衡性更高。对跨方言比较来说，完全通过第一手调查获取语料难度很大，效果也不一定好。因此，如何确立可资遵循的辨识策略和技巧，提高间接语料的利用率是非常重要的问题。

就现实状况而言，方言语料的典型性特征值得重视。汪维辉、胡波（2013）曾提出汉语史研究需要"重视典型语料"的问题，方言语法比较也是如此。间接方言语料具有不均衡性，调查目的不同、调查时间不一致、调查者素养有差别等因素都会造成语料的不均衡。这决定了比较时只能是"看米下锅、因材取舍"。因此，根据材料不均衡的实际情况，采取不同处置办法是必然的，本书的主要做法是"点面结合、单点透视"，对调查详细可靠的典型语料作深度比较利用，对简略的语料仅用来总结主体类型、考察语音形式和地理分布情况。实际上，方言语料本身的利用价值本来就不同，我们通常更重视南方方言或语言接触地带的方言调查资料，就是因为这些方言通常保留了更多的语法类型、历史层次或古代用法，可资挖掘的地方就更多，而受普通话影响深或发展大致同步时，方言就难以发现不同的语法类型或遗留的古代用法。这与中国地质学家需要寻找最佳的黄土分层地带是一样的道理，不同地区能够截取的累积年代剖面是不相同的，与之类似，不同方言保留的方言历史层次也是不相同的。比如项梦冰（2002）注意到连城客家话完成体标记"了、已、来、得、撒"属于不同的历史层次[①]，并形成独特的共时

[①] 唐以前的层次（"已、了"）、唐宋的层次（"来、得"）、晚近创新层次（"撒"）三个历史层次（项梦冰 2002）。

连用现象，连用顺序与标记来源的历史时间关系密切，来源时间越久远在句中的位置越靠后，大致的连用顺序为"撇（句中）＞得（句中）＞来（两可）＞了（两可）＞已（句末）"，连用时可以是两三个甚至四个标记连用，形成叠床架屋的复杂现象。项梦冰（2002）认为这种现象是不同完成体句式杂糅和历史层次叠置的结果。湘语、赣语也有类似的连用现象，但都没有连城客家话复杂。可见，连城客家话完成体标记保留的历史层次极为丰富，对汉语完成体研究的参考价值自然非同一般。

6.2.2　重视语法特征的深层调查

跨方言语法比较的材料来源难，是普遍反映的问题，这直接影响到方言语法比较的效度和信度。李蓝（2003）在比较方言的差比句时说道"迄今为止，影响现代汉语方言比较句研究走向深入的最大制约因素是没有足够的语料可用。"对于方言完成体来说，也存在这样的问题。张双庆主编《动词的体》（1996）提供了一份"动词的体和貌例句"供调查之用，但是因为印数有限，好些后来的学者不能看到。从所列举的完成体例句来看，主要以普通话的"了"为例，只有两个例句涉及"掉"类标记。目前的方言语法调查仍然主要通过例句对应方式作面上调查，对完成体而言，能够从中获取的信息主要是基本读音或与普通话比较一致的句法表现和语义语用信息。结合比较研究来看，有些与完成体标记的判定有关的句法变换等深层信息很难从中提取。本书在比较过程中也遇到这样的难题，诸如刘丹青（张双庆主编 1996：9—33）提出的"可重读和不可重读、有可能式和无可能式、焦点和非焦点、能否用在动结式后、适用面的广狭、后面能否再带同类体意义的纯体助词"六项标准在好些调查资料中找不到对应的印证，"说有易、说无难"，因此我们就无法判定方言中是否确实存在或者一定没有。采取例句对应方式作面上调查，还有一个弊端就是，无法调查到"什么时候不能用完成体标记"，导致目前尚未看到现有调查材料涉及方言完成体标记的隐现规律，也就没办法说明方言完成体标记的非强制性特征的具体表现。由此引来的疑问就是，《方图集》（2008）列举了零形式完成体标记，那么这些"零形式"是怎么调查出来的？与完成体标记"省略"有何不同?"零形式"的存在是以有形标记为参照的,如果不说清楚,所谓的"零形式"如何成立?所以说,方言完成体的调查信息不充分,给比较研究带来的客观制约是极大的,这也是当前体标记的比较主要从表层语音形式入手的重要原因。

汉语完成体的情况不禁令人想起吕叔湘先生的一段话。吕叔湘(2001［1979］：11—13)曾说:"由于汉语缺少发达的形态,许多语法现象就是渐变而不是顿变,在语法分析上就容易遇到各种'中间状态'。词和非词(比词小的,比词大的)的界限,词类的界限,各种句子成分的界限,划分起来都难于处处'一刀切'。""积累多少个'大同小异'就会形成一个'大不一样'。这是讨论语法分析问题的时候须要记住的一件事。""由于汉语缺少发达的形态,因而在做出一个决定的时候往往难于根据单一标准,而是常常要综合几方面的标准。"联系方言语法来看,邢福义(2014)指出:"作为语言要素,方言语法是属于隐约层面的要素。"这种隐约特性增加了汉语方言语法的复杂性和调查难度,决定了我们很难通过少数例句就能掌握全貌,但有些涉及问题思辨的关键特征是可以在方言调查时特别留意的,如李如龙、刘丹青、王健等学者提出的区分结果补语和动态助词的判定标准。我们知道,普通话和方言之间完成体标记的形义对应关系基本呈现为"大同小异"的错配状态,这就需要调查时尽可能从语音、语义和句法表现中发现这些关键性的细节性的"小异",细致比较、全面记录,以资判定之用。比如说,通常认为官话方言和普通话差别不大,如果从细节上深入到方音形式的具体句法分布上仔细辨察,那么这些细微的差别是不能够忽视的,实际上也很难找到与普通话完全对应的情况,类似的语音形式在各地方言系统中的适用范围不一定与普通话完全相同,如河北魏县的情况。可以说,正是这些"大同小异"的细微差异造就了普方之间的语法面貌的"大不一样"。因此,将来设计的调查表格,最好根据需要设计出相应的调查参项,以便能够更为详尽地调查有关问题。就完成体而言,至少需要涉及体标记所搭配谓语的情状类型、适用句式、意义变体情况、与其他体标记的对比、口语中有无音变、涉及体标记判定的句法变换表现等。

总之,体范畴的表达是以句子为载体的,今后的调查应重视"句管控",努力结合句法机制来认识汉语方言的完成体,才能真正贯彻语言研究的"系统观",才能把语法事实的系统性、完整性、全面性这个漏洞补上,从而提高相关方言材料的再利用价值,否则一切都只能是不切实际的空谈。此外,从语义范畴出发,重视方言语法系统的相对独立性,不只寻找与普通话对应的语法现象,把方言中有虚化倾向且能表达完成意义的语法成分(如虚化结果补语、时体副词等)都尽可能详细地记录下来,也可以为以后的比较研究提供更宽广的选择余地。

6.2.3 留意方音变化的语法作用

汉语方言语法研究实际上是一种口语语法研究,这就需要特别留意方言语法现象的语音形式,注意与之对应的语法意义和语法特征表现。对方言语法调查而言,重视语音和语法的关系,有必要从更隐蔽的线索上挖掘更多语法事实,特别是调查特殊方音现象时,要放在具体方言的语法系统中说明其句法表现。

就语表形式来说,如果局限于与普通话的对应,而不是从方言实际出发,许多方言独有的语音形式是很难发现的。比如汪国胜(2012)对大冶方言有定成分"a"的发现就是从自然谈话录音中发现的,如果只追求和普通话的对应自然就被忽视掉了。当然,对音变现象不能只作简单的记录描写,应从"表—里—值"多个角度加以考察,力求说明其适用范围和独特的语法意义或语用价值,才能为将来的定性和对比研究提供更多参考,如汪国胜(2011)调查大冶方言"增音反问句"时,就说明增音形式"语气上显得更重,且更为常用",汪国胜(2003b)调查大冶方言人称代词变调时详细说明了变调的适用范围和语用价值,依据语法事实得出大冶方言人称代词变调不是表"格"的固定形式,而主要是"表示亲昵和尊敬"手段的正确看法。汉语方言完成体标记的语音形式表现是极为丰富的,不仅好些南方方言存在变调现象,近年来北方官话中也发现了不少以往未注意到的合音变调、儿化等音变现象,这些现象的使用地域可能比想象中要广泛。就目前来看,已有调查材料在记录音变现象时大都只把描写音变的具体表现作为重点,对音变的语法制约条件的对比说明很不详细,有些资料给人感觉是一种先入为主的认定调查,经不起仔细推敲,大大降低了调查资料的可信度,给认定音变现象的语法性质带来了难题。因此，将来在记录这些现象时应格外留意它们在方言完成体系统中是否具有不同的句法表现或者能否表达对立互补的语法意义，这样才能为确定其完成体的语法地位提供依据。

6.2.4 挖掘语法比较的多重价值

跨方言语法比较具有极其重要的语法理论价值。比如说有助于全面了解汉语语法的性质和特点，帮助构建基于整体汉语的语法体系，便于深入研究普通话和历史语法现象等，都已成为学界共识。

就方言语法研究本身而言，通过跨方言比较，可以更清楚地了解所比较对象的调查研究现状，为今后补充调查提供备选项，为深入研究指明方向。方言语法现象最具全息性特征，本就比语音、词汇现象更复杂、更隐蔽，使制定一份周全严密的语法调查表格特别困难，通过跨方言比较，就可以为以后调查时制定调查表格提供有针对性的更为全面的建议，不至于遗漏更多信息。比如李蓝（2003）就考虑制定一份更全面的方言比较句的调查例句表，以便于解决深层语料不足的问题。汉语方言体貌调查资料，从数量上看，极为庞大，但从再利用的价值看，所提供的信息就特别单一，能够从中提取的语法语义信息就显得极为贫乏。正因如此，我们才提出要重视语法特征的深层次调查，提高语法调查的效度，以利于今后的跨方言比较。

跨方言比较同样具有重要的现实价值。刘晓梅、李如龙（2004）指出："研究现代汉语的语法，应该把普通话和方言的相互作用纳入视野，不论是考察普通话对方言的替代或者是调查方言对普通话的影响，都是很重要的工作。摸清现代汉语语法的现实的发展变化，对于加深我们对现代汉语语法系统的认识以及研究教学语法、改进方言地区的语法教学，都是很有意义的。"语言现象是复杂的，普通话和方言之间的影响是相互的，现实中既有普通话的强势"南下"，也有南方方言（特别是粤语）的"北上"（詹伯慧 1993）。这里面既有社会原因，也有来自语言系统内部的动因。任何语言的语法系统总是存在一定的表达缺位，具有很强的系统整合动力，普通话里有些语法意义或特殊情意的表达空位有时需要来自方言的补位。比如"有没有 X"句式系统的趋同就受到南方方言的影响（邢福义 2002），带有"亲切和游戏口吻"的语气助词

"哦"来自台湾口语的影响（张邱林2013）。同样，"有+VP"现象填充了普通话表示"一般肯定"的空位，使普通话的表达更为严整（王玲2005；王国栓、马庆株2008等）。通过跨方言比较就可以了解这些现象的方言来源，发现可被共同语接纳的句法语义接口所在，从而为普方之间的语言接触研究提供最鲜活的现实样本。借此可充分认识到，多样的方言承载了多元的民族情感，可以为共同语的情意表达提供多重选择，令书卷气浓厚的普通话增添活泼气息和语言情味美，日趋丰富和精密，不至于丧失语言活力。当然，这也启发我们，在语言规划和推广普通话时应充分尊重方言的独特情意价值，以便"乡音乡语"与"雅言雅语"和谐互动。

当然，跨方言语法比较也有一定的跨学科价值。比如，通过某方言语法现象地理分布情况的比较，借助语言接触情况的推测，能够为历史移民情况提供语言学角度的"活化石"证据。

6.3 研究展望

本书主要在已有研究基础上，完善总结了汉语方言完成体标记的总体类型，重点关注了后标记和变音型标记的有关问题。材料难题是跨方言语法比较普遍面临的最大难题。一方面需要力求穷尽性地占用现有材料，另一方面也需要仔细鉴别挑选有效语料。方言语料的鉴别挑选、整合归纳工作貌似寻常，实则极耗心力，汉语方言体貌资料术语繁杂，更添难度。本书主要基于已有的方言语法论文、方言语法调查报告、方言志等间接的方言资料来总结比较，只是补充调查了笔者母语的少数情况，因此本书比较得来的结论仍需要通过实地调查资料来不断地修正完善。由于时间、精力有限和个人学力尚有不足，对资料的鉴别能力尚需提升，加之调查资料深浅不一，原计划中的个别研究项目只能暂时搁置，有些问题只能留待将来。

6.3.1 关注视角待拓展

总体而言，本书侧重共时角度的深度总结和普方比较，部分结合了语法化理论关于语音演变的分析方法。结合"大三角"来看，"古"角存在缺憾，本书在完成体标记的历时句法演变和本字溯源方面尚需深入。就具体标记而言，尚未能深入讨论"有、过"等完成体标记的具体表现，后标记也只选择了北方方言的"了"类和南方方言的"掉"类标记两类个案。就比较范围来看，暂时未能涉及与非汉语领域的对比，未运用当代类型学理论，因此有些结论可能只适用于汉语方言内部。限于当前条件，这些研究只能留待以后补充。

6.3.2 理论解释待深化

汉语完成体研究极富争议，文献数量庞大，本书在短期内很难做到周全细致。由于所依据的理论背景不同，至今有许多观点存在两极化对立，大到"汉语有无体貌"，小到"了、过"是否属于汉语体标记等问题都有不同看法。本书根据方言实际，从语义范畴视角切入，在体标记的认定上采取从宽处置的做法，主要发现了汉语方言完成体标记的一些宏观特征。跨方言比较不仅要总结类型特点和地理分布，还要解释现象成因，本书修正了部分依据区域方言比较所得出的结论，结合语言系统内部动因、语音演变和语言接触理论初步推测了所涉及现象的成因，但是尚未全面细致地考虑来自历史语法和非汉语的影响因素，加之方言现状的成因往往极端复杂，常常出现见仁见智的情况。

跨方言比较研究已形成跨方言语法研究、区域方言学、方言类型学研究等不同研究方向（游汝杰 2014，王健 2014 序一）。本书属于跨方言语法研究的个案探索，从某种意义上说，属于跨方言形义对应关系的静态比较，是一种鸟瞰式的宏观考察，便于了解完成体范畴的跨方言表达形式，在方言地图、方言教学、语言识别等方言资源开发应用方面具有不可替代的参考作用。当前，语义地图（李小凡 2015）和多功能模式理论（陈前瑞 2016）对完成体的跨语言（方言）比较有了新的探索。这两种理论在形义关系的看法上发生了变化，更加关注形义关系的动态交错特征，对意义或功能的切分更为精细，希望达到跨语言、跨时空比较的多重宏大目标，但是在"概念空间"或"功能"等关键理论点上并未完全克服意义的相对性难题。正所谓学术探索未有穷期，汉语方言完成体问题需要继续深入挖掘。

参考文献

期刊论文

艾红娟：《汉语方言的语法化音变存在屈折词缀阶段》，《齐鲁学刊》2012年第6期。

蔡瑱：《上海高校学生"有+VP"句使用情况调查分析》，《语言教学与研究》2009年第6期。

曹广顺：《〈祖堂集〉中的"底（地）""却（了）""著"》，《中国语文》1986年第3期。

曹广顺：《语气词"了"源流浅说》，《语文研究》1987年第2期。

曹爽：《静态存在句中"着、了"使用的南北方言差异研究》，《兰州学刊》2011年第7期。

曹志耘：《〈汉语方言地图集〉前言》，《语言教学与研究》2008年第2期。

陈刚：《关于"没V了$_1$"式》，《中国语文》1985年第5期。

陈刚：《谈"没（动）了（宾/补）"式》，《中国语文》1981年第1期。

陈国亭、陈莉颖：《汉语动词时、体问题思辩》，《语言科学》2005年第4期。

陈翰文：《动态助词"过"的次结构与教学语法排序》，《暨南大学华文学院学报》2009年第4期。

陈鹏飞：《组合功能变化与"了"语法化的语音表现》，《河南社会科学》2007年第2期。

陈平：《论现代汉语中时间系统的三元结构》，《中国语文》1988年第 6 期。

陈前瑞、胡亚:《词尾和句尾"了"的多功能模式》,《语言教学与研究》2016 年第 4 期。

陈前瑞、王继红:《从完成体到最近将来时——类型学的罕见现象与汉语的常见现象》,《世界汉语教学》2012 年第 2 期。

陈前瑞、王继红:《动词前"一"的体貌地位及其语法化》,《世界汉语教学》2006 年第 3 期。

陈前瑞、王继红:《南方方言"有"字句的多功能性分析》,《语言教学与研究》2010 年第 4 期。

陈前瑞、吴继章:《从方言语音看"了"的功能演化》,《汉语学报》2019 年第 2 期。

陈前瑞、张华:《从句尾"了"到词尾"了"——〈祖堂集〉〈三朝北盟会编〉中"了"用法的发展》,《语言教学与研究》2007 年第 3 期。

陈前瑞:《"来着"补论》,《汉语学习》2006 年第 1 期。

陈前瑞:《汉语内部视点体的聚焦度与主观性》,《世界汉语教学》2003 年第 4 期。

陈前瑞:《完成体与经历体的类型学思考》,《外语教学与研究》2016 年第 6 期。

陈淑环:《惠州方言的完成体助词"抛"和"□［ei^{55}］"》,《惠州学院学报》2010 年第 4 期。

陈淑静:《简论时态助词"了"的音读》,《河北大学学报》1983 年第 3 期。

陈淑静:《平谷方言的语法特点》,《河北大学学报》1988 年第 3 期。

陈振宇、李于虎:《经历"过$_2$"与可重复性》,《世界汉语教学》2013 年第 3 期。

陈忠:《"V 完了"和"V 好了"的替换条件及其理据——兼谈"终结图式"的调控和补偿机制》,《中国语文》2008 年第 2 期。

陈忠:《"了"的隐现规律及其成因考察》,《汉语学习》2002 年第 1 期。

陈忠:《图式结构制约下的"过"和"了"功能异同考察》,《东岳论丛》2007 年第 5 期。

储泽祥：《语法比较中的"表—里—值"三个角度》，《汉语学习》1997 年第 3 期。

崔娜：《现代汉语普通话中的"有+VP"句式》，《云南师范大学学报》（对外汉语教学与研究版）2013 年第 4 期。

崔山佳：《近代汉语中的"VO 过"、"V 得 O 过"和"V 得 O 着"》，《张家口职业技术学院学报》2001 年第 4 期。

戴庆厦：《汉语和非汉语结合研究是深化我国语言研究的必由之路》，《中国语文》2012 年第 5 期。

戴昭铭：《弱化、促化、虚化和语法化——吴方言中一种重要的演变现象》，《汉语学报》2004 年第 2 期。

单韵鸣：《广州话动词完成体的变异》，《语言科学》2013 年第 6 期。

邓隽：《语境制约 顺势而用——从语用学视角管窥"了$_2$"意义》，《外语学刊》2010 年第 4 期。

邓守信：《"了"的习得（英文）》，《世界汉语教学》1999 年第 1 期。

邓守信：《汉语动词的时间结构》，《语言教学与研究》1985 年第 4 期。

邓思颖：《方言语法研究问题的思考》，《汉语学报》2013 年第 2 期。

丁萍：《从情貌特征看动结式"V 好"的句法表现》，《汉语学习》2012 年第 6 期。

房玉清：《从外国学生的病句看现代汉语的动态范畴》，《语言教学与研究》1980 年第 3 期。

房玉清：《动态助词"了""着""过"的语义特征及其用法比较》，《汉语学习》1992 年第 1 期。

费建华：《汉日语经历体标记的对比分析——以"过"和"～たことがある"与时间词的共现为中心》，《解放军外国语学院学报》2017 年第 5 期。

冯英：《古代汉语动词"体"的表现形式》，《云南师范大学学报》1999 年第 1 期。

甘于恩、吴芳：《广东四邑方言的"减"字句》，《中国语文》2005

年第 2 期。

甘于恩、许洁红：《一种新发现的完成体标记——广东粤方言的"逋"》，《学术研究》2013 年第 3 期。

甘于恩、赵越：《粤方言完成体标记"休"及其相关形式》，《中国语文》2013 年第 6 期。

甘于恩：《粤方言变调完成体问题的探讨》，《暨南学报》2012 年第 7 期。

干红梅：《再谈"来着"》，《四川师范大学学报》2004 年第 5 期。

高顺全：《从语法化的角度看语言点的安排——以"了"为例》，《语言教学与研究》2006 年第 5 期。

高霞、曹晓宏：《现代汉语"了"、"着"、"过"的相关研究综述》，《楚雄师范学院学报》2011 年第 4 期。

高晓虹：《助词"了"在山东方言的对应形式及相关问题》，《语言科学》2010 年第 2 期。

关玲：《普通话"V 完"式初探》，《中国语文》2003 年第 3 期。

郭必之：《邵武话动态助词"度"的来源——兼论邵武话和闽语的关系》，《中国语文》2008 年第 2 期。

郭红：《论天津方言"了"的语法特点》，《南开语言学刊》2009 年第 2 期。

郭利霞：《九十年代以来汉语方言语法研究述评》，《汉语学习》2007 年第 6 期。

郭锐、陈颖、刘云：《从早期北京话材料看虚词"了"的读音变化》，《中国语文》2017 年第 4 期。

郭锐：《过程和非过程——汉语谓词性成分的两种外在时间类型》，《中国语文》1997 年第 3 期。

郭锐：《语义结构和汉语虚词语义分析》，《世界汉语教学》2008 年第 4 期。

郭小武：《"了、呢、的"变韵说——兼论语气助词、叹词、象声词的强弱两套发音类型》，《中国语文》2000 年第 4 期。

郭志良：《可能补语"了"的使用范围》，《语言教学与研究》1980 年第 1 期。

何伟棠:《广东省增城方言的变调》,《方言》1987 年第 1 期。

何文彬:《论语气助词"了"的主观性》,《语言研究》2013 年第 1 期。

贺巍:《获嘉方言的一种变韵》,《中国语言学报》1983 年第 1 期。

贺阳:《汉语完句成分试探》,《语言教学与研究》1994 年第 4 期。

洪波:《从方言看普通话"了"的功能和意义》,《安庆师院社会科学学报》1995 年第 1 期。

胡明扬:《B. Comrie〈动态〉简介》,《国外语言学》1996 年第 3 期。

胡明扬:《汉语和英语的完成态》,《语言教学与研究》1995 年第 1 期。

胡明扬:《句法语义范畴的若干理论问题》,《语言研究》1991 年第 2 期。

胡明扬:《语义语法范畴》,《汉语学习》1994 年第 1 期。

胡树鲜:《"了"与附加成分同现现象探求》,《北京教育学院学报》2002 年第 1 期。

黄立鹤:《汉、英完成体标记"有"与 HAVE 之语法化对比考察》,《四川教育学院学报》2009 年第 12 期。

吉英:《口语结构"NP + 时量短语 + 了"语义分析》,《语言文字应用》2003 年第 4 期。

贾笑寒:《从日语动词存续体的汉译看现代汉语句尾"了"的语法意义》,《语言文字应用》2005 年第 9 期。

焦浩:《河北辛集方言中的"哩"——兼论"了$_1$"及汉语进行态与完成态的关系》,《河北广播电视大学学报》2013 年第 1 期。

金昌吉、张小荫:《现代汉语时体研究述评》,《汉语学习》1998 年第 4 期。

金昌吉:《现代汉语句尾"了"的再认识》,日本《メディアコミュニケーション研究》2009 年 7 月 31 日,第 123—133 页,http://eprints. lib. hokudai. ac. jp/dspace/bitstream/2115/39033/1/56—004. pdf。

金奉民:《助词"着"的基本语法意义》,《汉语学习》1991 年第 4 期。

金立鑫、邵菁：《Charles N. Li 等"论汉语完成体标记词'了'的语用驱动因素"中某些观点商榷》，《当代语言学》2010 年第 4 期。

金立鑫、于秀金：《"就/才"句法结构与"了"的兼容性问题》，《汉语学习》2013 年第 1 期。

金立鑫：《"S 了"的时体意义及其句法条件》，《语言教学与研究》2003 年第 2 期。

金立鑫：《词尾"了"的时体意义及其句法条件》，《世界汉语教学》2002 年第 1 期。

金立鑫：《试论"了"的时体特征》，《语言教学与研究》1998 年第 1 期。

金立鑫：《现代汉语"了"研究中"语义年第一动力"的局限》，《汉语学习》1999 年第 5 期。

金廷恩：《"体"成分的完句作用考察》，《汉语学习》1999 年第 2 期。

竟成：《关于动态助词"了"的语法意义问题》，《语文研究》1993 年第 1 期。

竟成：《汉语的成句过程和时间概念的表述》，《语文研究》1996 年第 1 期。

竟成：《谈谈"了"和"过"》，《汉语学习》1985 年第 4 期。

浚三：《结构助词和时态助词的性质和用法》，《语文学习》1957 年第 6 期。

柯理思、太田斋：《从汉语方言变音现象谈汉语的形态类型》，《中国方言学报》2017 年第 7 期。

乐耀：《从人称和"了$_2$"的搭配看汉语传信范畴在话语中的表现》，《中国语文》2011 年第 2 期。

李崇兴：《论元代蒙古语对汉语语法的影响》，《语言研究》2005 年第 3 期。

李冬香：《从湖南、江西、粤北等方言中的"咖"看湘语、赣语的关系》，《语文研究》2003 年第 4 期。

李计伟：《"两个三角"理论与海外华语语法特点的发掘》，《汉语学报》2012 年第 3 期。

李蓝：《现代汉语方言差比句的语序类型》，《方言》2003 年第 3 期。

李凌燕：《新闻叙事中"着、了、过"的使用情况——兼谈新闻话语的主观性》，《修辞学习》2009 年第 5 期。

李敏：《谈谈动态助词"的"的用法》，《聊城大学学报》2002 年第 2 期。

李茉莉：《试比较汉语表示完成的动态助词"了"与日语表示完成的助动词》，《汉语学习》1990 年第 3 期。

李讷、石毓智：《论汉语体标记诞生的机制》，《中国语文》1997 年第 2 期。

李泉：《现代汉语"形 + 动态助词"考察》，《语言教学与研究》1997 年第 1 期。

李人鉴：《泰兴方言中动词的后附成分》，《中国语文》1957 年第 5 期。

李如龙：《论汉语方言比较研究（上）——世纪之交谈汉语方言学》，《语文研究》2000 年第 2 期。

李如龙：《论汉语方言的类型学研究》，《暨南学报》1996 年第 2 期。

李如龙：《论汉语方言的语流音变》，《厦门大学学报》（哲学社会科学版）2002 年第 6 期。

李仕春、艾红娟：《山东方言里的一种语法变调》，《方言》2009 年第 4 期。

李仕春、艾红娟：《山东莒县方言动词的合音变调》，《语言科学》2008 年第 4 期。

李铁根：《"了$_1$""了$_2$"的区别方法的商榷》，《中国语文》1992 年第 4 期。

李铁根：《关于"V 了的 N"偏正短语中的"了"》，《汉语学习》1990 年第 4 期。

李铁根：《连动式中"了、着、过"的单用和连用》，《汉语学习》1998 年第 2 期。

李小凡：《汉语方言连读变调的层级和类型》，《方言》2004 年第 1 期。

李小凡：《苏州方言的体貌系统》，《方言》1998 年第 3 期。

李小军:《虚词衍生过程中的语音弱化——以汉语语气词为例》,《语言科学》2011年第4期。

李小军:《助词"了"语法化过程中的音义互动关系》,《语言研究集刊》2014年第2期。

李晓琪:《汉语"了"字教学研究》,《华东师范大学学报》1999年第4期。

李心释、吕军伟:《汉语南方方言中的古越语底层研究》,《广西大学学报》2010年第1期。

李兴亚:《试说动态助词"了"的自由隐现》,《中国语文》1989年第5期。

李莹、徐杰:《形式句法框架下的现代汉语体标记研究》,《现代外语》2010年第4期。

李宇明(署名:眸子):《语法研究中的"两个三角"和"三个平面"》,《世界汉语教学》1994年第4期。

李宗江:《"V得(不得)"与"V得了(不了)"》,《中国语文》1994年第5期。

厉兵:《长海方言的儿化与子尾》,《方言》1981年第2期。

梁银峰:《时间方位词"来"对事态助词"来"形成的影响及相关问题》,《语言研究》2004年第2期。

林新年:《试析唐宋时期的"过"语法化进程迟缓的原因》,《语言科学》2004年第6期。

林裕文:《谈时态助词"了"》,《语文知识》1959年第11期。

林璋:《汉语"了"和日语「夕」的情态用法对比——"发生"与"发现"》,《外语研究》2010年第4期。

刘春卉:《"了"的分类问题再探讨》,《齐齐哈尔大学学报》2004年第6期。

刘翠香、施其生:《山东栖霞方言相当于普通话"了"的虚成分》,《语文研究》2004年第2期。

刘丹青:《汉语史语法类型特点在现代方言中的存废》,《语言教学与研究》2011年第4期。

刘丹青:《语法化理论与汉语方言语法研究》,《方言》2009年第

2 期。

刘公望：《现代汉语的时体助词"的"》，《汉语学习》1988 年第 4 期。

刘汉武：《汉语经历体标记"过"及其在越南语中的对应形式》，《国际汉语学报》2016 年第 1 期。

刘街生：《动量与体貌：VP 前的"一"探讨》，《中山大学学报》2006 年第 4 期。

刘利新：《耒阳方言的体貌标记词"过$_1$""过$_2$""哒"——兼与普通话的"了""过"比较研究》，《遵义师范学院学报》2008 年第 6 期。

刘林：《"来着"的语义性质和句法环境探讨——兼与"了$_2$""过"的对比分析》，《语言研究》2013 年第 2 期。

刘祥柏：《汉语方言体貌助词研究与定量分析》，《中国语文》2000 年第 3 期。

刘晓梅、李如龙：《东南方言语法对普通话的影响四种》，《语言研究》2004 年第 4 期。

刘勋宁：《现代汉语词尾"了"的语法意义》，《中国语文》1988 年第 5 期。

刘勋宁：《现代汉语句尾"了"的来源》，《方言》1985 年第 2 期。

刘焱：《"V 掉"的语义类型与"掉"的虚化》，《中国语文》2007 年第 2 期。

刘英明：《汉语经历体标记"过$_2$"与朝鲜语对应表现的对比分析》，《东疆学刊》2017 年第 1 期。

刘元满：《"太+形/动"与"了"》，《语言教学与研究》1999 年第 1 期。

刘月华：《动态助词"过$_2$、过$_1$、了$_1$"用法比较》，《语文研究》1988 年第 1 期。

刘正光、崔刚：《非范畴化与 V—V 结构中 V$_2$ 的完成体意义》，《外语学刊》2005 年第 6 期。

卢福波：《"了"与"的"的语用差异及其教学策略》，《暨南大学华文学院学报》2002 年第 2 期。

卢小群：《江永桃川土话的体系统初探》，《中南林业科技大学学报》

2010 年第 3 期。

卢英顺：《从凸显看"了"的语法意义问题》，《汉语学习》2012 年第 2 期。

卢英顺：《关于"了₁"使用情况的考察》，《安徽师大学报》1994 年第 2 期。

卢英顺：《试论"这本书我看了三天了"的延续性问题》，《汉语学习》1993 年第 4 期。

卢英顺：《谈谈"了₁"和"了₂"的区别方法》，《中国语文》1991 年第 4 期。

鲁克伟：《论新兴语法标记"有"——语言接触促使的语法化》，《理论语言学研究》2010 年第 4 卷。

鲁曼：《完成体语义与"事件完成"——长沙话完成体语义的跨语言研究》，《现代外语》2010 年第 3 期。

鲁曼：《长沙方言中的"咖"和"哒"》，《中国语文》2010 年第 6 期。

陆俭明：《关于汉语方言语法调查研究之管见》，《语言科学》2004 年第 2 期。

陆晓华：《〈型世言〉"VO 过""V 得 O 过"研究》，《滁州学院学报》2008 年第 2 期。

罗荣华：《湖南方言中的"在 N"》，《汉语学报》2004 年第 1 期。

吕文华：《"了"的教学三题》，《世界汉语教学》2010 年第 4 期。

吕文华：《"了"与句子语气的完整及其它》，《语言教学与研究》1983 年第 3 期。

吕晓玲：《闽南南安方言的助词"着"、"了"、"去"》，《泉州师范学院学报》2007 年第 3 期。

马庆株：《时量宾语和动词的类》，《中国语文》1981 年第 2 期。

马庆株：《语义功能语法与语法范畴研究——兼评〈现代汉语时量范畴研究〉》，《渤海大学学报》2012 年第 4 期。

麦宇红：《动态助词"了"隐现缘由探微》，《龙岩师专学报》2003 年第 2 期。

毛敬修：《关于"V（C）了"中的"了"》，《天津师大学报》1985

年第 1 期。

茅维：《从"有 V（过）"现象看云南方言语法对留学生学习汉语的影响》，《大理学院学报》2005 年第 6 期。

梅祖麟：《明代宁波话的"来"字和现代汉语的"了"字》，《方言》1981 年第 1 期。

梅祖麟：《吴语情貌词"仔"的语源》，陆俭明译，《国外语言学》1980 年第 3 期。

梅祖麟：《现代汉语完成貌句式和词尾的来源》，《语言研究》1981 年创刊号。

木村英树：《关于补语性词尾"着/zhe/"和"了/le/"》，《语文研究》1983 年第 2 期。

欧洁琼：《郴州话的完成体标记"地"及相关问题》，《湘南学院学报》2007 年第 3 期。

潘泰：《现代汉语"没"与句中"了"的时体属性研究》，《武汉大学学报》2009 年第 3 期。

潘文国：《从"了"的英译看汉语的时体问题》，《华东师范大学学报》2003 年第 4 期。

彭逢澍：《湖南方言"咖、嘎"等本字即"过"考》，《语言研究》1999 年第 2 期。

彭利贞：《论一种对情态敏感的"了$_2$"》，《中国语文》2009 年第 6 期。

彭睿：《共时关系和历时轨迹的对应——以动态助词"过"的演变为例》，《中国语文》2009 年第 3 期。

彭小川、林奕高：《论汉语方言语法比较研究的"效度"问题》，《语文研究》2006 年第 2 期。

彭小川、周芍：《也谈"了$_2$"的语法意义》，《学术交流》2005 年第 1 期。

蒲立本：《古汉语体态的各方面》，《古汉语研究》1995 年第 2 期。

朴奎容：《谈"V 掉"中"掉"的意义》，《汉语学习》2000 年第 5 期。

戚晓杰：《谈汉语的完成体及其表现形式》，《东方论坛》1995 年第

3 期。

钱乃荣：《SOV 完成体句和 SVO 完成体句在吴语中的接触结果》，《中国语文》2011 年第 1 期。

钱乃荣：《一个语法层次演变的实例——上海方言 160 年中现在完成时态的消失过程》，《中国语文》2004 年第 3 期。

邱学斗：《英语与汉语完成体比较》，《广州大学学报》（综合版）1989 年第 1 期。

饶宏泉：《从时间推进的三个层面看体标记"了"的篇章功能》，《语言科学》2012 年第 4 期。

饶宏泉：《汉语方言三种体标记的共享分布与特征互动》，《语言研究》2011 年第 3 期。

任鹰：《静态存在句中"V 了"等于"V 着"现象解析》，《世界汉语教学》2000 年第 1 期。

三宅 登之：《"的"字结构里头的述补结构与"了"》，《汉语学习》1991 年第 1 期。

邵洪亮：《"已经"的体标记功能羡余研究》，《汉语学习》2013 年第 6 期。

邵敬敏、赵春利：《关于语义范畴的理论思考》，《世界汉语教学》2006 年第 1 期。

邵敬敏、周芍：《汉语方言语法研究的现状与思考》，《暨南学报》2005 年第 1 期。

沈开木：《"了$_2$"的探索》，《语言教学与研究》1987 年第 2 期。

沈阳、玄玥：《"完结短语"及汉语结果补语的语法化和完成体标记的演变过程》，《汉语学习》2012 年第 1 期。

施其生：《汕头方言的"了"及其语源关系》，《语文研究》1996 年第 3 期。

石毓智：《论现代汉语的"体"范畴》，《中国社会科学》1992 年第 6 期。

史冠新：《普方古视角下的"了$_1$""了$_2$""了$_3$"研究》，《东方论坛》2006 年第 3 期。

史秀菊：《山西晋语区的事态助词"来""来了""来来""来

嘅"》,《语言研究》2011 年第 3 期。

史有为:《常州话的达成貌及其价值》,日本《现代中国语研究》2002 年第 4 期, http://www.huayuqiao.org/articles/shiyouwei/shiyw05.htm。

史有为:《汉语方言"达成"貌的类型学考察》,《语言研究》2003 年第 3 期。

史有为:《也说"来着"》,《汉语学习》1994 年第 1 期。

帅志嵩:《八十年代以来汉语时制研究的新进展》,《汉语学习》2007 年第 4 期。

帅志嵩:《中古汉语"完成"语义范畴的表达体系》,《南开语言学刊》2010 年第 1 期。

税昌锡:《"过"的时体义与经历事态标示功能》,《华文教学与研究》2015 年第 2 期。

税昌锡:《VP 界性特征对时量短语的语义约束限制——兼论"V＋了＋时量短语＋了"歧义格式》,《语言科学》2006 年第 6 期。

税昌锡:《基于事件过程结构的"了"语法意义新探》,《汉语学报》2012 年第 4 期。

宋金兰:《汉语助词"了"、"着"与阿尔泰诸语言的关系》,《民族语文》1991 年第 6 期。

宋文辉:《也论"来着"的表达功能——与熊仲儒同志商榷》,《语言科学》2004 年第 4 期。

孙立新:《关中方言"了"字初探》,《唐都学刊》2011 年第 4 期。

谭春健:《如何体现"变化"——关于句尾"了"理论语法与教学语法的接口》,《语言教学与研究》2003 年第 3 期。

唐爱华:《安徽宿松方言的"了"与普通话的"了"》,《宿州师专学报》2001 年第 4 期。

唐广厚、车竞:《形容词接动态助词动词化初探》,《锦州师院学报》1985 年第 2 期。

全国斌:《动结式粘合式结构与结果事件表达》,《殷都学刊》2011 年第 2 期。

万波:《现代汉语体范畴研究述评》,《江西师范大学学报》1996 年第 1 期。

汪国胜：《从语法研究角度看〈现代汉语方言大词典〉综合本》，《方言》2003年第4期。

汪国胜：《大冶方言的有定成分"a"》，《语言研究》2012年第2期。

汪国胜：《大冶方言语法札记》，《华中师范大学学报》1994年第2期。

汪国胜：《湖北大冶方言两种特殊的问句》，《方言》2011年第1期。

汪国胜：《湖北大冶方言人称代词的变调》，《中国语文》2003年第6期。

汪国胜：《可能式"得"字句的句法不对称现象》，《语言研究》1998年第1期。

汪国胜：《谈谈方言语法研究》，《华中师范大学学报》2014年第5期。

汪国胜：《新时期以来的汉语方言语法研究》，《华中师范大学学报》2000年第3期。

汪维辉、胡波：《汉语史研究中的语料使用问题——兼论系词"是"发展成熟的时代》，《中国语文》2013年第4期。

汪有序：《怎么教"不、没、了、过、着"》，《世界汉语教学》1987年第2期。

王艾录：《祁县方言动词结果体的内部屈折》，《语言研究》1992年第1期。

王灿龙：《关于"没（有）"跟"了"共现的问题》，《世界汉语教学》2006年第1期。

王光全、柳英绿：《同命题"了"字句》，《汉语学习》2006年第3期。

王光全：《过去完成体标记"的"在对话语体中的使用条件》，《语言研究》2003年第4期。

王国栓、马庆株：《普通话中走向对称的"有+VP（+了）"结构》，《南开语言学刊》2008年第2期。

王还：《关于怎么教"不、没、了、过"》，《世界汉语教学》1988年第4期。

王还：《再谈现代汉语词尾"了"的语法意义》，《中国语文》1990年第3期。

王惠：《"把"字句中的"了、着、过"》，《汉语学习》1993年第4期。

王惠丽：《汉语"时态"的表达形式》，《语文学习》1957年第9期。

王健：《江苏常熟练塘话的准体标记"开"——附论"得、过、脱、好"》，《方言》2008年第4期。

王健：《苏皖方言中"掉"类词的共时表现与语法化等级》，《语言科学》2010年第2期。

王景荣：《东干语、汉语乌鲁木齐方言"完成"体貌助词"哩/咧"》，《南开语言学刊》2006年第2期。

王君瑞：《时态的系统性研究》，《外语学刊》2011年第6期。

王丽：《福建仙游方言的"了"嘞""哧"》，《方言》2012年第3期。

王丽欣：《现代汉语助词"了、着、过"与俄语动词体的比较研究》，《北方论丛》2002年第6期。

王琳：《安阳方言中表达实现体貌的虚词——"咾"、"啦"及其与"了"的对应关系》，《语言科学》2010年第1期。

王玲：《"有+VP"句式使用情况的调查》，《中国社会语言学》2005年第2期。

王玲：《句法结构的定量分析——以"有+VP"格式为例》，《汉语学习》2011年第4期。

王森：《郑州荥阳（广武）方言的变韵》，《中国语文》1998年第4期。

王世群：《动态助词"过"的语法化历程》，《南京审计学院学报》2011年第3期。

王松茂：《汉语时体范畴论》，《齐齐哈尔师范学院学报》1981年第3期。

王巍：《语气助词"了"的一种语义变体及其语法形式》，《汉语学习》2004年第4期。

王文格：《试论现代汉语体标记的显著度和主观性》，《语文建设》2012 年第 14 期。

王旭东：《关于"来着"词性的思考》，《淮北煤炭师范学院学报》2005 年第 2 期。

王永娜：《从"已经"、"了$_1$"的隐现看"已经"》，《阜阳师范学院学报》2008 年第 2 期。

王媛：《"了"的使用机制及教学策略》，《语言教学与研究》2011 年第 3 期。

王自万：《开封方言变韵的几个问题》，《汉语学报》2011 年第 2 期。

望月圭子：《汉语里的"完成体"》，《汉语学习》2000 年第 1 期。

温昌衍：《江西石城话属客家方言无疑》，《江西社会科学》2003 年第 8 期。

温端政：《忻州方言"了$_1$""了$_2$"和"了$_3$"》，《忻州师范学院学报》2002 年第 6 期。

温锁林：《汉语的内部屈折及相关的语言理论问题》，《语文研究》1999 年第 2 期。

吴春相、杜丹：《领有动词与完成体表达的类型学研究》，《语言研究集刊》2018 年第 3 期。

吴福祥：《关于语法演变的机制》，《古汉语研究》2013 年第 3 期。

吴福祥：《南方方言几个状态补语标记的来源（一）》，《方言》2001 年第 4 期。

吴福祥：《南方方言几个状态补语标记的来源（二）》，《方言》2002 年第 1 期。

吴福祥：《重谈"动 + 了 + 宾"格式的来源和完成体助词"了"的产生》，《中国语文》1998 年第 6 期。

吴继章：《河北魏县方言的"了"——与汉语普通话及其他相关方言、近代汉语等的比较研究》，《语文研究》2007 年第 3 期。

吴云霞：《万荣方言动词体貌考察》，《语言科学》2006 年第 2 期。

吴泽顺：《论华容方言的归属》，《云梦学刊》2006 年第 3 期。

伍和忠：《汉语表"体"助词研究述要》，《广西师范学院学报》2005 年第 3 期。

伍和忠：《汉语和汉藏语系其他语言"经验体"的标记》，《广西师范学院学报》2008 年第 1 期。

伍文英、夏俐萍：《现代汉语的"有 + VP"格式》，《邵阳学院学报》2002 年第 5 期。

武果、吕文华：《"了$_2$"句句型场试析》，《世界汉语教学》1998 年第 2 期。

肖萍：《鄱阳湖八县方言动词的完成体和已然体》，《浙江师范大学学报》2004 年第 6 期。

肖治野、沈家煊：《"了$_2$"的行、知、言三域》，《中国语文》2009 年第 6 期。

辛永芬：《河南浚县方言的动词变韵》，《中国语文》2006 年第 1 期。

辛永芬：《留学生在使用"已然"类时间副词和"了"共现与否时的偏误分析》，《河南大学学报》2001 年第 4 期。

邢福义：《"起去"的普方古检视》，《方言》2002 年第 2 期。

邢福义：《"起去"的语法化与相关问题》，《方言》2003 年第 3 期。

邢福义：《从研究成果看方言学者笔下双宾语的描写》，《语言研究》2008 年第 3 期。

邢福义：《汉语方言现象与华人文化风情》，《华中师范大学学报》（人文社会科学版）2014 年第 1 期。

邢福义：《说"NP 了"句式》，《语文研究》1984 年第 3 期。

邢福义：《说"句管控"》，《方言》2001 年第 2 期。

邢福义：《现代汉语语法研究的三个"充分"》，《湖北大学学报》1991 年第 6 期。

邢福义：《小句中枢说的方言实证》，《方言》2000 年第 4 期。

邢福义：《小句中枢说的方言续证》，《语言研究》2001 年第 1 期。

邢福义：《新加坡华语使用中源方言的潜性影响》，《方言》2005 年第 2 期。

邢福义：《研究观测点的一种选择——写在"小句中枢问题讨论之前"》，《汉语学报》2004 年第 1 期。

邢公畹：《现代汉语和台语里的助词"了"和"着"（上）》，《民族语文》1979 年第 2 期。

熊仲儒：《"来着"的词汇特征》，《语言科学》2003年第2期。

徐家祯：《谈结果助词"了₃"》，《烟台大学学报》1988年第2期。

徐建宏：《汉语助词"了"与韩国语词尾的对比》，《辽宁大学学报》2004年第3期。

徐烈炯：《非对比性的方言语法研究》，《方言》1998年第3期。

徐时仪：《"掉"的词义衍变递嬗探微》，《语言研究》2007年第4期。

徐阳春：《南昌方言的体》，《南昌大学学报》1999年第3期。

玄玥：《经历体"过"语法化过程的生成语法解释》，《社会科学战线》2011年第11期。

严宝刚：《说"过"》，《长江大学学报》2011年第6期。

严丽明：《广州话表示修正的助词"过"》，《方言》2009年第2期。

颜敬佩：《试论衡山方言中"咕"、"哒"与普通话"了"》，《长沙大学学报》2011年第4期。

杨德峰：《"动＋趋＋了"和"动＋了＋趋"补议》，《中国语文》2001年第4期。

杨惠芬：《动态助词"了"的用法》，《语言教学与研究》1984年第1期。

杨敬宇：《广州方言动态助词"住"的历史渊源》，《学术研究》1999年第4期。

杨凯荣：《从表达功能看"了"的隐现动因》，《汉语学习》2013年第5期。

杨素英、黄月圆：《〈汉语语气词"了"：汉语的语篇构造和语用标记〉介绍》，《当代语言学》2009年第1期。

杨素英、黄月圆：《体标记在不同语体中的分布情况考察》，《当代语言学》2013年第3期。

杨永龙：《明代以前的"VO过"例》，《语文研究》2001年第4期。

杨育彬、齐春红：《论云南方言体标记"掉"》，《云南师范大学学报》（哲学社会科学版）2009年第4期。

叶经韬：《"掉"字释义管见》，《辞书研究》1983年第3期。

叶南：《"了"在单句、复句和语段中的时体意义及其分布》，《西南民族大学学报》2006 年第 7 期。

于立昌:《"一"表体功能的形成与发展》,《语言研究》2008 年第 2 期。

俞敏:《"了"跟"着"的用法》,《语文学习》1952 年第 5 期。

俞敏:《汉语动词的形态》,《语文学习》1954 年第 4 期。

袁野:《汉语中的时体压制》,《外国语文》2011 年第 2 期。

岳立静、黄永红:《山东中西部方言的事态助词"了"》,《东岳论丛》2008 年第 5 期。

岳中奇:《"才"、"就"句中"了"的对立分布与体意义的表述》,《语文研究》2000 年第 3 期。

岳中奇:《时量补语句中"了$_2$"的语法功能考释》,《韶关学院学报》2006 年第 5 期。

詹伯慧、黄家教:《谈汉语方言语法材料的收集和整理》,《中国语文》1965 年第 3 期。

詹伯慧:《普通话"南下"与粤方言"北上"》,《学术研究》1993 年第 4 期。

詹伯慧:《浠水话动词"体"的表现方式》,《中国语文》1962 年 8、9 月号,第 409—410 页。

张宝胜:《也说"了$_2$"的行、知、言三域》,《中国语文》2011 年第 5 期。

张伯江:《认识观的语法表现》,《国外语言学》1997 年第 2 期。

张成材:《商县方言动词完成体的内部屈折》,《中国语文》1958 年第 6 期。

张国宪、卢建:《助词"了"再语法化的路径和后果》,《语言科学》2011 年第 4 期。

张国宪:《现代汉语的动态形容词》,《中国语文》1995 年第 5 期。

张国宪:《现代汉语形容词的典型特征》,《中国语文》2000 年第 5 期。

张国宪:《现代汉语形容词的体及形态化历程》,《中国语文》1998 年第 6 期。

张国宪:《性质、状态和变化》,《语言教学与研究》2006 年第 3 期。

张惠强、黄冬丽：《天水方言"着"的语法化等级浅析》，《甘肃广播电视大学学报》2010 年第 2 期。

张慧丽、潘海华：《动词变韵与事件结构的语法化》，《中国语文》2019 年第 1 期。

张济卿：《对汉语时间系统三元结构的一点看法》，《汉语学习》1998 年第 5 期。

张济卿：《汉语并非没有时制语法范畴——谈时、体研究中的几个问题》，《语文研究》1996 年第 4 期。

张济卿：《论现代汉语的时制与体结构（1）》，《语文研究》1998 年第 3 期。

张济卿：《论现代汉语的时制与体结构（2）》，《语文研究》1998 年第 3 期。

张家骅：《通过汉俄对比看"了$_1$"的常体意义》，《当代语言学》2004 年第 4 期。

张健：《关于带"了"的动趋结构》，《汉语学习》1991 年第 2 期。

张金奎：《明代山东地区枣强裔移民考》，《古代文明》2011 年第 4 期。

张黎：《"界变"论——关于现代汉语"了"及其相关现象》，《汉语学习》2003 年第 1 期。

张黎：《现代汉语"了"的语法意义的认知类型学解释》，《汉语学习》2010 年第 6 期。

张其昀：《扬州方言"消极"性完成体标记"得"》，《中国语文》2005 年第 5 期。

张庆冰：《论中古汉语的完成体结构》，《求索》2010 年第 9 期。

张邱林：《现代汉语里的语气助词"哦"》，《语言教学与研究》2013 年第 6 期。

张树铮：《山东寿光方言的助词》，《方言》1995 年第 1 期。

张维耿：《汉语普通话与广州话、梅县话动词"体"的比较》，《世界汉语教学》1988 年第 3 期。

张文光：《唐山方言单音节动词儿化与动态变化》，《唐山师专学报》2000 年第 1 期。

张晓铃：《试论"过"与"了"的关系》，《语言教学与研究》1986年第1期。

张占山、李如龙：《虚化的终极：合音——以烟台方言若干虚成分合音为例》，《鲁东大学学报》2007年第2期。

赵斌：《动态助词"的"刍议》，《牡丹江师范学院学报》1998年第1期。

赵金铭：《敦煌变文中所见的"了"和"着"》，《中国语文》1979年第1期。

赵立江：《留学生"了"的习得过程考察与分析》，《语言教学与研究》1997年第2期。

赵清治：《长葛方言的动词变韵》，《方言》1998年第1期。

赵日新：《官话方言研究的意义》，《中华读书报》2012年2月15日第15版。

赵世开、沈家煊：《汉语"了"字跟英语相应的说法》，《语言研究》1984年第1期。

赵淑华：《连动式中动态助词"了"的位置》，《语言教学与研究》1990年第1期。

赵元任：《北京、苏州、常州语助词的研究》，《清华学报》1926年第2期。

甄珍：《〈聊斋俚曲〉与淄博方言中的"着"、"过"考察》，《齐齐哈尔大学学报》2011年第5期。

郑定欧：《说"冇"——以广州话为例》，《方言》2001年第1期。

郑怀德：《"住了三年"和"住了三年了"》，《中国语文》1980年第2期。

郑伟：《现代和早期吴语中"上"的完成体用法》，《方言》2010年第1期。

郑远汉：《"不在"和"不在了"》，《语文建设》2001年第1期。

周安、王桂亮：《昌乐话几个特色程度副词的比较》，《阜阳师范学院学报》2013年第1期。

周磊磊：《"V掉"的语法意义及其他》，《六安师专学报》1999年第1期。

朱庆祥:《论否定副词"没(有)"与"了$_2$"共现问题》,《语言科学》2012年第1期。

朱晓农:《说流音》,《语言研究》2008年第4期。

朱彦:《现代汉语"了"研究述评》,日本《现代中国语研究》2001年第3期。

邹海清:《从语义范畴的角度看量化体与体貌系统》,《汉语学报》2010年第3期。

邹海清:《句尾"了"的语法意义》,《连云港师范高等专科学校学报》2014年第4期。

左思民:《动词的动相分类》,《华东师范大学学报》2009年第1期。

左思民:《汉语时体标记系统的古今类型变化》,《汉语学报》2007年第2期。

左思民:《试论"体"的本质属性》,《汉语学习》1998年第4期。

左思民:《现代汉语的"体"概念》,《上海师范大学学报》1997年第2期。

左思民:《现代汉语中"体"的研究——兼及体研究的类型学意义》,《语文研究》1999年第1期。

论文集论文

陈前瑞、孙朝奋:《时体语法化研究的历史脉络》,《汉语史学报(年刊)》,上海教育出版社2012年版,第96—114页。

陈前瑞、韦娜:《语序接触与北京话双"了"句的历时波动》,《汉藏语学报(年刊)》,商务印书馆2013年版。

陈前瑞、张曼:《汉语经历体标记"过"的演变路径》,《汉语史研究集刊》(第二十辑),巴蜀书社2015年版,第70—88页。

储泽祥:《赣语岳西话"V着(O)了"里"了"的性质及其参照作用——兼论唐五代"VO了"中的"了"》,中央民族大学"汉语方言时体系统国际学术研讨会",2012年。

董秀芳:《信息分布原则、韵律与语序变动、体标记"了"的产生》,《汉语史研究集刊(第五辑)》,巴蜀书社2002年版,第95—109页。

范彦:《湖南华容话完成体标记"哦"》,任海波、吴为善主编《对外汉语研究与探索1》,学林出版社2010年版。

冯力:《中古汉语动态助词"却(去)"在现代方言中的表现》,戴昭铭主编《汉语方言语法研究和探索》,黑龙江人民出版社2003年版;冯力、杨永龙、赵长才主编《汉语时体的历时研究》,语文出版社2009年版,第221—228页。

郭春贵:《关于"了$_3$"的问题》,第一届国际汉语教学讨论会编《第一届国际汉语教学讨论会论文选》,北京语言学院出版社1986年版,第90—94页。

胡松柏、程熙荣:《赣东北方言中动词完成体标记的形式、功能及其类型》,邵敬敏主编《21世纪汉语方言语法新探索(第三届汉语方言语法国际研讨会论文集)》,暨南大学出版社2008年版,第103—111页。

黄敏:《"了、着、过"的语篇功能》,邢福义主编,《汉语学报》编委会编《汉语学报》第6期,湖北教育出版社2002年版,第68—72页。

金立鑫:《"没"和"了"共现的句法条件》,《汉语学习》2005年第1期。

金立鑫:《"着""了""过"时体意义的对立及其句法条件》,世界汉语教学学会编《世界汉语教学学会第七届国际汉语教学讨论会论文选》,2002年,第384—395页。

金立鑫:《汉语时体表现的特点及其研究思路》,竟成主编《汉语时体系统国际研讨会论文集》,百家出版社2004年版,第54—66页。

黎纬杰:《粤方言的变调表完成体》,詹伯慧主编,广东省中国语言学会、暨南大学中文系汉语方言研究室编《第二届国际粤方言研讨会论文集》,暨南大学出版社1990年版。

李蓝:《方言语法研究中的本字考》,丁邦新、张洪年、邓思颖、钱志安主编《汉语研究的新貌:方言、语法与文献——献给余霭芹教授》,香港中文大学出版社(CUHK Press)2016年版,第61—71页,http://www.cuhk.edu.hk/ics/clrc/yue/6_li_lan.pdf。

李明晶:《"了"产生的历史时代"了"的初期语法化》,《语言学论丛（第 42 辑）》，商务印书馆 2011 年版，第 341—366 页。

李思旭：《完成体助词量化功能差异的跨方言考察》，甘于恩主编《南方语言学（第 5 辑）》，暨南大学出版社 2013 年版，第 196—206 页。

李小凡：《汉语方言语法研究九十年》，李小凡、项梦冰主编《承泽堂方言论丛——王福堂教授八秩寿庆论文集》，语文出版社 2014 年版，第 259—276 页。

李小凡：《现代汉语词尾"了"的语法意义再探讨》，《中国语文》杂志社编《语法研究和探索（第 10 辑）》，商务印书馆 2000 年版，第 203—209 页。

李小凡：《现代汉语体貌系统新探》，商务印书馆编辑部编《21 世纪的中国语言学（一）》，商务印书馆 2004 年版，第 154—160 页。

李小凡：《语义地图：破解方言虚词比较中偏侧关系的利器》，刘丹青、李蓝、郑剑平编《方言语法论丛（第六辑）》，中国社会科学出版社 2015 年版，第 89—108 页；《语义地图和虚词比较的"偏侧关系"》，李小凡、张敏、郭锐《汉语多功能语法形式的语义地图研究》，商务印书馆 2015 年版，第 83—101 页。

林柏松：《顺德话中的"变音"》，詹伯慧主编，广东省中国语言学会、暨南大学中文系汉语方言研究室编《第二届国际粤方言研讨会论文集》，暨南大学出版社 1990 年版。

刘承峰、陈振宇：《现代汉语"体"标记适用受限的数量动因》，潘文国主编《汉语国际推广论丛（第 3 辑）》，华东师范大学出版社 2009 年版，第 113—121 页。

刘坚：《时态助词的研究与"VO 过"》，《东亚语言学报》（法国），1989 年；冯力等主编《汉语时体的历时研究》，语文出版社 2009 年版。

刘若云：《惠州话动词体貌初探——兼与普通话比较》，陈恩泉主编《双语双方言书系（乙种）（第九届双语双方言国际研讨会论文选集）》，汉学出版社 2006 年版，第 167—172 页。

卢福波：《重新解读汉语助词"了"》，《南开语言学刊（年刊）》，商务印书馆 2002 年版，第 109—118，158 页。

卢英顺：《动态助词"过"研究综述》，胡裕树、范晓主编《动词研究综述》，山西高校联合出版社 1996 年版，第 64—73 页。

吕文华：《"了₂"语用功能初探》，《语法研究和探索（第6辑）》，语文出版社1992年版，第239—248页。

马庆株：《略谈汉语动词时体研究的思路——兼论语法分类研究中的对立原则》，《语法研究和探索（第9辑）》，商务印书馆1999年版，第6—17页。

马希文：《关于动词"了"的弱化形式/·lou/》，《中国语言学报》第1期，商务印书馆1983年版，第1—14页。

饶长溶：《长汀方言的助词"嘞"和"咧"》，胡明扬主编《汉语方言体貌论文集》，江苏教育出版社1996年版。

杉村博文：《句尾助词"了"的语义扩张及其使用条件》，李晓琪主编《汉语教学学刊》编委会编《汉语教学学刊（第2辑）》，北京大学出版社2006年版，第87—98页。

杉村博文：《事件脚本和"了₂"的用法表述》，《对外汉语研究（年刊）》，商务印书馆2009年版。

邵洪亮：《"了₁"、"了₂"的"实现体"标记功能羡余研究》，《对外汉语研究（年刊）》，商务印书馆2012年版。

石锓：《浅谈助词"了"语法化过程中的几个问题》，四川大学汉语史研究所编《汉语史研究集刊（第2辑）》，巴蜀书社2000年版。

谭傲霜：《助词"了"的语义、功能和隐现问题》，第三届国际汉语教学讨论会会务工作委员会编《第三届国际汉语教学讨论会论文选》，北京语言学院出版社1991年版，第512—517页。

陶寰：《绍兴方言的时间标记》，绍兴市地方志编纂委员会编《绍兴市志》，浙江人民出版社1996年版。

汪国胜：《汉语方言的语法变调》，汪国胜主编《汉语方言语法研究（第二届汉语方言语法国际研讨会论文集）》，华中师范大学出版社2004年版，第326—332页。

汪国胜：《新世纪汉语方言语法研究之走势》，商务印书馆编辑部编《21世纪的中国语言学（一）》，商务印书馆2004年版，第190—196页。

王洪君、李榕、乐耀：《"了₂"与话主显身的主观近距交互式语体》，《语言学论丛（第40辑）》，商务印书馆2009年版，第312—

333 页。

王维贤：《"了"字补议》，《语法研究和探索（第 5 辑）》，语文出版社 1991 年版，第 197—214 页。

翁姗姗、李小凡：《从语义地图看现代汉语"掉"类词的语义关联和虚化轨迹》，《语言学论丛（第 42 辑）》，商务印书馆 2011 年版，第 61—80 页。

吴继章：《魏县方言中具有两种语音形式的"了"》，邵敬敏主编《21 世纪汉语方言语法新探索（第三届汉语方言语法国际研讨会论文集）》，暨南大学出版社 2008 年版，第 112—120 页。

武果：《语气词"了"的"主观性"用法》，《语言学论丛（第 36 辑）》，商务印书馆 2007 年版，第 341—362 页。

项梦冰：《连城客家话完成貌句式的历史层次》，《语言学论丛（第 26 辑）》，商务印书馆 2002 年版，第 134—158 页。

萧国政：《现代汉语句尾"了"意义的析离》，陆俭明主编《面临新世纪挑战的现代汉语语法研究》，山东教育出版社 2000 年版，第 568—576 页。

邢向东：《陕北晋语沿河方言时制系统的比较研究》，《语言学论丛（第 31 辑）》，商务印书馆 2005 年版，第 265—300 页。

徐晶凝：《过去已然事件句对"了$_1$""了$_2$"的选择》，《语言学论丛（第 45 辑）》，商务印书馆 2012 年版，第 404—427 页。

杨成凯：《现代汉语时体研究述要》，江蓝生、侯精一主编《汉语现状与历史的研究（首届汉语语言学国际研讨会文集）》，中国社会科学出版社 1999 年版，第 87—109 页。

杨素英：《当代动貌理论与汉语》，《中国语文》杂志社编《语法研究和探索（第 9 辑）》，商务印书馆 1999 年版，第 81—105 页。

杨锡彭：《汉语有屈折形态吗?》，《语法研究的深化与拓展》编委会编《语法研究的深化与拓展》，商务印书馆 2015 年版，第 253—260 页。

杨永龙：《〈朱子语类〉中"了"的语法化等级及相关参项》，潘晨光主编《中国社会科学院博士后学术报告》，中国社会科学出版社 2003 年版。

游汝杰：《第一次吴语学术会议纪要》，复旦大学中国语言文学研究所吴语研究室编《吴语论丛》，上海教育出版社 1988 年版。

于立昌：《"V 过"结构的原因解释功能》，张旺熹主编《汉语语法的认知功能探索》，世界图书出版公司 2007 年版。

余蔼芹：《台山淡村方言的变音》，《纪念王力先生百年诞辰学术论文集》，商务印书馆 2002 年版。

张宝胜：《河南汝南话的"了$_1$"和"了$_2$"》，邵敬敏主编《21 世纪汉语方言语法新探索（第三届汉语方言语法国际研讨会论文集）》，暨南大学出版社 2008 年版，第 121—128 页。

张家骅：《透过汉俄对比看汉语动词体范畴的若干特征》，厦门大学外文学院《中国首届"海峡两岸俄语教学与研究学术讨论会"论文集》，2005 年 3 月，第 1—7 页。

张秀：《汉语动词的"体"和"时制"系统》，中国语文杂志社编《语法论集（第一集）》，中华书局 1957 年版，第 154—163 页。

张振兴：《整体汉语的概念和举例》，陈恩泉主编《双语双方言（六）》，汉学出版社 1999 年版。

赵日新：《中原地区官话方言弱化变韵现象探析》，《语言学论丛（第 36 辑）》，商务印书馆 2007 年版，第 210—228 页。

左思民：《简论实施性体》，邢福义主编《汉语法特点面面观》，北京语言文化大学出版社 1999 年版，第 373—383 页。

学位论文

蔡华祥：《盐城（步凤）方言动态助词及相关语法手段研究》，苏州大学博士学位论文，2008 年。

朝格吉乐玛：《"时"概念的蒙汉语对比研究》，华东师范大学博士学位论文，2005 年。

陈晨：《留学生汉语体标记习得的实证研究》，中央民族大学博士学位论文，2010 年。

陈楚芬：《面向泰国汉语教学的现代汉语"了"的考察》，南京师范大学博士学位论文，2005 年。

陈凤霞：《现代汉语体范畴研究》，南开大学博士学位论文，2002 年。

陈前瑞：《汉语体貌系统研究》，华中师范大学博士学位论文，2003年。

陈振宇：《现代汉语时间系统的认知模型与运算》，复旦大学博士学位论文，2006年。

丁崇明：《昆明方言语法研究》，山东大学博士学位论文，2005年。

范彦：《湖南华容话完成体标记研究》，上海师范大学硕士学位论文，2010年。

高蕊：《欧美学生汉语体标记"了""着""过"的习得研究》，北京语言大学硕士学位论文，2006年。

胡培安：《时间词语的内部组构与表达功能研究》，华东师范大学博士学位论文，2005年。

黄锦君：《二程语录语法研究》，四川大学博士学位论文，2002年。

吉英：《对语境中"完成体"标记形式和表达细则的考察》，北京语言大学硕士学位论文，2006年。

李蕾：《现代汉语方言完成体比较研究》，中央民族大学硕士学位论文，2011年。

李巧兰：《河北方言中的"X-儿"形式研究》，山东大学博士学位论文，2007年。

李妍：《汉语完成体"过"研究》，北京语言大学硕士学位论文，2006年。

李于虎：《现代汉语经历体标记"过$_2$"研究》，复旦大学硕士学位论文，2012年。

梁敢：《壮语体貌范畴研究》，中央民族大学博士学位论文，2010年。

林新年：《〈祖堂集〉动态助词研究》，厦门大学博士学位论文，2004年。

刘春兰：《〈训世评话〉语法研究》，南开大学博士学位论文，2010年。

刘翠香：《山东栖霞方言虚成分研究》，中山大学博士学位论文，2005年。

龙国富：《姚秦汉译佛经助词研究》，湖南师范大学博士学位论文，

2003 年。

罗自群:《现代汉语方言持续标记的比较研究》,中国社会科学院研究生院博士学位论文,2003 年。

孟淑娟:《淄博方言体貌系统及相关虚词研究》,汕头大学硕士学位论文,2001 年。

尚新:《语法体的内部对立与中立化——英汉语对比研究》,华东师范大学博士学位论文,2004 年。

帅志嵩:《中古汉语[+完成]语义研究》,北京大学博士学位论文,2006 年。

孙凡:《现代汉语结果体研究》,吉林大学博士学位论文,2012 年。

孙英杰:《现代汉语体系统研究》,北京语言大学博士学位论文,2006 年。

谭春健:《动态助词"了"的使用规律与认知解释》,北京语言大学硕士学位论文,2003 年。

唐娟华:《山东方言动词的完成体》,北京语言大学硕士学位论文,2004 年。

王洪钟:《海门方言语法专题研究》,南京师范大学博士学位论文,2008 年,第 85—96 页。

王丽红:《"过$_2$"语法化的语义基础和视点模式考察》,北京语言大学硕士学位论文,2008 年。

王巍:《语气词"了"的隐现规律研究》,吉林大学博士学位论文,2010 年。

王自万:《汉语方言可能式研究》,华中师范大学博士学位论文,2012 年。

温振兴:《〈祖堂集〉助词研究》,上海师范大学博士学位论文,2006 年。

武斐:《近代汉语晚期到现代汉语中北京话词尾"了"与完结体、结果体组合研究》,北京语言大学硕士学位论文,2007 年。

徐奇:《江西境内赣方言动词完成体考察》,南昌大学硕士学位论文,2010 年。

闫妍:《动态助词"过"研究综述》,东北师范大学硕士学位论文,

2011年。

岳立静：《〈醒世姻缘传〉助词研究——兼与现代山东中西部方言助词比较》，北京语言大学博士学位论文，2006年。

翟燕：《明清山东方言助词研究》，山东大学博士学位论文，2006年。

张庆冰：《〈祖堂集〉完成体动词辨析》，山东大学博士学位论文，2011年。

张桃：《宁化客家方言语法研究》，厦门大学博士学位论文，2004年。

张志军：《俄汉体貌范畴对比研究》，黑龙江大学博士学位论文，2000年。

中文著作

曹广顺：《近代汉语助词》，语文出版社1995年版。

曹延杰编著：《德州方言志》，语文出版社1991年版。

曹志耘主编：《汉语方言地图集（语法卷）》，商务印书馆2008年版。

曾毓美：《湘潭方言语法研究》，湖南大学出版社2001年版。

陈前瑞：《汉语体貌研究的类型学视野》，商务印书馆2008年版。

陈淑梅：《鄂东方言语法研究》，江苏教育出版社2001年版。

陈修：《梅县客方言研究》，暨南大学出版社1993年版。

陈泽平：《福州方言研究》，福建人民出版社1998年版，第181—195页。

陈章太、李行健主编：《普通话基础方言基本词汇集（词汇卷）（下）》，语文出版社1996年版。

陈忠：《汉语时间结构研究》，世界图书出版公司2009年版。

储泽祥：《汉语空间短语研究》，北京大学出版社2009年版。

戴庆厦：《中国民族语言文学研究论集2（语言专集）》，民族出版社2002年版。

戴耀晶：《现代汉语时体系统研究》，浙江教育出版社1997年版。

丁声树等：《现代汉语语法讲话》，商务印书馆1961年版。

董绍克:《阳谷方言研究》,齐鲁书社 2005 年版。

方平权:《岳阳方言研究》,湖南师范大学出版社 1999 年版。

冯力、杨永龙、赵长才主编:《汉语时体的历时研究》,语文出版社 2009 年版。

高华年:《广州方言研究》,商务印书馆香港分馆 1980 年版。

高名凯:《汉语语法论》,商务印书馆 1985(1948)年版。

葛剑雄主编,曹树基著:《中国移民史·明时期(第五卷)》,福建人民出版社 1997 年版。

龚千炎:《汉语的时相时制时态》,商务印书馆 1995 年版。

郭校珍:《山西晋语语法专题研究》,华东师范大学出版社 2008 年版。

河北省昌黎县县志编纂委员会、中国社会科学院语言研究所编:《昌黎方言志》,上海教育出版社 1984(1960)年版。

贺巍:《获嘉方言研究》,商务印书馆 1989 年版。

侯精一、温端政主编:《山西方言调查研究报告》,山西高校联合出版社 1993 年版。

胡明扬:《汉语方言体貌论文集》,江苏教育出版社 1996 年版。

胡裕树主编:《现代汉语》,上海教育出版社 1962 年版。

胡裕树主编:《现代汉语》,上海教育出版社 1981 年版。

黄伯荣主编:《汉语方言语法类编》,青岛出版社 1996 年版。

黄雪贞:《江永方言研究》,社会科学文献出版社 1993 年版。

黄雪贞:《梅县方言词典》,江苏教育出版社 1995 年版。

江蓝生:《语法化程度的语音表现》,江蓝生《近代汉语探源》,商务印书馆 2000 年版,第 157—167 页。

蒋绍愚、曹广顺主编:《近代汉语语法史研究综述》,商务印书馆 2005 年版。

蒋绍愚主编:《近代汉语研究概况》,北京大学出版社 1994 年版。

蒋绍愚主编:《近代汉语研究概要》,北京大学出版社 2005 年版。

金立鑫:《语言研究方法导论》,上海外语教育出版社 2007 年版。

兰玉英等:《泰兴客家方言研究》,文化艺术出版社 2007 年版。

黎锦熙:《新著国语文法》,湖南教育出版社 2007(1924)年版。

李冬香：《岳阳柏祥方言研究》，文化艺术出版社 2008 年版。

李明晶：《现代汉语体貌系统的二元分析——动貌和视点体》，北京大学出版社 2013 年版。

李讷、石毓智：《汉语语法化的历程》，北京大学出版社 2001 年版，第 126—144 页。

李荣：《音韵存稿》，商务印书馆 1982 年版。

李如龙：《汉语方言学》（第二版），高等教育出版社 2007 年版。

李思旭：《汉语完成体的认知功能研究》，中国社会科学出版社 2015 年版。

李小凡、项梦冰主编：《汉语方言学教程》，北京大学出版社 2009 年版。

李小凡：《苏州方言语法研究》，北京大学出版社 1998 年版。

李宇明：《汉语量范畴研究》，华中师范大学出版社 2000 年版。

练春招、侯小英、刘立恒：《客家古邑方言》，华南理工大学出版社 2010 年版。

刘丹青：《南京方言词典》，江苏教育出版社 1995 年版。

刘丹青编著：《语法调查研究手册》，上海教育出版社 2008 年版，第 446—477 页。

刘坚、曹广顺、吴福祥：《近代汉语虚词研究》，语文出版社 1992 年版，第 103—129 页。

刘坚等编：《近代汉语虚词研究》，语文出版社 1992 年版。

刘纶鑫：《江西客家方言概况》，江西人民出版社 2001 年版。

刘纶鑫主编：《客赣方言比较研究》，中国社会科学出版社 1999 年版，第 683—691，734—738 页。

刘月华：《实用现代汉语语法》，外语教学与研究出版社 1983 年版。

刘月华等：《实用现代汉语语法（增订本）》，商务印书馆 2001 年版，第 361—407 页。

龙果夫：《现代汉语语法研究》，中华书局 1958（1952）年版，第 115—130 页。

卢烈红：《〈古尊宿语要〉代词助词研究》，武汉大学出版社 1998 年版。

卢小群、李蓝主编：《汉语方言时体问题新探索（汉语方言时体系统国际学术研讨会论文集）》，中央民族大学出版社2014年版。

卢小群：《湘语语法研究》，中央民族大学出版社2007年版。

陆丙甫、金立鑫主编：《语言类型学教程》，北京大学出版社2015年版。

陆俭明、沈阳：《汉语和汉语研究十五讲（第二版）》，北京大学出版社2004年版。

陆志韦等：《汉语的构词法（修订本）》，科学出版社1964年版，第17页。

罗福腾：《牟平方言词典》，江苏教育出版社1997年版。

罗自群：《现代汉语方言持续标记的比较研究》，中央民族大学出版社2006年版。

吕叔湘：《汉语语法分析问题》，商务印书馆2001（1979）年版。

吕叔湘：《中国文法要略》，商务印书馆1982（1942）年版。

吕叔湘主编：《现代汉语八百词（增订本）》，商务印书馆1999（1980）年版。

马建忠：《马氏文通》，商务印书馆2010（1898）年版。

孟庆泰、罗福腾：《淄川方言志》，语文出版社1994年版。

木村英树：《动词后缀"了"的语义和篇章功能》（第七章），《汉语语法的语义和形式》，雷桂林、张佩茹、陈玥译，商务印书馆2018年版，第140—163页。

彭小川：《广州话助词研究》，暨南大学出版社2010年版。

彭泽润：《衡山方言研究》，湖南教育出版社1999年版。

钱曾怡：《博山方言志》，社会科学文献出版社1993年版。

钱曾怡：《钱曾怡汉语方言研究文选》，山东大学出版社2008年版。

钱曾怡主编：《汉语官话方言研究》，齐鲁书社2010年版。

钱曾怡主编：《山东方言研究》，齐鲁书社2001年版。

乔全生：《晋方言语法研究》，商务印书馆2000年版。

桥本万太郎：《语言地理类型学》，余志鸿译，北京大学出版社1985年版，第50—55页。

任学良编著：《汉英比较语法》，中国社会科学出版社1981年版。

阮桂君：《宁波方言语法研究》，华中师范大学出版社 2009 年版。

邵敬敏：《汉语语法学史稿（修订本）》，商务印书馆 2006 年版，第 92—93 页。

邵敬敏：《新时期汉语语法学史稿》，商务印书馆 2009 年版。

沈家煊：《不对称和标记论》，江西教育出版社 1999 年版。

沈明：《太原方言词典》，江苏教育出版社 1994 年版。

史有为：《汉语如是观》，北京语言文化大学出版社 1998 年版，第 164—192 页。

帅志嵩：《中古汉语"完成"语义范畴研究》，商务印书馆 2014 年版。

孙立新：《户县方言研究》，东方出版社 2001 年版。

孙立新：《西安方言研究》，西安出版社 2007 年版。

孙锡信：《汉语历史语法要略》，复旦大学出版社 1992 年版。

孙英杰：《现代汉语体系统研究》，黑龙江人民出版社 2007 年版。

太田辰夫：《中国语历史文法》，蒋绍愚、徐昌华译，北京大学出版社 1958 年版（修订译本 2003［1987］）。

王福堂：《汉语方言语音的演变和层次》，语文出版社 1999 年版。

王健：《苏皖区域方言语法比较研究》，商务印书馆 2014 年版。

王力：《汉语史稿（修订本）》，中华书局 1980（1958）年版。

王力：《中国现代语法》，商务印书馆 1985（1943）年版。

王力：《中国语法理论》，《王力文集（第 1 卷）》，山东教育出版社 1984（1944）年版。

王世凯：《现代汉语时量范畴研究》，中国社会科学出版社 2010 年版。

王淑霞：《荣成方言志》，语文出版社 1995 年版。

卫辉市地方史志编纂委员会编：《卫辉市志》，三联书店上海分店 1993 年版。

温昌衍编著：《客家方言》，华南理工大学出版社 2006 年版。

吴福祥：《敦煌变文语法研究》，岳麓书社 1996 年版。

伍云姬主编：《湖南方言的动态助词（修订版）》，湖南师范大学出版社 2009 年版。

伍云姬著：《湘方言动态助词的系统及其演变》，伍云姬译，湖南师范大学出版社2006年版（英文版1999年版）。

向熹：《简明汉语史（修订本）（下）》，商务印书馆2010年版。

谢留文：《于都方言词典》，江苏教育出版社1998年版。

谢永昌：《梅县客家方言志》，暨南大学出版社1994年版。

辛永芬：《浚县方言语法研究》，中华书局2006年版。

邢福义、汪国胜主编：《中国高校哲学社会科学发展报告·语言学（1978—2008）》，广西师范大学出版社2008年版，第196—220页。

邢福义、吴振国主编：《语言学概论（第二版）》，华中师范大学出版社2010（2002）年版。

邢福义：《汉语语法学》，东北师范大学出版社1997年版。

邢向东：《陕北晋语语法比较研究》，商务印书馆2006年版，第79—154页。

熊正辉：《南昌方言词典》，江苏教育出版社1995年版。

徐慧：《益阳方言语法研究》，湖南教育出版社2001年版。

雅洪托夫：《汉语的动词范畴》，中华书局1957年版。

颜森：《黎川方言研究》，社会科学文献出版社1993年版。

杨永龙：《〈朱子语类〉完成体研究》，河南大学出版社2001年版。

叶萌：《汉语经历体"过"的时间量化研究》，商务印书馆2014年版。

尹世超：《哈尔滨方言词典》，江苏教育出版社1997年版。

游汝杰：《汉语方言学导论（第二版）》，上海教育出版社2000（1992）年版。

游汝杰：《汉语方言学教程》，上海教育出版社2004年版。

于克仁：《平度方言志》，语文出版社1992年版。

俞光中、植田均：《近代汉语语法研究》，学林出版社1999年版，第175—182页。

袁宾等：《二十世纪的近代汉语研究》，书海出版社2001年版。

袁家骅：《汉语方言概要（第二版重排本）》，语文出版社（原文字改革出版社）2001（1960）年版。

詹伯慧主编：《汉语方言及方言调查（第二版）》，湖北教育出版社

2001年版。

张斌:《现代汉语语法十讲》,复旦大学出版社2005年版。

张鸿魁:《临清方言志》,中国展望出版社1990年版。

张静:《汉语语法问题》,中国社会科学出版社1987年版。

张美兰:《〈祖堂集〉语法研究》,商务印书馆2003年版。

张树铮:《寿光方言志》,语文出版社1995年版。

张双庆主编:《动词的体》,香港中文大学中国文化研究所吴多泰中国语文研究中心,1996年。

张旺熹:《汉语特殊句法的语义研究》,北京语言文化大学出版社1999年版。

张晓勤:《永州方言研究》,广西民族出版社2002年版。

张燕娣:《南昌方言研究》,文化艺术出版社、中国社会科学出版社2007年版。

张振兴:《简简单单说方言》,2013届方言调查高级研修班讲稿,2013年8月13日；张振兴《汉语方言调查研究名著讲解》,华中师范大学出版社2014年版,序言。

张振兴编著:《台湾闽南方言记略》,福建人民出版社1983年版。

赵元任:《汉语口语语法》,吕叔湘译,商务印书馆1979(1968)年版。

郑剑平:《〈金瓶梅〉语法研究》,巴蜀书社2003年版。

中国社会科学院语言研究所词典编辑室编:《现代汉语词典(第5版)》,商务印书馆2005年版,第824页。

周刚:《现代汉语多方位研究》,巴蜀书社2005年版,第57—74页。

朱德熙:《现代汉语形容词研究》,北京大学中国语言文学系,1956年。

朱德熙:《语法答问》,商务印书馆1985年版。

朱德熙:《语法讲义》,商务印书馆1982年版,第68—72页。

英文文献(含译著)

Abraham, W. & L. Kulikov (eds.). Tense, aspect, transitivity and causativity, Amsterdam: John Benjamins, 1999.

［德］Bernd Heine& Tania Kuteva. World Lexicon of Grammaticalization（语法化的世界词库），龙海平、谷峰、肖小平译，洪波、谷峰注释，洪波、吴福祥校订，世界图书出版公司2012年版。

Bhat, D. N. Shankara. The prominence of Tense, Aspect and Mood, Amsterdam: John Benjamins, 1999.

Binnick, Robert I. Time and the verbs: A guide to tense and aspect, Oxford: Oxford University Press, 1991.

Bybee, John, William Perkins&Revere Pagliuca. The evolution of grammar: Tense, aspect and modality in the languages of the world, Chicago: The University of Chicago Press, 1994.

Comrie, B. Tense, Cambridge: Cambridge University Press, 1985.

Comrie, B. Aspect, Cambridge: Cambridge University Press, 1976.

Hopper, P. (ed.). Tense and aspect: Between semantics and pragmatics, Amsterdam: John Benjamins, 1982.

Hsiao—Ching Wu. A Case Study on the Grammaticalization of GUO in Mandarin Chinese – Polysemy of the Motion Verb with Respect to Semantic Changes（"过"之语法化研究——运动动词的多义性与语意改变），Language And Linguistics（台湾"中研院"语言所《语言暨语言学》）2003年第4期，第857—885页。

Östen Dahl. Tense and Aspect Systems. Bath, England: The Bath Press, 1985.

Verkuyl, Henk J. On the compositional nature of aspect, Dordrecht: Reidel, 1972.

后　　记

　　本书是在博士学位论文基础上修改而成。书稿总体上维持当时的论证框架，有些地方作了较大改动，主要是结合近年来的最新调查研究成果作了一些补充修正。总体来说，本书侧重于方言语法事实的深度比较，理论色彩并不浓厚，许多地方只是提出了问题，尚待今后深入研究。理论解释对方言语法材料的全息性要求极高，目前来看已有调查材料尚难满足需求，一些原计划的理论分析工作只好暂时搁置。当前方言语法材料大都是基于结构主义理论框架得来的，本书的做法可能不够时髦，但是可以更好地呈现已掌握的方言语法事实，便于查漏补缺，为今后的方言完成体调查提供更多参考。

　　一人成长众人帮，书被催成墨未浓之际，我要感谢所有帮助我、关心我成长的各位师长亲朋！正是在你们的帮助下，我才有机会追寻学术。我知道，一句简单的"谢谢"不足以回报诸位的恩情。还好，为了书稿而朝思暮想、寝食难安、腰酸背痛的日子暂告终结，在键盘的余温里，正好把这些经历和恩情敲录下来，留取一段美好。

　　本书得以顺利完成并出版，首先要感谢导师汪国胜先生。我是特别幸运的，博士阶段能够有幸跟随先生学习方言语法研究。在外人羡慕的目光中，我内心其实是十分惶恐的，生怕辜负了先生的期许。汪老师很早就受到朱德熙先生的大力赞誉，在方言语法研究领域造诣深厚。阅读汪老师的著作，常为文中独到周密的学术洞见所折服。入学时，汪老师送我一本罗自群教授的大作《现代汉语方言持续标记的比较研究》，希望我能够选择方言语法比较作为博士论文选题。对此，我内心是特别犹豫的。因为方言研究对学者的综合素养要求特别高，李如龙先生曾说"方言的研究，特别是汉语方言的研究，真是个无底洞，任你有多少学识、多少才华，都是不够用的"（《我与汉语方言》）。读博之前，我学习过方言调查课程，试着写过家乡方言语法的论文，读硕士的时候，我的精力主要用在学习现代汉语语法，很少阅读方言学论文，语音学知识更是贫乏，我知道这样子是不敢写方言学博士论文的。为此，我找来一本本教材重新认真学习方言学、音韵学、训诂学、类型学、语法化理论、语言接触理论以及中国移民史等相关知识，希望能够尽快入门。考虑到自己以前阅读过一些有关论著，又受到罗自群先生著作的启发，就以初生牛犊的精神选择了完成体标记。吕叔湘先生称完成体标记"了"的研究为哥德巴赫猜想式难题，收集资料时，我才真正体会到吕先生为什么这样说，文件夹里的资料像滚雪球般越来越多，仅国内的直接相关文献就两千多篇，似乎还未穷尽，所涉及的理论和方法大多晦涩难懂，每每看到数百页的文献摘录和随想笔记，都禁不住皱起眉头。想起汪老师开学时要求我们做研究要有进攻意识，要尽可能穷尽性地占有材料，我借此不断给自己打气，一边收集材料，一边慢慢摸索，向前辈请教，向师兄师姐请教，汪老师又及时指点了做方言比较的许多技巧，我慢慢找到了一点感觉，学会了如何处理海量的方言材料，如何找到自己的观点。书稿最终能顺利完成，离不开汪老师的各种帮助。汪老师肩负中心主任重担，日常行政事务繁忙，但却把我的每件小事都牢记在心上，每次有困难求助都是立马得到回应，或帮我搜寻难觅的早期文献，或尽力帮我减轻经济负担，让我得以安心写作。毕业后更是一直关心着我的成长，帮助解决了我工作和生活中的不少难题。师恩似海，目前尚难回报于万一，唯有不断前行，以求不负期望！

  同时，要衷心感谢匡鹏飞先生。匡先生是我的硕导，也是我选择学术道路的重要引路人。这么多年来，大事小情没少添麻烦，遇到困难时，总是想方设法帮助我、安慰我、引导我。读博时不仅赠送许多语言学专业书籍，介绍兼职机会，指导我修改论文，还让我参加了他主持的国家社会科学基金项目，免除了许多后顾之忧。

  华中师范大学语言与语言教育研究中心是我国汉语语法研究重镇。创始人著名语言学家邢福义先生非常注重营造学术氛围，引导后学。每年一开学，邢先生都要亲自给研究生们讲怎样学会做学问，怎样学会做人，亲笔题写了"抬头是山、路在脚下"和"山积而高、泽积而长"

的牌匾悬挂在门口和资料室。中心文献资料无比丰富，经常举办国际学术研讨会，邀请语言学名家来讲学。正因如此，这里充满人间温情，永驻朴实学风，成为令人向往的学术圣地。本书的主体部分能在这里完成，我深感幸运，心怀无限感激。这里要特别感谢中心诸位老师，多年来每有所求必出手相助，让我充分感受到了大家庭的温暖。回想大学生活，特别感激文学院语言学系诸位老师培养了我做研究的基本功，毕业后还时常指点迷津。

读博期间，我有幸参加了语言与语言教育研究中心和中国社会科学院方言研究室合办的"2013届方言调查高级研修班"，得以借此机会补充方言学知识，学会了李蓝先生开发的最新国际音标输入法，能够向张振兴、赵日新、沈明等方言学大家请教，结识了不少方言学者。特别是指导老师赵日新先生和同组实习的各位老师解答了不少语音学疑问，大大加快了写作进程。在第六届官话方言国际研讨会上，我有幸结识学界前辈山东大学钱曾怡先生。钱先生古道热肠，关爱后学，她得知我也是学方言的，特地让岳立静先生无偿寄赠《钱曾怡汉语方言研究文选》《临沂方言志》《诸城方言志》等著作，为我调查家乡方言提供了极大便利，令我感佩不已。

做方言语法比较，不像现代汉语语法研究那样有现成的大型语料库可用，例句可以随时检索，由于方言语法以往不被重视，常常翻完一本方言书，可能只得到一个读音形式，或挑选几个例句。方言材料来源难，好些语法理论完全无用武之地，不是因为方言学者不够努力、不够聪明。方言学者往往同时兼顾方言语音、词汇和语法，加之方言语法现象极端复杂，任谁也不可能有那么多精力做到样样周全，在这种情况下，能够把语法事实记录下来，尽可能描写全面已经极为难得。在这里要特别感谢李英哲、李如龙、储泽祥、伍巍、杨惠英、陈前瑞、甘于恩、朱彦等诸位前辈，或热心提供有关资料，或热情答复我的求教。总之，博士论文能够在众多方言学者的第一手调查资料基础上进行，我感到特别幸运，内心充满无限敬意。

求学过程中，我的硕博同门和朋友，在我考博、读博、找工作或生活琐事上提供了不少帮助，时常与我讨论学业并提供各种帮助。不少大学本科同窗和师兄与我保持联系，或时常关心问候，或主动提供各种帮助，令我深感友情之温暖。正是因为有你们，我的求学过程才不至于那么枯燥乏味，有了困难可以从容地应对，谢谢你们！

参加工作以来，有机会作为武汉方言调查组成员深度参与国家重大语言文化工程"中国语言资源保护工程·武汉方言调查"项目，至今已逾五年，在感受方言调查甘苦过程中切实提高了自身的方言调查和研究能力。在工作过程中，得到了江汉大学人文学院和武汉语言文化研究中心诸位领导和同事们大量无私的具体帮助，让我得以快速成长，在此表示诚挚的感谢！

我的亲人永远是我最坚强的后盾。家人宽厚明理，为了我求学能够顺利，付出了巨大的心血。亲戚邻居们在我求学在外时，给了我家许多帮助。这些年一直在外，许多事情没法兼顾周全，常常只有春节才能在家待几天，谢谢你们无怨无悔地支持我！爱人一直鼓励我、支持我追寻梦想，多年来相伴一起，经风历雨，不离不弃。写论文时，还帮我整理资料，校对文稿，操劳家务。今逢时疫肆虐，举国纾难，幸赖岳父母帮扶家事，能安心修改论文。我会珍惜这份来之不易的缘分，为美好明天努力拼搏。

经历越多，越深知成事不易。著名科学家罗伯特·奥本海默说"在所有科学中，时间是真正的难题；在一个无限的时间内，所有的人将发现世上所有的秘密。"个人所掌控的时间总是有限的，注定不可能发现所有的秘密。汉语完成体是公认的大难题，越思索越有更多的谜团，显然不能企求一篇博士论文能够解决多大难题，唯愿后来者能够从中得到丝毫启发。

最后，感谢中国语言文学一流学科建设项目、华中师范大学语言与语言教育研究中心、江汉大学武汉语言文化研究中心资助本书出版，感谢中国社会科学出版社诸位编辑的辛勤劳动，感谢学生们帮忙整理文献，使本书得以顺利出版。

王桂亮
2014 年 5 月初稿，
2020 年 3 月修改

《汉语方言语法研究丛书》书目

安陆方言语法研究
安阳方言语法研究
长阳方言语法研究
崇阳方言语法研究
大冶方言语法研究
丹江方言语法研究
高安方言语法研究
河洛方言语法研究
衡阳方言语法研究
辉县方言语法研究
吉安方言语法研究
浚县方言语法研究
罗田方言语法研究
宁波方言语法研究
武汉方言语法研究
宿松方言语法研究
汉语方言持续体比较研究
汉语方言完成体比较研究
汉语方言差比句比较研究
汉语方言物量词比较研究
汉语方言被动范畴比较研究
汉语方言处置范畴比较研究
汉语方言否定范畴比较研究
汉语方言可能范畴比较研究
汉语方言小称范畴比较研究
汉语方言疑问范畴比较研究